中青年经济与管理学者文库

数字经济背景下体育产业跨界融合与价值共创研究

申 玲 著

中国财经出版传媒集团
中国财政经济出版社
北京

图书在版编目（CIP）数据

数字经济背景下体育产业跨界融合与价值共创研究 / 申玲著. -- 北京 : 中国财政经济出版社, 2024. 8. (中青年经济与管理学者文库). -- ISBN 978-7-5223-3252-9

Ⅰ. G812

中国国家版本馆CIP数据核字第20247Y1L18号

责任编辑：马　真　　　　责任校对：张　凡

封面设计：智点创意　　　责任印制：史大鹏

数字经济背景下体育产业跨界融合与价值共创研究

SHUZI JINGJI BEIJING XIA TIYU CHANYE KUAJIE RONGHE YU JIAZHI GONGCHUANG YANJIU

中国财政经济出版社 出版

URL：http：//www. cfeph. cn

E－mail：cfeph@ cfeph. cn

社址：北京市海淀区阜成路甲 28 号　邮政编码：100142

营销中心电话：010－88191522

天猫网店：中国财政经济出版社旗舰店

网址：https：//zgczjjcbs. tmall. com

中煤（北京）印务有限公司印刷　各地新华书店经销

成品尺寸：147mm×210mm　32 开　11. 75 印张　271 000 字

2024 年 8 月第 1 版　2024 年 8 月北京第 1 次印刷

定价：53. 00 元

ISBN 978－7－5223－3252－9

（图书出现印装问题，本社负责调换，电话：010－88190548）

本社质量投诉电话：010－88190744

打击盗版举报热线：010－88191661　QQ：2242791300

策划人语

题记：一个人的精神成长史，取决于他的阅读史。只有阅读能最有效地培养精神生活习惯，而好的习惯又培养性格，性格决定人生。

——我们自豪，因为我们就是创造这精神产品的人。

选择了飞翔，总能看到蓝天；选择了远航，总能感受大海。人生不仅要作出选择，也要坚持住自己的选择。学会计、当编辑是我的意外选择。人说编辑是为人作嫁，可是这一选择我坚持了30年，苦在其中，乐在其中，也算是有声有色。每当我把一本本好书呈献给人们的时候，我觉得我是“富贵”的人：富，不是你身上的钱财，而是你心里的满足；贵，不是你地位的显赫，而是你被人需要的程度。

书海探寻，情怀永恒

我要说，做编辑我幸运，因为我不仅是第一个读者，可以对作品“品头论足”，也可以对作品“生杀予夺”；更重要的是，这是一个有很高层次的平台，在多年与名家的交往和名著的“对话”中，深深地为他们的人格和才学所感动，被作品的精彩所吸引，这不仅使我“下笔如有神”，更使我的思想和灵魂也受到一次次洗礼和震撼，得到一次次升华。对于我的作者我的书，如数家珍，作者中不乏才学和为人同样过人的多位泰斗和“颜值高责任大”的众多才子佳人；策划的作品不仅立足专业还兼顾人文，也是情怀所在，专业加人文路才会更宽更远。

多年的体会是，作为一名编辑，起码要“三心二意”，即“责任心、细心、耐心”和“服务意识、创新意识”。要多策划一些拳头产品，用一个选题推动一个系统工程，用一个系统工程培养一个出版社品牌。给新入职编辑讲座时我做过一个比喻：编辑两项基本功，审稿——甚至要比博导审批学生论文还要全面、细致；选题策划——要像电影导演一样做“星探”，善于发现优秀作者和挖掘好的原创作品。记不清30年来我策划和编辑了多少书，组织和策划了大批教材、业务培训用书、通俗读物、理论专著等，有的获得过国家、省部级各类奖项，有的以其填补空白、社会热点、风格新颖、开拓尝试等特点受到读者的欢迎。正是：

一入书门情似海，
探寻经典职责在。
苦辣酸甜何其乐，
编辑人生也精彩。

想是问题，做是答案

众所周知，目前的图书出版业在行业竞争和纸质图书受到严重冲击的情况下，出版人无不感到莫大的危机。在这种背景下，我们还要积极应对，完善纸质图书的固有特质，拓宽纸媒的功能，挖掘出版内容和形式都精彩的原创作品，适应新形势下读者的更高需求。2017 年至今，在新的时代环境下不断出新，我又策划了多套系列丛书和单本图书，不乏名家著作、教材、学术专著和实务丛书等，继续为扶持学术研究和总结实践最新成果，在高端研究与专业知识普及和应用之间搭建一座座有益的桥梁。

每一个时代的经济环境不同，理论研究和实务探索所需要解决的问题也有所差别。当前我国处于新的历史时期，市场环境和组织模式不断演变发展、推陈出新，经济、管理、财税等领域的新理论、新思想、新方法、新工具也层出不穷。乱花渐欲迷人眼，击水三千浪几何？这些领域的研究人员被时代赋予了更艰巨的责任，也面临着更高、更多元的要求，我们不仅要具备更广阔的学术视野，而且要有更严谨的学术思维。

输在犹豫，赢在行动

《中青年经济与管理学者文库》的作者，都是我国经济与管理领域的中坚力量，也是未来的大家。他们中有些人潜心从事理论研究，有些人则深耕在实务一线，但无论现实身份如何，视野全都没有被拘泥在“象牙塔”内。他们从不同视角对市场经济的不同要素进行细致审视，然后汇聚于“财经版”这面旗帜之下，相互碰撞，彼此激荡，力求在市场经济转型升级的关键时期留下最新鲜的“中国印记”。

这些经济与管理领域的中青年学者，就是我国市场经济发展的潜力与优势，他们的研究成果，不仅将引领市场经济的各个组成环节向更科学、更先进的方向发展，而且将成为我国政府和企业在未来经济世界扮演更重要角色的支点与动力。祝愿这些中青年学者能攀上更高的学术之山，走向更远的研究之路，也期待宏观、中观、微观各个层面的市场参与者都能从这套文库中得到切实的启发与指引，在全面深化改革、增强发展活力的关键时期，发挥正能量和积极作用，为经济社会发展增添新的动力！——这也是我策划此套丛书的初衷。

作始也简，毕也必巨

2021年，是一个非凡之年，纵观世界风云，抗击疫情“风景这边独好”，“十四五”规划开局，我们喜迎建党百年。“其作始也简，其将毕也必巨。”从“开天辟地”“改天换地”到“翻天覆地”“惊天动地”，我们党经历了四个历史时期——救国大业、兴国大业、富国大业、强国大业，四件大事铸就了中国共产党百年辉煌。我们不禁感叹——风雨百年创辉煌，“天地”之间“有杆秤”。

2021年，还是一个纪念之年，出版社成立65周年和我从事编辑工作30周年。65年来，财经出版社始终坚持正确的舆论导向和鲜明的出版特色，努力为经济建设和财政工作服务，致力于为读者奉献经典作品，在中国财经出版传媒集团旗下发挥着更大的作用，取得更大的成就。作为一个有着20多年党龄的党员，我是生在新中国长在红旗下的幸运的一代，怀着对党无限的热爱和感恩，浓情做事、淡泊做人，用30年的情怀和坚守见证了出版业的转型，践行了编辑的天职，向党递交一份努力的答卷。

2017年策划出版《中青年经济与管理学者文库》至今已五年，得到了众多中青年学者的热烈响应与大力支持，文库诞生至今已囊括专著60余种，为中青年学者们提供了展示学术研究成果的平台，作者队伍不断壮大，作品陆续出版。如果您认可，如果您有意愿，欢迎您和您的朋友加盟我们的作者队伍！在中国财经出版传媒集团的“旗舰”下，中国财政经济出版社这“老字号”，一定励精图治，谱写新的篇章。敬请关注“龙媒玉制新书坊”微信公众号，我们用“龙的精神，玉的品质”来助力您实现梦想！

策划人：樊清玉

邮箱：qingyuf@ sina. com

2021年12月31日

前言

本书探讨了数字经济与体育产业的跨界融合，特别是数字平台生态系统中价值共创的角色及其对体育经纪人职业发展的影响。本书采用扎根理论、价值共创理论、生态系统理论、共演理论以及价值链理论，围绕四个主题展开：户外运动企业的跨界融合模型、数字技术在价值共创中的应用框架及路径，以及体育经纪人在新经济模式下的角色和发展、体育与高校教研跨界融合的培养路径。

首先，本书提出了一个户外运动企业的“能力建构＋动态适配＋战略选择”模型，其基于的是“结构耦合—资源协同—场景适配—主导逻辑适配”路径，并在此基础上总结了制造企业层面的“跨界”融合实现路径。通过案例分析，本书研究了企业在进行第一次跨界融合后效果不佳时的调整，以及第二次跨界融合的效果评估，并采用层次分析法得出结论，即企业采取跨界融合战略后取得了较为乐观的效果。虽然在股东、债权人、供应商方面得分较高，表明与这些利益相关者进行了良好沟通和稳定合作，但客户、员工以及政府方面的得分较低，表明公司运营存在问题。

其次，本书构建了一个全面的“价值共创”框架，详细描述了价值创造的四个核心阶段：关键技术突破、组织身份塑造、资源有效编排和数字平台生态系统构建；进一步探讨了价值共创的演进过程，从交互式到赋能式，再到开放式，展示了企业如何通过技术创新和适应市场变化进行整合，以及与广泛利益相关者合作的重要性。在价值共创的过程中，尽管各方都期待通过合作实现更大的价值和利益，但也存在不少风险和问题，对此提出了相应的建议。

最后，本书探讨了体育经纪人在推动跨界融合、促进价值共创和实现新质生产力提升中的作用；分析了中国体育产业和体育经纪人的现状和挑战，提出了借鉴国际经验、提高职业资格和实践能力的策略。本部分特别强调了高等教育在培养高质量体育经纪人才中的作用，依托河南财经政法大学体育经济管理系，参考了多个体育类院校的体育经济与管理专业人才培养方案，从基础层、应用层、能力形成层三个方面构建基于 ERP 模式的教育与体育融合的人才培养体系。

作者

2024 年 5 月

目 录

第1章

绪 论

2022年12月，《中共中央 国务院关于构建数据基础制度更好发挥数据要素作用的意见》的发布凸显了中国政府对数据基础制度的重视。该意见共有二十条，因此被称为“数据二十条”（以下简称“数据二十条”），其系统性地布局了数据基础制度体系的“四梁八柱”，旨在加速数据流通交易和数据要素市场的发展。

具体来说，该意见提出了以下四个方面的重点任务：第一，建立健全数据产权制度。加强数据产权保护，明确数据产权归属和使用权，推动数据产权交易和流转。第二，完善数据安全保护制度。加强数据安全管理，建立健全数据安全评估和监管机制，提高数据安全保护水平。第三，建立数据标准体系。推动制定统一的数据标准和规范，提高数据质量和互操作性，促进数据流通和共享。第四，建设数据要素市场。推动数据要素市场的发展，促进数据交易和利用，推动数据要素的流通和配置。

此外，“数据二十条”还提出了八个具体举措，包括加强数据基础设施建设、推动数据开放共享、加强数据治理能力建设、推动数据创新应用等，以进一步推动数据基础制度的建设和发展。中国政府通过“数据二十条”，将进一步加强对数据基础制度的规范和管理，促进数据要素的流通和交易，推动数据经济的发展。这对于推动数字化转型、促进经济发展和社会进步具有重要意义。

随着“数据二十条”等一系列政策措施相继出台，数据要素市场培育进展加速，畅通数据资源大循环的方向愈加明确。2023年以来，地方版“数据二十条”陆续出炉，各地因地制宜地探索、细化了数据基础制度，先行先试构建市场，抢占培育产业的先机。

新一轮科技革命与产业变革加速演进，促进我国加速构建技术创新发展新格局。

1.1 数字经济对体育产业的影响

数字经济不仅能够提高体育产业的运营效率，即通过大数据、云计算、5G 等数字技术，可以实现体育场馆、赛事的智能化管理，提高资源利用效率，还能够拓宽体育消费方式，即通过直播、短视频、虚拟现实等形式，观众可以更加便捷和沉浸式地消费体育内容产品。这也带动了体育衍生品和互动娱乐的消费。

1.1.1 创新体育商业模式

依托数字平台和用户运营，可以实现定向广告（targeted advertising），开发会员服务，实现更精准的品牌营销，也能通过数字技术创新体育竞技的规则和形式。

1.1.2 促进体育产业链升级

数字技术可推动体育从单一的赛事运营向综合性全产业链的升

级，涵盖了体育内容制作、体育彩票、体育培训、电子竞技等更加丰富的业务领域；提升体育治理能力，如使用大数据技术分析体育数据，有利于更科学地决策；也能提高反兴奋剂、反赌球的监管效果。

总的来说，数字经济为体育产业带来了更高效的运营管理方式、更丰富的消费场景、更可持续的商业模式，将推动体育产业加速向数字化转型。同时，数字化提出了更高的安全治理要求。

1.2 数字经济对跨界融合的影响

数字经济是指以数字化知识和信息作为关键生产因素，以现代信息网络作为重要载体，以信息和通信技术的有效应用为重要推动力，促进经济结构优化升级和经济增长方式转变的经济形态。数字经济对跨界融合产生了深远的影响，具体体现在以下几个方面。

1.2.1 行业界限模糊

数字技术的发展打破了传统行业之间的界限，促进了不同行业之间的融合。例如，金融科技（FinTech）将金融服务与信息技术结合起来，改变了传统银行业务的运作方式。

1.2.2 商业模式创新

数字经济推动了新的商业模式的形成，如共享经济、平台经济等。这些模式往往跨越多个传统行业，如 Uber 和 Airbnb 分别在交通和住宿行业创造了新的服务模式。

1.2.3 数据驱动决策

在数字经济中，数据成为重要的资产和决策工具。企业通过分析来自不同行业的大数据，可以发现新的商业机会，实现产品和服务的创新。

1.2.4 供应链整合

数字技术可使供应链管理更加高效和透明，促进不同行业之间的整合。例如，制造业和物流业的紧密结合使得产品从生产到消费者手中的过程更加流畅。

1.2.5 客户体验优化

数字经济下，企业能够利用技术提供个性化的产品和服务，满足消费者跨界的需求。例如，零售业通过整合线上、线下渠道，可提供无缝购物的体验。

1.2.6 政策和监管挑战

跨界融合也带来了政策和监管上的挑战。政府需要制定新的法规来应对数字经济中新业态和服务模式带来的挑战，确保市场公平竞争和消费者权益。

1.2.7 安全和隐私问题

随着行业融合，数据的收集和使用变得更加广泛，这也引发了数据安全和隐私保护方面的问题。企业和政府需要加强对数据的保护，以增强消费者的信心。

1.2.8 人才和技能需求变化

数字经济要求劳动力具备跨领域的技能和知识。教育和培训机构需要调整课程，以满足市场对于具有数字技能和创新能力人才的需求。

总之，数字经济极大地促进了跨界融合，这不仅改变了传统行业的运作模式，也为经济增长和社会发展带来了新的动力。同时，它也带来了一系列挑战，需要企业、政府和社会各界共同努力应对。

1.3 数字经济对数字平台生态系统构建的影响

数字经济对数字平台生态系统的构建产生了深远的影响，主要体现在以下几个方面。

1.3.1 降低进入门槛

数字技术的发展使得更多的企业和个人能够以较低的成本进入

市场。云计算、大数据、人工智能等技术的应用，为小型企业和初创企业提供了与大企业竞争的工具和资源。这导致平台生态系统中出现了更多的参与者，增加了生态系统的多样性和创新能力。

1.3.2 加速创新

在数字经济中，数据的流通速度和分析能力极大增强，平台可以利用数据来洞察市场需求、优化服务和产品，以及提供个性化的客户体验。这种基于数据的洞察力推动了创新，使得平台能够迅速适应市场变化和消费者需求。

1.3.3 增强互联互通

数字经济通过互联网、移动通信等技术，实现了不同平台、应用和服务之间的高度互联互通。这种连接不仅适用于信息的共享，还包括资源、服务和数据的整合，这使得不同的平台和服务能够在更大的生态系统中协同工作，从而提供更加丰富和高效的服务。

1.3.4 促进个性化和客户参与

数字技术使得平台能够收集和分析大量关于用户行为和偏好的数据，从而提供更加个性化的产品和服务。同时，社交媒体和在线社区的兴起也增强了用户的声音，用户可以直接参与到产品开发和创新过程中，形成了以用户为中心的开放创新模式。

1.3.5 改变价值创造和捕获机制

在传统的商业模式中，企业通过生产商品或提供服务直接创造价值。在数字经济中，平台通过连接不同的参与者（如供应商、消费者、服务提供者等），促使他们在平台上交互和交易，从而创造网络效应和价值。这种模式下，价值的创造和捕获更加依赖于平台的规模、用户活跃度和生态系统的整体活力。

1.3.6 引发竞争和监管挑战

平台企业的快速增长和市场影响力的扩大也引发了市场竞争和反垄断方面的问题。政府和监管机构需要制定新的法规来应对数字经济中的竞争问题，确保市场的公平性和消费者的权益。

总之，数字经济通过技术的力量，极大地推动了平台生态系统的发展，改变了企业的运营方式、竞争策略和价值创造途径，同时也带来了新的挑战和机遇。

1.4 数字经济对价值共创的影响

1.4.1 数字经济对价值共创产生的深远影响

数字经济对价值共创产生的深远影响广泛而多样，涵盖了各个行业和领域。以下是一些关键的影响点。

（1）增强客户参与

数字经济通过社交媒体、移动应用、在线平台等工具，极大地增强了消费者与企业之间的互动。消费者可以直接参与产品的设计、反馈和改进过程，这种互动不仅提升了客户满意度，也帮助企业更好地理解了市场需求和客户偏好。

（2）数据驱动的决策

大数据和分析技术的应用使企业能够基于大量实时数据作出更精确的业务决策。这些数据来源包括消费者行为、市场趋势、竞争对手分析等，它们可帮助企业在快速变化的市场环境中保持竞争力。

（3）开放创新和协作

数字技术促进了跨行业、跨领域的合作，企业可以通过开放创新平台与其他企业、研究机构甚至竞争对手共同开发新技术、新产品。这种协作方式加速了创新过程，同时分散了研发成本和风险。

（4）新业务模式的出现

数字经济推动了许多新业务模式的出现，如共享经济、按需服务、订阅服务等。这些模式往往以用户为中心，强调个性化和灵活性，改变了传统的产品和服务交付方式。

（5）平台经济的兴起

数字平台，如亚马逊、阿里巴巴、Uber 等改变了传统的商业结构和价值链。平台经济不仅为小企业和个体提供了接入市场的机会，也促进了资源的优化配置和效率提升。

（6）可持续性和透明度

数字技术提高了业务运营的透明度，并帮助企业更有效地监控和管理其环境影响和社会影响。例如，通过智能传感器和物联网技术，企业可以实时监控能源消耗、废物排放等，进而优化资源使用和减少环境影响。

（7）全球化和市场扩展

数字经济使得企业更容易进入全球市场，小型企业和初创企业可以通过电子商务平台等方式接触到全球消费者。同时，数字工具也帮助企业更好地理解和适应不同地区的市场需求和法规环境。

总之，数字经济通过提供新的技术工具和业务模式，极大地促进了价值共创的过程，使得企业、消费者和其他利益相关者能够更有效地协同工作、共同创造和分享价值。这种变革不仅促进了创新和效率的提升，也推动了经济和社会的可持续发展。

1.4.2 数字经济对体育产业的价值共创产生了深远的影响

数字技术在不同方面影响了体育产业，包括观众体验、数据分析、电子竞技、社交媒体整合、智能设施、虚拟活动、营销策略、电子商务、内容分发和粉丝经济等（见表1－1）。

表1－1 数字经济在体育产业中的应用和影响

序号	主题	描述
1	观众体验的革新	通过在线直播、VR 技术和 AR 技术，观众可享受沉浸式观赛的体验，选择不同的观赛角度和内容
2	数据分析的应用	体育组织和俱乐部利用大数据分析技术提高运动表现、优化训练计划、预防伤病，并通过观众数据提升市场策略和粉丝参与度
3	电子竞技的崛起	数字经济推动电子竞技快速发展，使其成为体育产业重要分支，能够吸引年轻观众，创造新的商业机会和收入来源

续表

序号	主题	描述
4	社交媒体的整合	社交媒体平台成为体育组织与粉丝互动的重要渠道，可增强粉丝参与感和忠诚度
5	智能体育设施	数字化升级后的体育设施可提升观赛和运动体验，如智能体育场馆提供无线网络、自动售票服务和个性化观赛信息
6	虚拟赛事和在线健身	在疫情等情况下，虚拟赛事和在线健身课程成为新趋势，它们允许用户在家中参与运动和健身活动，可扩大服务范围
7	体育营销的多元化	数字渠道可使体育营销更多元化和精准，利用定向广告投放，合作伙伴关系和影响者营销扩大影响力
8	体育商品的电子商务	电子商务平台可为体育商品销售提供新渠道，方便消费者在线购买体育装备、纪念品和门票，扩大市场覆盖范围
9	版权和内容分发	数字经济改变了体育内容的版权和分发模式，流媒体服务和按需视频平台多渠道分发内容，带来了版权保护和盈利模式方面的新挑战
10	粉丝经济的发展	数字经济促进了粉丝经济发展，粉丝可通过购买会员服务、参与线上活动等方式支持喜爱的运动员和团队

资料来源：作者整理得到。

1.5　数字经济赋能体育经纪人共创产业价值

1.5.1　个人品牌建设

体育经纪人可以利用社交媒体和在线平台为运动员建立和推广

个人品牌，如可以通过内容营销、社交网络互动等方式提高运动员的知名度和市场价值。

1.5.2 市场分析与决策

通过大数据和人工智能工具，体育经纪人能够更准确地分析市场趋势、粉丝偏好和潜在商业机会，从而为运动员和赞助商提供基于数据的决策支持。

1.5.3 商业合作与谈判

数字工具和平台使得体育经纪人能够更高效地寻找和评估商业合作伙伴，进行在线谈判，并管理合同和协议。

1.5.4 粉丝互动与社区管理

体育经纪人可以利用数字平台管理运动员的粉丝社区，组织在线活动，提高粉丝的参与度和忠诚度。

1.5.5 数字内容创作与分发

体育经纪人可以帮助运动员制作和分发数字内容，以及通过流媒体服务和社交媒体渠道进行内容分发，如视频、播客和博客。

1.5.6 电子商务

体育经纪人可以帮助运动员开展电子商务活动，如在线销售个人品牌商品、签名装备和其他相关产品。

1.5.7 虚拟赛事的参与

在疫情等特殊情况下，体育经纪人可以协助运动员参与虚拟赛事和在线竞技活动，以保持其竞技状态和市场曝光度。

1.5.8 版权管理

数字经济提供了更多工具和平台来帮助体育经纪人管理和保护运动员的版权，如图片版权、姓名权和表演权等。

1.5.9 培训与发展

体育经纪人可以利用在线教育资源和虚拟培训工具为运动员提供技能提升和职业发展的机会。

1.5.10 危机管理

在遭遇负面新闻或公关危机时，体育经纪人可以利用数字平台快速响应，进行有效的信息管理和形象修复。

通过这些赋能，体育经纪人能够更有效地服务于运动员，帮助他们在数字经济时代实现价值最大化，同时也为体育产业的整体发展作出贡献。

1.6 研究意义

本书通过探讨数字经济与体育产业的跨界融合，为理解和推动体育产业在现代经济体系中的发展提供了新的视角和理论支持。研究不仅揭示了户外运动企业在实施跨界融合战略中的动态适配和战略选择过程，而且通过构建全面的价值共创框架，展示了数字技术在推动产业升级和增强企业竞争力中的关键作用。此外，本书还着重分析了体育经纪人在新经济模式下的角色转变和职业发展路径，强调了高等教育在培养体育经纪人才中的重要性。这些发现不仅有助于促进体育产业的健康发展，也为体育经纪人提供了适应和利用数字经济的策略，从而推动了整个体育产业链的价值提升和持续创新。

1.6.1 理论意义

（1）跨界融合模型的创新

本书提出的“能力建构 + 动态适配 + 战略选择”模型为户外运动企业提供了一个新的视角，通过结构耦合、资源协同、场景适配和主导逻辑适配，为理解和实施跨界融合提供了理论支持。这一模型的提出有助于丰富跨界融合的理论基础，为其他行业的跨界融合研究提供借鉴。

（2）价值共创框架的深化

本书构建的全面的价值共创框架，详细阐述了价值创造的核心阶段，包括从技术突破到生态系统构建的全过程。这一框架不仅深化了价值共创理论，也为数字平台生态系统中的价值共创研究提供了新的理论视角和分析工具。

（3）体育经纪人角色的理论探讨

体育产业跨界融合和价值共创都需要高端人才，通过分析体育经纪人在新经济模式下的角色和发展路径，本书扩展了体育经纪人职业发展的理论，为理解体育经纪人在现代体育产业中的新角色提供了理论依据。

1.6.2 现实意义

（1）指导企业实施跨界融合策略

本书提出的跨界融合模型和实现路径，可以为户外运动企业及其他行业企业在进行跨界融合时提供实际的操作指南和策略选择，帮助企业更好地适应市场变化，提升竞争力。

（2）推动数字技术与体育产业的融合

通过探讨数字技术在价值共创中的应用，本书为体育产业的数字化转型提供了理论和实践方面的支持，促进体育产业与信息技术的深度融合，提高体育产业的整体效率和效益。

（3）促进体育经纪人职业发展和教育改革

本书不仅分析了体育经纪人在新经济模式下的挑战与机遇，还强调了高等教育在培养体育经纪人才中的重要作用，为体育经纪人的职业发展和相关教育培训体系的改革提供了理论和实践方面的指导。

1.7 总体框架和重点难点

本书的内容分为以下8章。

第1章，绪论。在当今时代，数字经济已成为推动各行各业发展的重要力量，其在体育产业中的影响正变得日益显著。首先，数字经济通过提供先进的技术和数据分析工具，极大地促进了体育产业的发展，改变了赛事组织、观赛体验以及运动员训练等多个方面。其次，数字经济推动了体育与其他行业的跨界融合，为体育产业注入了新的活力。此外，数字经济的发展有助于构建更加完善和多元的价值生态圈，提升整体效率和促进价值创造。在价值共创方面，数字经济通过促进信息共享和资源整合，加强了体育产业内部、外部环境的互动与合作，从而推动了价值的共同创造。最后，数字经济还赋能了体育经纪人，使他们能够利用大数据、人工智能等技术手段，更有效地管理运动员资源和营销资源，共同推动体育产业的持续发展和价值增长。

第2章，相关理论蕴意。本章主要介绍数字经济、体育产业、跨界融合、数字平台系统、价值共创相关概念的具体含义。

第3章，文献综述与理论基础。本章对数字经济、体育产业跨界融合、价值共创生态系统、体育经纪人进行了相关研究，理论基础包括扎根理论、平台理论、生态系统理论、价值链理论、协同效益理论和基于知识转换的SECI理论。

第4章，研究方法与案例选择。本章介绍了案例的选择需要遵循一定的可操作标准，以此筛选出合适的研究对象。本书选择探路者集团作为案例公司，自 1999 年成立以来，探路者集团历经了 25 年的发展，已经成为一家具有强大科研能力的综合性户外用品企业。

第 5 章，案例分析与发现。本章采用纵向单案例研究的方法，以探路者集团作为案例企业，基于“能力建构—动态适配—战略选择”的视角，分析了两次跨界融合在探路者集团的实施过程和实现机理及路径。探路者集团两次跨界融合和其对企业外部环境变化的适应，反映了企业在面对动态竞争环境时，必须进行深刻的战略和组织变革。虽然跨界融合能带来创新和增长的机会，但同时也伴随着诸多风险。

第 6 章，本章运用结构化数据分析方法探讨了探路者集团跨界融合和关键核心技术突破对价值共创的助推过程。第一，发展历程变迁：完成从产品主导逻辑到服务主导逻辑再到服务科学主导逻辑的转变。第二，探路者集团在发展过程中经历了组织身份的显著转换，即从行业标准建构者，到行业发展赋能者，最终成为技术生态建构者。第三，探路者集团组织身份的演变过程，不仅表现在身份的转变上，还体现在对资源的编排和适配上。具体来说，探路者集团的资源编排适配可以概括为三个阶段，即资源建构、资源外拓和资源联动。第四，平台生态系统构建也可以概括为三个阶段，即基于明星产品的数字平台、基于第一次跨界融合的数字平台生态、基于第二次跨界融合的数字生态系统。第五，探路者集团在其发展历程中，通过不断演变的价值共创模式，实现了与客户、合作伙伴以及更广泛利益相关者的深入合作与共赢。这一过程从交互式价值共创开始，经历了从赋能式价值共创到开放式价值共创的过程。

第 7 章，新质生产力与价值共创都是经济学和管理学中非常重要的概念，它们在现代经济体系中扮演着关键的角色。体育经纪人通过多方面的工作，在促进跨界融合、价值共创和新质生产力的提升中起着核心作用。

第8章，体育与教育的融合—体育经纪人的培养。本章阐述了我国体育经纪产业显示出巨大的市场潜力和强大的发展动力；我国体育竞赛日趋国际化、社会化、产业化；体育经纪人亟待在中国体育市场中发挥其积极作用；我国目前尚未形成比较系统且完善的体育经纪人培养体系；借鉴欧美发达国家的成熟经验，完善体育经纪人相关教育、考核与培训、治理、认证与后续教育……尤其发挥高等体育院校在培养体育经纪人专业人才方面的优势；以高校为依托，建立一套符合中国特色的体育经纪人人才培养模式；依托河南财经政法大学体育经济管理专业开发构建的基于ERP思路下我国体育经纪人的培养路径。

1.8 思路方法

1.8.1 基本思路

本书从数字经济与体育产业的跨界融合角度出发，采用多种理论框架探讨了在数字平台生态系统中价值共创的角色及其对体育经纪人职业发展的影响。本书主要围绕以下三个核心主题展开深入分析。

（1）户外运动企业的跨界融合模型

本书提出“能力建构＋动态适配＋战略选择”的模型，侧重于结构耦合、资源协同、场景适配和主导逻辑适配。通过层次分析法，研究了企业在实施跨界融合策略后的效果，指出探路者在与股东、债权人和供应商的合作中取得的成效，以及在客户、员工和政府关系管理方面存在的不足。

（2）数字技术在价值共创中的应用框架及路径

本书构建全面的价值共创框架，详细阐述价值创造的四个核心阶段：关键技术突破、组织身份塑造、资源有效编排和数字平台生态系统构建；探讨价值共创的演进过程，强调企业通过技术和市场变化的适应与整合，以及与广泛利益相关者合作的重要性；同时，提出合作中存在的风险和问题，并给出应对建议。

（3）体育经纪人在新经济模式下的角色和发展

本书分析中国体育产业和体育经纪人的现状及面临的挑战，提出提高职业资格和实践能力的策略；强调高等教育在培养高质量体育经纪人才中的重要作用，特别是基于河南财经政法大学体育经济管理系的人才培养方案，提出基于 ERP 模式的教育与体育融合的人才培养体系。

整体而言，本文通过理论与实证相结合的方式，深入探讨数字经济与体育产业融合的动态过程，分析价值共创在其中的作用，并针对体育经纪人的职业发展提出具体的策略和建议，从而为体育产业的发展提供新的视角和方法论。

1.8.2 具体研究方法

（1）文献研究法

首先，以“体育产业”“跨界融合”“企业绩效评价”为主要关键词，在知网中遴选文章，整理归类；其次，从官方网站上得到相应产业具体融合的信息，以及体育产业跨界融合的官方政策文件，了解有关体育发展的政策背景，了解企业相应的绩效评价体系；最后，从相关文献中获取与研究主题相符的数据分析方法，为数据处理提供更坚实的理论基础。

（2）案例研究法

本书将选取实际公司为研究对象，分析案例公司在跨界融合方面所采取的措施，并对案例公司实施跨界融合举措后企业的绩效进行分析与研究，为国内其他相关企业提供更有力的借鉴和智力支持。

（3）层次分析法

将评价目标进行分层处理，主要包括目标层、准则层和指标层。根据具体的层次划分，选择合适的指标，利用重要性的等级判断评价，构建相应的判断矩阵，运用 SPSSPRO 分析得到每个指标的权重结果。本书通过梳理文献，构建企业绩效的评价指标体系，从国泰安数据库中寻找相应的数据，并采用调查问卷的方式，邀请专家对指标间的相对重要性进行打分，从而得到相应的结果。

（4）耦合协调度模型法

耦合协调度模型法是通过构建产业融合的综合评价指标体系来测度产业融合水平的间接方法。本书选择耦合协调度模型测算相关产业的产业融合水平。通过耦合协调度模型的测算，计算出相关产业之间的耦合协调度，以此判断产业融合的可行性和适配性。

（5）问卷研究法

本书将河南财经政法大学体育经济管理专业的学生作为研究对象，在进行数次模拟教学后采用问卷对课程的内容和可行性进行调查，又通过向专家学者发放问卷的结果以确定设计的内容以及各指标的合理性，并进行信度和效度检验。

第 2 章 相关理论蕴意

2.1 数字经济

习近平总书记强调了数字经济对国家发展战略的重要性，并认为发展数字经济是抓住科技革命和产业变革新机遇的关键选择。自2017 年起，数字经济这一概念已连续 7 年、6 次出现在政府工作报告中。数字经济企业不仅是国民经济的重要部分，也是数字经济发展的核心动力，它们承担着推动数字经济快速增长和经济恢复的关键责任，并且是我国数字经济高质量发展的支柱力量。在这些企业的有力支持下，我国的数字经济不仅快速增长并且后来居上，总体规模稳居世界第二，显示出极强的活力和独特的时代特色，其已成为我国新一轮经济增长的领头羊。数字经济的发展已经成为推进中国式现代化的一个关键驱动力。到 2022 年，我国数字经济的规模达到了 50. 2 万亿元，比上一年名义增长了 10. 3%，增速连续 11 年显著高于同期的 GDP 增速，占 GDP 的比例高达 41. 5%。数字经济的全要素生产率也有所提升，从 2012 年的 1. 66 增长到 2022 年的 1. 75，其生产率水平和增长速度都明显超过了国民经济的整体生产效率，对提升国民经济的生产效率起到了重要的支撑和推动作用。

2.1.1 数字经济的概念、特点

(1) 数字经济含义

数字经济（Digital Economy）是一种通过数字技术，特别是互联网，来开展商业活动的经济模式。它涵盖了所有通过电子方式进行的商务和交易活动。在这种经济形态中，数字信息和通信技术被广泛应用于生产、分配和消费过程，从而优化资源配置，提升效率，并创造新的增长潜力和就业机会。根据《“十四五”数字经济发展规划》，数字经济被定义为继农业经济、工业经济之后的主要经济形态。它主要以数据资源为核心要素，以现代信息网络为主要平台，并通过信息通信技术的融合应用和全面数字化转型来推动，旨在实现公平与效率的统一。数字经济的关键在于信息，它依托信息的生产、传输、存储和应用，通过数字化手段改变了传统经济的生产、流通、消费和管理模式。

(2) 数字经济的特点

①信息化程度高。数字经济以信息为核心，信息的获取、传输和应用成为经济活动的重要环节。数字经济的发展离不开高速宽带网络、智能手机等信息技术与工具的支持。

②创新驱动数字经济以技术创新为动力，通过不断引入新技术、新模式和新业态，推动经济的发展和转型升级。数字经济的兴起催生出许多新兴产业和新兴业态，如共享经济、电子商务等。

③跨界融合。数字经济打破了传统产业之间的壁垒，促进了不同产业之间的融合与协同。数字技术的应用使得传统产业可以与互

联网、大数据等新兴技术相结合，实现创新和提升效率。

④强调用户体验。数字经济注重用户需求和体验，通过个性化、定制化的服务满足用户的需求。数字经济时代，用户成为经济活动的中心，企业需要通过提供优质的产品和服务来吸引和留住用户。

⑤数据驱动。数字经济以数据为基础，通过对大数据的收集、分析和应用，实现对经济活动的精细化管理和决策支持。数据的价值成为数字经济的核心，企业需要善于挖掘和利用数据来获取竞争优势。

2.1.2 数字技术产业稳步发展的作用

（1）促进经济增长

数字经济的发展可以带动相关产业的发展，推动经济的增长。数字经济的兴起催生出许多新产业和新业态，为经济增长提供了新的动力。

经济增长是一个国家或地区经济发展的重要目标，也是社会进步和人民福祉提升的重要保障。在当今数字化时代，数字经济成为推动经济增长的重要驱动力之一。

首先，数字经济对经济增长产生了深远的影响。数字经济通过不断进步的数字技术，为各行各业带来了前所未有的创新机会和挑战。中国已经建立了全球最大的5G独立组网网络，拥有全球最多的5G基站和用户，这加速了5G融合应用生态的形成，提升了相关技术水平。在这样的背景下，企业能够利用数字化手段提升生产和管理的效率，进而提高生产力。数字经济不仅提高了效率，还扩展了创新的空间。企业可以利用这些技术开发新产品和新服务，提供更加个性化和定制化的解决方案，以满足消费者的多样化需求。这种对创新和创造力的激发，是推动经济持续增长的关键因素。

其次，数字经济推动了产业结构的升级和优化。随着数字技术的发展，传统产业面临转型升级的压力，同时也迎来了新的发展机遇。例如，5G技术已经在AR/VR、超高清视频、工业互联网、智慧交通、智慧医疗、公共安全及应急管理和军事专网等领域取得应用，这不仅加速了国家在军事创新、智慧生活和智能生产方面的进步，也显著提升了经济效率。① 这些新兴产业的兴起为经济增长注入了新动力，并创造了大量就业机会。同时，数字经济的推广也促进了传统产业通过数字化手段提高生产效率和产品质量，使其实现了从传统制造向智能制造的转变。这种产业结构的升级和优化，为经济的持续增长提供了坚实的支撑。

最后，数字经济推动了国际贸易的发展。数字技术的发展已经显著提高了国际贸易的便利化和扩展水平。通过互联网和电子商务平台，企业能够更便捷地开展国际贸易，拓展全球的市场。特别是在跨境电商领域，得益于数字技术的应用，企业可以更高效地进行跨境交易，从而降低交易成本和风险，推动国际贸易的进一步发展。

中国的数字经济企业，如小米、OPPO、vivo、华为、联想、格力和海尔等，正加速在海外市场的布局。以数字产品和服务的出口为核心，中国的数字经济对外贸易保持了强劲的增长势头。在多重压力下，手机、计算机、家电、集成电路、汽车整车及零配件等数字化产品的外贸表现稳步提升。根据海关总署的数据，② 2022年，

① 资料来源：《全球数字经济白皮书（2024年）》，中国信息通信研究院。

② 资料来源：中国企业评价协会、中国信息通信研究院。

中国的机电产品出口规模和贸易顺差均创下年度新高，全年机电产品出口额首次突破2万亿美元大关。其中，电子元件、集成电路和手机等高技术产品的出口均超过千亿美元；太阳能电池和锂电池的出口额同比分别增长了67.8%和86.7%；新能源汽车推动汽车整车出口保持高景气，整车出口量值分别同比增长了56.8%和82.2%（见表2－1）。商务部的数据显示，2022年，中国可数字化交付的服务贸易规模达到2.5万亿元，比五年前增长了78.6%。跨境电商的发展同样迅猛，2022年的进出口规模达到2.1万亿元，比两年前增长了30.2%。这种国际贸易的发展不仅为全球经济增长提供了更广阔的空间，也证明了数字技术在推动经济全球化中的关键作用。

表2－1　2022年我国重点机电产品的出口额　单位：亿美元

重点机电产品	2022年1—12月累计
自动数据处理设备及其零部件	2359.6
集成电路	1539.2
手机	1426.7
家用电器	855.0
汽车零配件	810.9
汽车（包括底盘）	601.6
液晶平板显示模组	272.2

资料来源：海关总署。

综上所述，数字经济作为经济增长的重要驱动力，通过促进创新和创造力的释放、推动产业结构的升级和优化、推动国际贸易的发展以及增加就业、优化人力资源等方面，为经济增长提供了重要的支持和动力。在数字化时代，各国应积极推动数字经济的发展，加强数字技术的研发和应用，以实现经济的可持续增长和社会的全面进步。

（2）促进就业机会

随着数字技术产业的扩张，新的就业机会不断出现。这些工作不仅局限于技术领域，还包括营销、管理、法律等多个领域。数字技术赋能产业的扩张带来了广泛的就业机会，这些机会涵盖了多个行业和领域。例如，技术领域有软件开发、数据分析、网络安全、人工智能、机器学习等。营销领域有数字营销、社交媒体管理、内容创作和策略规划等。管理领域有项目管理、产品管理、IT服务管理等。法律领域有数字法律咨询、版权法、隐私保护和数据合规等。设计领域有用户体验（UX）设计、用户界面（UI）设计、网页设计等。教育培训领域有在线教育平台、数字技术培训、教育软件开发等。医疗健康领域有健康信息技术、远程医疗服务、医疗数据分析等。金融服务领域有金融科技（FinTech）、区块链、数字货币等。客户服务领域有在线客服、社交媒体客服、技术支持等。研究与发展领域有新技术研究、市场研究、产品研发等。

随着技术的不断进步，这些领域的工作角色也在不断演变，出现了许多新的专业职位。同时，现有的职位也需要适应数字化转型，应用相关的数字技术。因此，终身学习和技能更新成为职场人士的重要课题。

（3）促进创新和创业

数字技术确实在很大程度上降低了创业的门槛，并成为推动创新的关键力量，具体表现在以下几个方面。第一，成本降低。互联网和数字技术的普及使创业者无须大量资本就能开始自己的业务。例如，云计算服务允许创业者按需购买存储和计算能力，避免了昂贵的前期硬件投资。第二，市场接入。在线平台如社交媒体、电子商务网站和应用程序商店使创业者能够轻松接触到全球客户，而不必投资于实体店面或分销网络。第三，资源共享。共享经济模式（如共享办公空间、在线服务市场等）为创业者提供了灵活的资源获取方式，降低了运营成本。第四，快速迭代。数字技术使产品和服务的开发周期大幅缩短，这意味着创业者可以快速迭代他们的产品，根据用户反馈进行调整。第五，融资渠道。众筹平台、天使投资和风险投资等数字化融资方式为创业者提供了更多筹集资金的途径。第六，知识和技能获取。在线教育平台和线上资源使创业者可以更容易地学习所需的商业和技术知识，从而提高了他们成功的可能性。第七，协作工具。数字协作工具，如视频会议软件、项目管理应用和实时编辑文档等，使团队成员可以在世界任何地方高效合作。第八，数据驱动决策。大数据分析和人工智能技术使创业者能够更好地理解市场趋势和消费者行为，从而作出更明智的业务决策。第九，个性化和定制化。数字技术使创业者能够提供高度个性化的产品和服务，以满足消费者的特定需求。第十，社交网络。社交媒体平台为创业者提供了宣传品牌和产品的强大工具，有助于建立品牌认知和客户关系。

近年来，中国的人工智能领域呈现出迅猛发展的趋势，众多机构相继推出了多模态大模型产品，以此推动行业应用的革新。百度推出了名为“文心大模型”的产品，并建立了以此为核心的多级生态系统，该系统在金融、能源、制造业、传媒和互联网等多个行业中得到了广泛的应用。阿里巴巴则推出了“通义千问”大模型，该模型旨在为包括淘宝、钉钉、阿里云和飞猪在内的多个阿里平台提供支持，建立了一个涵盖电商、办公、云服务和旅游等多种场景的应用生态系统。华为发布的“盘古”大模型则被应用于工业质检、物流仓库监控和时尚设计辅助等多个场景。此外，腾讯、商汤科技、科大讯飞等领先的数字技术公司也陆续推出了各自的人工智能大模型。①

然而，尽管数字技术提供了许多机会，但创业者也面临着激烈的竞争、技术的快速变革以及与数据安全和隐私相关的挑战。因此，成功的创业者不仅需要技术工具，还需要清晰的商业战略、持续的创新能力和对市场变化的敏感度。

（4）促进效率提升

数字技术能够帮助企业优化流程，提高生产效率，减少成本。数字技术可以通过以下多种方式帮助企业优化流程、提高生产效率和减少成本：①自动化。自动化软件和机器人可以执行重复性高的任务，如数据录入、生产线作业等，减少人工错误和提高效率。②云计算。通过云服务，企业可以按需使用计算资源，避免了昂贵的建设和维护本地服务器和数据中心的成本。③大数据分析。企业可以利用大数据技术分析市场趋势、消费者行为和运营效率，从而作出更精准的决策，优化库存管理，减少浪费。④物联网（IoT）。通过物联网设备，企业可以实时监控生产设备的状态，进行预测性维护，减少停机时间和维修成本。⑤移动技术。移动设备和应用程序使员工可以在任何地点访问企业资源，提高了工作的灵活性和效率。⑥协作工具。数字协作平台，如 Slack、Microsoft Teams 等可以提高团队成员之间的沟通效率，减少会议和邮件往来的时间。⑦供应链管理。数字化的供应链管理系统可以提高供应链的透明度，优

① 资料来源：《全球数字经济白皮书（2024 年）》，中国信息通信研究院。

化库存水平，减少过剩或短缺的风险。⑧客户关系管理（CRM）。CRM 系统可以帮助企业更好地管理客户信息，提高销售和市场营销的效率。⑨电子商务。通过电子商务平台，企业可以直接向消费者销售产品，减少中间环节，降低销售成本。⑩精益管理。数字工具可以帮助企业实施精益管理，识别和消除流程中的浪费，持续改进。⑪人工智能和机器学习。人工智能和机器学习可以帮助企业在各种领域实现智能化决策和操作，如智能客服、市场预测、个性化推荐等。

通过这些技术，企业不仅能够减少成本，还能提高客户满意度，增强市场竞争力。然而，实现这些优势需要企业进行适当的投资，培养员工的数字技能，并确保有适当的数据治理和安全措施。

（5）产生积极社会影响

数字技术在教育、医疗和政府服务等领域的应用提高了服务质量和可及性，对社会发展产生了积极影响。

教育方面体现在：在线学习平台；数字课程资源，如 MOOCs（大规模开放在线课程）；个性化学习；协作工具。

医疗方面体现在：远程医疗；电子健康记录：电子健康记录（EHR）系统提高了医疗信息管理的效率和安全性，便于医生获取患者的完整医疗历史；智能诊断工具；穿戴式健康设备等。

（6）政府服务

①电子政务。政府通过在线平台提供服务，如税务、社会保障和许可证申请，提高了政府服务的效率和透明度。②公共数据开放。开放政府数据提高了政府工作的透明度，提供了创新和研究的机会。③智慧城市技术。利用物联网、大数据和人工智能优化城市管理，如交通流量监控、能源使用效率和公共安全。④公民参与平

台。数字平台使公民能够更容易地参与政策制定过程，提高了民主参与度。

这些技术的应用不仅提高了服务的质量和效率，还使服务更加公平和普及，有助于缩小城乡差距和社会不平等。此外，它们还促进了社会创新，为解决复杂的社会问题提供了新的工具和方法。然而，其也提出了对数字素养和基础设施的要求，并引发了对数据隐私和安全的关注。

（7）全球连接

数字技术使世界各地的人们和企业能够更便捷地连接和交流，极大地促进了全球化的进程。以下是一些关键的方式：①通信技术。互联网、移动通信、即时通信应用和社交媒体消除了地理距离的障碍，使人们可以即时沟通，无论他们身处何地。②协作平台。云技术使文档和项目管理工具（如 Google Workspace、Microsoft 365）可以在线协作，团队成员可以跨时区工作，实现实时更新和共享。③视频会议。Zoom、Skype、Teams 等视频会议工具使远程会议和面对面交流成为可能，减少了对实体会议的需求。④电子商务。在线市场平台（如 Amazon、Alibaba）让企业能够轻松地向全球客户销售产品和服务，推动了跨境贸易。⑤供应链管理。数字技术使供应链管理更加透明和高效，企业可以实时跟踪货物运输，优化库存和物流。⑥支付系统。数字支付和货币转换服务（如 PayPal、Stripe）简化了跨国交易的支付过程，降低了交易成本。⑦多语言服务。自动翻译工具和多语言支持技术让使用不同语言的人们能够交流和做生意，打破了语言障碍。⑧数据分析。企业可以利用全球市场数据进行分析，以识别趋势和机会，制定全球市场战略。⑨云服务和数据中心。企业可以利用全球分布的云服务和数据中心，将快速、可靠的服务提供给世界各地的用户。⑩远程工作。数字技术使得远程工作成为可能，人们可以为全球任何地方的公司工作，不必迁移居住地。

这些技术的应用不仅促进了经济的全球化，还加强了文化交流和理解，推动了全球治理和国际合作的新模式。然而，全球化也带来了挑战，包括对本地就业的影响、数据安全和隐私问题，以及数字鸿沟问题。因此，全球化的进程需要综合考虑这些因素，以可持续和包容性地发展。

2.1.3 数字经济在我国面临的挑战

随着信息技术的快速发展和互联网的普及，我国的数字经济正在迅速崛起。目前，我国的数字经济已经成为经济增长的重要驱动力之一。统计数据显示，我国数字经济规模不断扩大，已经成为全球最大的数字经济体之一。数字经济在我国的发展涉及多个领域，包括电子商务、互联网金融、大数据、人工智能等。这些领域的发展为我国经济的转型升级提供了新的动力和机遇。

第一，就业结构变化。自动化和人工智能的发展可能会导致某些工作岗位的消失，但也会创造新的工作岗位。数字经济的发展对高素质的人才需求量大，但目前我国数字经济领域的人才供给不足。这导致了数字经济发展的瓶颈，限制了数字经济的进一步发展。因此，劳动力市场和教育体系需要适应这些变化，为工人提供重新培训和终身学习的机会。

第二，数据安全和隐私。随着数字经济的快速发展，网络安全问题日益突出。网络黑客、数据泄露、网络诈骗等安全问题对数字经济的发展构成了威胁。随着数据量的激增，如何保护个人隐私和企业敏感信息成为一个重大问题。同时，考虑到网络安全威胁也在增加，需要更加有效的技术和法律手段来应对这一问题。

第三，数字鸿沟。数字技术的普及虽然带来了便利，但也存在加剧社会不平等的风险，尤其是城乡及不同社会经济群体之间的差距。2024 年中国信息通信研究院的数据显示，2023 年全球 15—24 岁年轻人中有 79% 使用互联网，其中城市地区的互联网使用率为 81%，是农村地区的 1.6 倍。这反映出数字经济的发展主要集中在城市，而农村地区的数字经济发展则相对落后。这种地区间的发展不均衡限制了数字经济对国家整体经济的推动作用，导致了数字经济发展的不平衡（见图 2-1）。

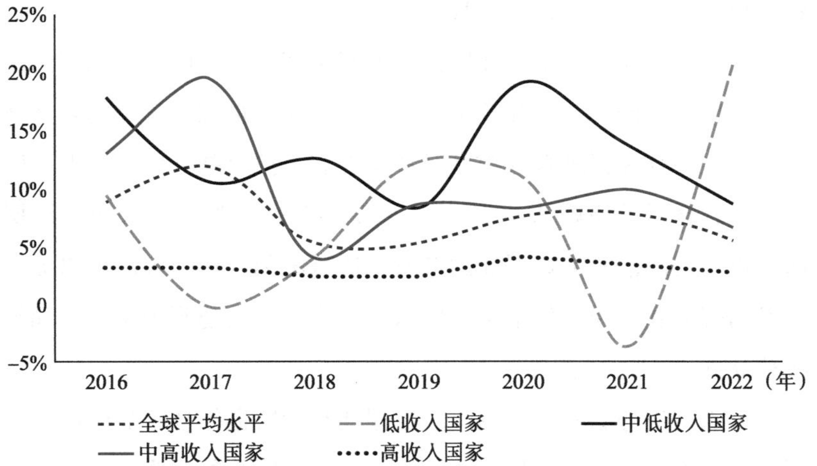

图 2-1 数字经济发展不平衡现状

资料来源：中国信息通信研究院。

第四，监管挑战。随着数字经济的快速发展，现行的法律法规难以及时跟进，这要求政府部门必须迅速适应新兴技术，并制定相应的监管政策。目前，我国在数字经济领域的法规体系尚显不足，缺乏足够的、明确的指导和规范，这不利于数字经济的健康和有序发展。因此，政府需要在多方面加强法律和政策的支持，包括更新和完善相关法规、减轻税收负担，以及提供创新和创业的必要支持。这些措施将确保数字经济能在一个更加稳定和公平的法律环境中发展。

第五，国际竞争和合作。在全球经济复苏乏力的背景下，各国面临着推动新型基础设施建设的重大挑战，其中数字基础设施的建设尤为关键。根据 2024 年中国信息通信研究院的报告，全球数字鸿沟依然显著，而数字基础设施的建设已成为推动数字经济全面发展的重要手段，并且是大国博弈的前沿领域。在这种情况下，全球数字技术产业的竞争正变得日益激烈。

对于各国而言，如何在保护国家安全和推动国内产业发展的同时，有效参与国际合作和竞争，成为一个需要精细化解决的复杂问题。国家必须在促进自身数字经济发展和维护全球合作的框架基础上，找到合适的策略来应对这一挑战。这不仅涉及技术和经济层面，也涉及政治和战略层面的考量。通过国际合作，各国可以加速技术的交流和创新，但也需确保这种合作不会威胁到国家安全和经济独立性。

第六，伦理和社会影响。人工智能和大数据等技术的应用引发了一系列伦理问题，包括算法偏见、自动化决策的透明度和可解释性等。①算法偏见。算法偏见指的是 AI 系统在决策过程中展现出了对某些个体或群体的不公平倾向。这种偏见通常源于训练数据的不完整性、有偏性或错误，原因在于 AI 系统通常会从其训练数据中学习并复制这些数据。例如，如果训练数据中存在性别、种族或其他类型的偏见，AI 系统也可能表现出这些偏见。②自动化决策的透明度。随着 AI 系统在决策过程中的作用日益增加，如何确保这些决策过程是透明的，以便用户和监管机构可以理解和信任 AI 的决策，成为一个关键问题。透明度不足可能导致用户对 AI 系统的不信任，也可能掩盖潜在的错误或偏见。③可解释性。AI 系统尤其是深度学习模型往往被认为是“黑箱”，因为它们的决策过程复杂且难以追踪。可解释性是指能够向最终用户清晰地解释 AI 系统的决策过程和结果的能力。高可解释性有助于增强用户对 AI 系统的信任，也有助于开发者和监管者发现和纠正潜在的错误或偏见。

为了解决这些问题，研究人员和开发者正在探索多种方法，包括：①改进数据集。确保训练数据多样化、公平且无偏，以减少算法偏见。②算法审计。定期对 AI 系统进行审计，检测和纠正偏见。③透明度和可解释性工具。开发新的工具和技术，使 AI 的决策过程更加透明和可解释。④伦理准则和法规。制定伦理准则和法律框架，以指导 AI 的开发和使用。⑤用户教育。增强用户对 AI 系统工作原理的理解，以便他们可以更好地评估和使用这些技术。这些努力需要技术开发者、政策制定者、行业监管者等社会各界的共同参与和合作。

第七，技术依赖。社会对数字技术的依赖程度正在不断提高，这可能导致当遭遇技术故障或网络攻击时，社会的正常运行面临风险。

综上所述，数字经济在我国的发展取得了显著成就，但仍然面临一些挑战。为了进一步推动数字经济的发展，我们需要加强地区间的协调发展，加强网络安全保障，完善法律法规体系，提供更好的政策支持，并加大对数字经济人才的培养和引进力度。只有这样，我国的数字经济才能持续健康发展，为经济增长和社会进步作出更大的贡献。特别需要强调，数字经济发展有赖于人才支持，这是因为数字经济的发展对高素质的人才需求量大，但目前我国数字经济领域的人才供给不足。这导致了数字经济发展遇到了瓶颈，限制了数字经济的进一步发展。

2.2 体育产业

2.2.1 体育产业概念、特征

(1) 体育产业概念

体育产业是指以体育活动为核心，通过生产、提供体育产品和服务，满足人们体育消费需求的经济活动。它包括体育竞赛表演、体育健身休闲、体育培训教育、体育场馆设施、体育器材装备、体育媒体传播、体育广告赞助等多个领域。

(2) 体育产业的特征

①文化性。体育产业是文化产业的重要组成部分，体育活动本身蕴含着丰富的文化内涵。②社会性。体育产业服务于社会公众，具有强烈的社会公益性和社会服务性。③经济性。体育产业是一个重要的经济领域，通过商品和服务的生产、交换、消费，创造了经济价值。④综合性。体育产业涉及教育、健康、旅游、媒体等多个领域，具有跨行业的综合性特点。

2.2.2　体育产业的运营模式

（1）商业赛事运营

通过组织和运营体育赛事来吸引观众和赞助商，以获取门票收入、转播权费用和赞助费用。

（2）俱乐部运营

通过运营体育俱乐部，参与各级别的体育比赛，以获取比赛奖金、球员转会费等。

（3）体育场馆运营

通过建设和管理体育场馆，提供场地租赁、赛事承办、观光旅游等服务。

（4）体育产品销售

包括体育器材、服装、鞋类等商品的生产和销售。

（5）体育服务提供

如健身指导、体育培训、体育旅游等服务的提供。

2.2.3　体育产业在国民经济中的作用

体育产业在许多国家已成为国民经济的一支重要力量，其在促进就业、拉动内需、增加税收以及推动相关产业发展等方面作出了显著的贡献。在经济全球化和市场多元化的大背景下，体育产业的规模不断扩大，经济地位日益提升，成为推动经济社会发展的新兴动力。

首先，体育产业为社会创造了大量的就业机会。随着体育产业链的不断延伸，从体育赛事的策划与运营、竞技体育的训练与比赛，到健康体育的普及与服务，以及体育装备与器材的生产与销售等各个环节，都需要大量的人才参与，涵盖了体育科学、营销策划、事件管理、产品设计、媒体传播等多种专业，带动了社会就业水平的提升。

其次，体育产业能有效拉动内需市场。随着国民经济水平的提高，人们对于休闲娱乐和个人健康的投资不断增加，各类体育赛事和娱乐活动吸引了众多消费者。例如，大型体育赛事如奥林匹克运动会（以下简称“奥运会”）、国际足联世界杯（以下简称“世界杯”）等不仅吸引了全球范围内的观众，而且带动了旅游、酒店、餐饮等相关行业的发展，增加了内需消费。

最后，体育产业是政府税收的重要来源之一。随着体育市场的不断扩大和专业化经营的深入，体育产业所产生的经济效益显著增加，进而为政府提供了可观的税收收入。体育产业包含的企业行为和商业行为日趋多元，对财政税收贡献了重要的收入。

此外，体育产业还能推动其他相关产业的发展。从运动员的训练设备到普通消费者的体育用品，体育产业的发展带动了体育装备制造业的进步。同时，体育营销、体育传媒和体育旅游等产业的兴起，进一步带动了科技、文化、旅游等多个产业的发展。

如今，大众健康意识不断提高，个人对健康生活的追求也越来越强烈，体育健身已成为现代生活的一种方式。健身房、瑜伽馆、舞蹈室等设施数量的增加，以及户外运动、马拉松赛事等健康活动的兴起，进一步推动了体育服务市场的繁荣。未来，随着数字化、网络化和智能化技术的发展，体育产业将迎来更为广阔的发展空间。智能健身设备、虚拟现实运动、在线体育课程等新型业态将逐渐成为市场的新宠，为体育产业注入新的活力。同时，体育赛事的直播和报道将更加多样化和个性化，可为消费者提供更加丰富的观赛体验。

2.2.4 体育产业今后的发展趋势

（1）多元化

体育产业将更加多元化，涵盖更广泛的产品和服务。体育产业的多元化是一个持续的趋势，随着技术的发展和消费者需求的变化，这个行业正在不断扩展其产品和服务的范围。以下是一些可能推动体育产业多元化的因素和领域：①电子竞技（eSports）。电子竞技已经成为体育产业的一个重要组成部分，吸引了数百万的观众参与。随着技术的进步，电子竞技的受众和市场都在迅速扩大。②健康与健身技术。智能手表、健身追踪器和在线健身课程等产品和服务的流行，使个人健康管理变得更加便捷和个性化。③虚拟现实和增强现实。虚拟现实和增强现实技术的应用正在体育训练和观赛体验中扮演着越来越重要的角色，因为它们都能提供沉浸式的体验。④体育旅游。体育赛事与旅游业的结合，如世界杯、奥运会等大型赛事，吸引了大量的国际游客，推动了体育旅游的发展。⑤女性体育。女性体育的关注度和投资正在增加，为体育产业带来新的增长点。⑥可持续性和环保。随着公众对环境问题的越发关注，体育产业也在寻求更环保的解决方案，如可持续性体育场馆的建设和运营。⑦数据分析。体育数据分析的应用越来越广泛，其不仅体现在提高运动员表现方面，还在增强观众体验和提高运营效率方面也发挥着重要作用。⑧社交媒体和内容创作。社交媒体平台和内容创作为体育产业提供了新的宣传和收入渠道。⑨个性化和定制化产品。从定制化运动装备到个性化训练计划，消费者对于个性化体育产品和服务的需求不断增长。⑩体育医疗和康复。随着人们对运动伤害预防和康复的重视，体育医疗服务市场也在扩大。

体育产业的这种多元化不仅为消费者提供了更多选择，也为企业和投资者创造了新的商机。随着技术的进步和全球化的深入，体育产业未来将更加丰富多彩。

（2）国际化

体育产业的国际交流与合作将进一步加强，国际市场的竞争与合作将更加激烈。体育产业的国际交流与合作呈现不断增长的趋势，这主要源于全球化和数字化的推动，具体表现在：①全球品牌战略。体育品牌正寻求全球扩张，倾向于通过赞助国际赛事、签约国际明星运动员等方式来提升其全球影响力。②国际赛事的扩散。体育赛事，如世界杯、奥运会和各种国际锦标赛，不仅在传统的体育强国举办，还越来越多地在新兴市场和发展中国家举办，这促进了体育文化的交流和当地体育产业的发展。③跨国俱乐部所有权。越来越多的体育俱乐部被国际投资者收购，这不仅增加了俱乐部的财力，还带来了不同国家和地区之间的管理经验和市场策略的借鉴。④国际媒体权益。随着互联网和流媒体服务的普及，体育赛事的国际观众基础正在扩大。这促使媒体公司和体育组织在全球范围内分发内容，以及开发新的收入模式。⑤技术合作。体育科技公司开始在全球范围内寻求合作伙伴，以共同开发和推广新技术，如运动员追踪系统、数据分析工具和观众互动平台。⑥体育教育和培训。国际体育学院和学校通过与外国伙伴合作，提供交换项目和培训课程，促进了体育知识和专业技能的国际传播。⑦体育旅游。国际体育赛事吸引了大量的游客，这不仅促进了当地经济的发展，还增进了不同文化之间的理解。⑧体育外交。体育被视为一种“软实力”，国家之间可通过体育交流来加强外交关系，促进和平与理解。

随着国际竞争和合作的加剧，体育产业的参与者需要更加关注跨文化沟通、国际市场营销和全球品牌管理。同时，他们也需要遵守国际法规，尊重不同国家和地区的文化差异，并在全球范围内寻求可持续发展的途径。

（3）专业化

体育产业的服务和管理将更加专业化，对专业人才的需求将增加。这一趋势主要表现在以下几个方面：①市场细分。体育产业的市场细分将越来越精细，从而满足不同细分市场的专业服务需求。例如，健身、竞技体育、休闲体育、电子竞技等都需要具备相关知识和技能的专业人才。②技术融合。随着科技的发展，体育产业与信息技术、大数据、人工智能等领域的融合越来越紧密。这要求体育产业的从业者不仅要具备体育知识，还要掌握相关的技术技能。③管理专业化。体育组织和企业越来越重视管理的专业化，包括运动队的管理、体育赛事的组织、体育场馆的运营等，这都需要具备专业管理知识和经验的人才。④国际化需求。随着体育产业的国际化，对懂得国际规则、能在国际舞台上进行沟通和交流的专业人才的需求也在增加。⑤法律和伦理。体育产业的法律法规、伦理道德问题也越来越受到关注，这就需要法律和伦理方面的专业人才来维护体育市场的公平公正。因此，体育产业的专业人才培养成为教育和培训领域的一个重要方向。这些专业人才不仅需要具备体育学科的知识，还需要了解市场营销、事件管理、财务管理、媒体传播等多方面的知识。

（4）市场化

体育产业的市场化程度将进一步提高，市场机制在资源配置中的作用将更加明显。体育产业的市场化是全球体育发展的大趋势，随着体育产业的不断成熟和发展，市场机制在资源配置中的作用将更加明显。以下是市场化程度提高可能带来的几个方面的影响：①竞争加剧。市场化意味着更多的竞争，体育组织和企业之间将为吸引观众、赞助商和媒体的注意力而展开激烈的竞争。这种竞争可以促进服务质量的提升和创新的发展。②商业模式创新。为了在竞争中脱颖而出，体育产业的参与者将不断探索新的商业模式，如电子竞技、虚拟现实观看体验、在线健身课程等。③资源优化配置。市场机制将促进资源向效率高、回报好的体育项目和企业流动。这意味着资金、人才和技术等资源将更加集中于那些能够创造更大经济和社会价值的领域。④专业化服务。随着体育产业市场化程度的提高，体育产业将更加注重专业化服务，以满足消费者多样化和个性化的需求。⑤政策和法规的适应性。政府在体育产业市场化进程中的角色将逐渐转变，即从直接管理和运营转向制定规则、监管市场、保护消费者权益和促进公平竞争。⑥国际化发展。体育产业市场化将推动体育产业的国际化，使体育赛事和产品可跨越国界，吸引全球的观众和消费者。⑦风险管理。体育产业市场化也带来了风险，体育产业的参与者需要更加重视风险管理，包括财务风险、市场风险、法律风险等。总之，体育产业的市场化将推动整个行业的发展，但同时也要求政府、企业和其他相关组织更加遵循市场规律、加强自身建设和风险控制，以适应市场化带来的挑战。

（5）可持续发展

体育产业将更加注重可持续发展，包括环境保护、社会责任等方面的考量。体育产业注重可持续发展是对全球可持续发展目标的响应，也是为满足体育产业自身长期发展的需要。以下是体育产业在可持续发展方面可能会采取的措施：①环境保护。体育赛事和设施的建设将更加注重对环境的影响，比如采用绿色建筑材料和技术，减少能源消耗和碳排放；使用可再生能源、实施垃圾分类和回收等。②社会责任。体育组织和企业将更加重视其在社会中的作用，比如可通过体育活动促进社区发展、增强社会凝聚力、提供教育和培训机会等。③经济包容性。体育产业将使体育活动更加普及和可及，确保不同收入水平和社会背景的人都能参与到体育活动中来。④健康促进。体育产业将继续宣传体育活动的健康益处，鼓励人们参与体育锻炼，以减少由于长期不活动引起的健康问题。⑤公平竞赛。体育产业将加强对运动员使用兴奋剂的监管，确保竞赛的公平，同时关注运动员的心理健康和职业生涯规划。⑥文化多样性。体育产业将尊重和促进文化多样性，通过国际赛事展示不同文化，增进不同国家和地区之间的理解和尊重。⑦治理结构。体育组织将改进治理结构，提高透明度和建立问责制，确保决策过程公正且符合所有利益相关者的利益。⑧合作伙伴关系。体育产业将与政府、非政府组织、私营部门和国际组织建立合作伙伴关系，共同推动可持续发展目标的实现。通过这些措施，体育产业不仅能够为环境保护和社会发展作出贡献，还能够提升自身的品牌价值和市场竞争力。

2.3　跨界融合

2.3.1　概念、特征

跨界融合是指将一个领域的思维方式、技术、设计或概念应用到另一个完全不同的领域，以期创造出创新的解决方案或产品。这种融合可以发生在任何行业，包括艺术、科技、教育、医疗、娱乐、制造业等。

（1）创新性

跨界融合是创新的重要来源之一，它通过以下方式促进新产品或服务的产生：①思维碰撞。不同领域的专家和从业者能够在跨界融合中相遇，使不同思维方式和解决问题的方法相互碰撞，从而激发出全新的想法。②技术整合。将一个领域的技术应用到另一个领域，可以产生意想不到的效果。例如，游戏设计的元素能够被应用于教育软件（游戏化学习），航空航天的材料技术能够被应用于运动器材设计中。③市场创新。跨界融合可以创造全新的市场空间。例如，智能手机的出现融合了通信、计算、摄影和娱乐等多个领域的功能，创造了一个前所未有的产品类别。④用户体验提升。通过跨界融合，可以在用户体验设计中引入新的元素，提供更加丰富和个性化的用户体验。例如，汽车内饰设计可能会借鉴家具设计的理念，提升驾驶体验，使其更加舒适和豪华。⑤商业模式创新。跨界融合还可以促进新的商业模式的出现。比如，互联网公司与传统零售业的融合产生了电子商务和O2O（线上到线下）模式。⑥解决方案优化。将一个领域的解决方案应用到另一个领域，有时可以创造更有效或成本更低的解决方案。例如，医疗设备可以采用在汽车制造中使用的精密工程技术。⑦文化融合。不同文化的融合可以产生独特的产品和服务，这在食品、时尚和艺术等领域尤为明显。⑧可持续发展。环保技术与传统产业的融合可以帮助企业开发出更加环保的产品，以满足日益增长的绿色消费需求。

跨界融合的成功往往需要开放的思维、跨学科的合作以及对不同领域知识的深入理解。这种融合不仅能够带来创新的产品和服务，还能够推动社会进步和经济发展。

（2）互补性

不同领域的资源和能力能够相互补充，产生协同效应。跨界融合的互补性是其核心优势之一，它可以在多个层面产生协同效应：①技能互补。不同领域的专业人士拥有各自的专长和技能。当他们合作时，可以互相学习和借鉴，使整个团队的能力大于他们各自能力的总和。②资源共享。跨界合作使各方可以共享彼此的资源，如市场渠道、品牌影响力、研发设施等，这样可以减少重复投资，提高资源利用效率。③知识融合。不同领域知识的结合可以产生新的见解和方法。例如，生物学的原理可以应用于新材料的开发，信息技术可以用于优化传统制造业。④市场扩展。通过跨界融合，企业可以将自己的产品和服务引入合作伙伴的市场，从而扩大市场覆盖范围，反之亦然。⑤创意激发。不同领域的结合往往能够激发新的创意。例如，设计师和工程师的合作可以产生既实用又美观的产品，科学家和艺术家的合作可以创造出兼具科技性与艺术性的作品。⑥风险分散。跨界合作可以帮助企业分散风险。如果一个领域受到市场波动的影响，则另一个领域可能仍然稳定，从而保护企业免受单一市场变化的严重影响。⑦效率提升。将一个领域的高效流程和管理方法应用到另一个领域，可以提高工作效率和产品质量。⑧文化交流。跨界融合促进了不同文化和价值观的交流，有助于培养更加包容和多元的工作环境。⑨解决复杂问题。当面对复杂的社会和技术问题时，跨界融合可以集合多领域的专家智慧，提供更加全面和有效的解决方案。⑩可持续发展。环境保护和社会责任等领域的跨界合作有助于实现可持续发展目标，比如可通过技术创新减少能源消耗和废物产生。

跨界融合的互补性不仅能够带来经济效益，还能够促进社会的整体进步，帮助解决全球性的问题。

（3）风险性

由于涉及不熟悉的领域，跨界融合可能伴随着较高的不确定性和风险。跨界融合虽然能够带来创新和增长的机会，但也伴随着一定的风险，主要原因包括：①知识和专业技能的差异。涉足不熟悉的领域可能会遇到知识和技能不足的障碍，需要投入时间和资源来学习和适应，这增加了项目的不确定性。②文化和价值观的冲突。不同行业和领域可能有着不同的工作文化和价值观，这些差异可能导致合作中的误解和冲突。③市场接受度的不确定性。新的跨界产品或服务可能存在难以预测市场的接受程度的问题，消费者可能不理解或不接受这种新的概念。④监管和合规风险。不同行业的法规和标准可能有很大差异，跨界活动可能会遇到额外的合规要求，从而增加了法律和监管的复杂性。⑤资源分配的挑战。跨界项目可能需要投入额外的资源，如资金、人力和时间，这可能会影响公司原有业务的资源分配。⑥技术整合的复杂性。不同领域的技术可能难以兼容，整合过程中可能会遇到技术上的挑战和限制。⑦合作伙伴的选择。找到合适的合作伙伴可能是一个挑战，因为在跨界领域中需要合作伙伴既要有专业能力又要有合作意愿。⑧管理和沟通的难度。管理一个跨学科的团队比管理一个专业团队更加复杂，因此需要进行更多的沟通和协调工作。⑨投资回报的不确定性。跨界融合的项目可能需要较长的时间才能看到投资回报，而且这种回报可能存在很大的不确定性。⑩技术和市场的快速变化。在快速变化的市场和技术环境中，跨界融合的项目可能会很快变得过时。

综上所述，虽然跨界融合提供了巨大的潜力，但企业在进行此类尝试时需要进行周密的规划和风险评估，以确保能够有效管理这些风险，并最大化激发其创新的潜力。

2.3.2　跨界融合的模式

跨界融合在当今世界已经非常普遍，尤其是在科技快速发展的今天。例如，汽车行业与信息技术的融合产生了智能汽车；时尚与科技的结合诞生了可穿戴设备；医疗与大数据分析的结合提高了疾病诊断的准确性。

（1）技术驱动型

新技术的出现推动了不同行业之间的融合，如人工智能在医疗、教育等领域的应用。技术驱动型的跨界融合是当今创新发展的重要趋势之一。新技术的出现不仅推动了单一行业的发展，而且促进了不同行业之间的融合，创造出了全新的产品、服务和业务模式。例如，人工智能在医疗领域：人工智能技术在医疗领域的应用包括疾病诊断、个性化治疗方案规划、医疗影像分析、药物研发等。人工智能可以帮助医生更快速地分析数据，提高诊断的准确性，同时也能够在药物研发中通过预测分子结构的活性来加速新药的发现。人工智能在教育领域：在教育领域，人工智能可以提供个性化学习计划，通过分析学生的学习习惯和进度来调整教学内容和难度。人工智能教育平台能够提供实时反馈，帮助学生更有效地掌握知识。人工智能在交通领域：自动驾驶汽车是人工智能在交通领域的一个显著应用。通过集成先进的传感器和学习算法，自动驾驶汽车能够识别道路状况，作出驾驶决策，提高道路安全水平。这些跨界融合的例子表明，技术的进步不仅改变了单个行业，还推动了不同领域之间的合作和整合，从而带来了全新的增长机会和挑战。企业和组织需要适应这种变化，利用新技术来创造价值并保持竞争力。

（2）市场驱动型

市场需求的变化促使企业跨界合作，以满足消费者的新需求。市场驱动型的跨界合作是由消费者需求的变化和市场趋势的演进所推动的。在这种模式下，企业之间的合作是为了更好地满足消费者的需求，创造新的市场机会，或者应对竞争压力，以下是一些关键特点和例子：①消费者需求变化。随着消费者偏好的转变，企业需要改进其产品和服务以适应新的市场需求。例如，消费者对健康和可持续产品的需求增加，促使食品、汽车和能源等行业的企业推出更健康、环保的产品。②市场趋势。市场趋势，如数字化、移动性和个性化，要求企业突破原有的行业边界，与其他行业的企业合作，共同开发新产品和服务。例如，汽车制造商与科技公司合作开发智能汽车。③共享经济。共享经济是市场驱动型跨界合作的一个例子，它通过共享资源来满足消费者对高效和便捷服务的需求。

市场驱动型的跨界合作强调了对消费者需求的敏感性和对市场变化的快速响应能力。企业需要不断地监测市场动态，与合作伙伴一起创新，以保持其产品和服务的相关性和吸引力。

（3）策略联盟型

不同行业的企业可以通过形成策略联盟共同开发新市场或产品。策略联盟型的跨界合作是企业之间为了实现共同的战略目标而形成的合作关系。这种合作通常是长期的，目的是共同开发新市场或产品，分享资源，降低风险，以及增强竞争力。其关键特点和例子如下：①共享资源和能力。企业可以通过形成策略联盟共享彼此的资源和专长，如品牌、市场渠道、技术或研发能力。例如，汽车制造商与科技公司合作开发电动汽车和自动驾驶技术。②风险和成本分担。开发新市场或产品通常需要巨大的投资和承担风险。通过策略联盟，合作伙伴可以分担这些成本和风险。例如，制药公司之间的合作可以共同承担新药研发的高昂成本和不确定性。③共同研发。企业之间可以合作进行研发活动，共同开发新技术或产品。例如，航空公司与 IT 公司合作开发更先进的预订和管理系统。④合作竞争。在某些情况下，即使是竞争对手也可能形成策略联盟，以应对共同的挑战或机遇。例如，电信运营商之间会合作建设网络基础设施，以降低成本并加速部署。

策略联盟型的跨界合作是企业战略规划的重要组成部分，它要求企业之间有高度的信任和合作精神，以及对合作目标和期望的明确共识。通过这种合作，企业可以更有效地利用各自的优势，共同开拓新的增长领域。

（4）文化融合型

不同文化背景的融合可以带来新的产品和服务。

文化融合型的跨界合作是指来自不同文化背景的个体、组织或企业通过合作，结合各自的文化特色和优势，提供新的产品和服务。这种融合通常能够促进创新，吸引广泛的消费者群体。例如：①创新产品和服务。文化融合型的合作能够推动产品和服务的创新，这些产品和服务往往结合了不同文化的元素，如融合不同国家美食风味的餐厅，或是结合西方设计和东方元素的时尚产品。②增强消费者体验。通过文化融合，企业能够提供独特的消费者体验，满足消费者对多样性和新奇体验的需求。例如，一家结合了亚洲和拉丁美洲风味的融合餐厅可能会吸引喜欢尝试新口味的食客。③跨文化交流。文化融合型的合作促进了不同文化之间的交流和理解，有助于打破文化隔阂，增进不同文化背景的人们之间的相互尊重和欣赏。④社会多元化的反映。多元化社会中，人们来自不同的文化背景，文化融合型的产品和服务能够反映社会的多元性，满足不同文化背景消费者的需求。⑤教育和启发作用。文化融合型的产品和服务不仅具有商业价值，它们还具有教育公众和启发人们对不同文化价值的认识的作用。

文化融合型的跨界合作强调了文化差异的价值和创新潜力。通过尊重和融合不同的文化传统和实践，企业能够创造出具有全球吸引力的新产品和服务，同时促进文化的交流和共融。

2.3.3 未来发展趋势

（1）深度融合

随着技术的进步，不同领域之间的界限将进一步模糊，融合将更加深入。“跨界融合”这一时下流行的词汇，正以一种不可逆转的趋势影响着世界的发展。在过去几年里，我们见证了艺术与科技的碰撞、文化与经济的融合，以及教育与娱乐的结合。这些都撼动了传统的行业边界，催生了一系列创新的商业模式和产品。

展望未来，跨界的趋势将进一步走向深度整合。随着技术的发展和全球化的加剧，不同领域之间的界限不仅会模糊，甚至有可能消失。新的发展模式将是各个领域知识和资源的共享与融合。例如，在人工智能的推动下，医疗与信息技术的结合将会更加紧密，智能医疗不仅能提供个性化的医疗方案，还能通过大数据分析预测疾病的发展趋势。而在商业模式上，拥有多元化背景的团队将通过创新思维，打破传统行业的藩篱，实现产业的互联互通和资源的优化配置。

此外，教育将不再局限于传统的学科界限，多学科交叉的学习模式将被进一步强化，为解决复杂问题提供多维度的视角。同样，艺术与技术的交融将激发前所未有的创作灵感，新媒体艺术、虚拟现实体验等新兴领域将成为潮流的风向标。总之，在全球化的今天，跨界融合代表着进步的方向，它通过打破陈规、深化合作来促进社会的整体进步。随着学科边界的进一步模糊，跨界融合将孕育出更多的可能性，并深刻影响着未来世界的发展趋势。

（2）个性化和定制化

消费者对个性化和定制化产品的需求将推动跨界融合向更加细分化和个性化的方向发展。在当今的消费市场中，个性化和定制化正成为一种不可抗拒的趋势。随着更多消费者追求个性化生活方式，他们对产品的要求不再局限于单一的功能性，而是更加注重产品是否能够反映其个人品位、生活态度和独特身份。因此，个性化和定制化产品的需求催生了更为细致和差异化的市场细分。

传统的生产模式正在逐渐被定制化和个性化生产所取代。从服装行业的私人订制到汽车行业中的客户专属配置，消费者可以根据自己的喜好和需求来定制独一无二的产品。这种趋势促使企业不得不调整其生产流程和营销策略，以便更灵活地满足消费者的多样化需求。跨界合作也因此变得更为复杂和常态化。例如，科技企业与时尚品牌合作，推出可以个性化定制界面的智能手表；汽车制造商与高端音响品牌联手，提供客户专属的车载音响系统定制服务。这些合作模式不仅扩大了产品的市场范围，也为企业之间的融合带来了无限可能。

总而言之，消费者对于个性化和定制化产品的渴望推动了市场的深度细分，同时促使企业间跨界合作变得日益重要，从而实现互惠共赢。随着技术的进一步发展，未来的产品将会向更加智能化、个性化的方向发展，并极大地满足消费者对于独特性和个性表达的需求。

（3）可持续发展

环境保护和可持续发展的需求将促使不同行业共同探索环保解决方案。在全球范围内，环境保护和可持续发展越来越受到关注。随着资源的日渐枯竭和生态环境破坏的加剧，不同行业必须采取行动，共同探索既能够满足当前需求又不用牺牲未来代际需求的环保解决方案。这一变革旨在实现经济、社会和环境三方面的平衡和协调发展。

首先，绿色能源行业正在引领可持续发展的浪潮，通过太阳能、风能、水能等可再生能源的开发利用，减少对化石燃料的依赖，显著降低温室气体的排放。同时，制造业也在积极改造，通过采用环保材料和循环经济的生产方式，减少资源浪费和环境污染。

其次，建筑行业正通过绿色建筑设计和建筑材料的创新，提高能源效率，减少对环境的影响。绿色建筑不仅考虑了节能减排，还注重提升室内环境质量，为人们提供健康舒适的生活空间。

最后，在交通领域，电动汽车和共享出行等低碳出行方式正在改变人们的出行习惯，以减少交通对环境的压力。此外，农业领域通过智慧农业和生态农业的实践，减少化肥和农药的使用，提高土地利用效率和作物产量，同时保护生物多样性。

综上所述，随着环境保护意识和可持续发展需求的增强，各个行业正在积极寻求合作与创新，不断探索和应用环保解决方案，共同致力于地球的可持续发展。这是一场涉及全人类共同利益的行动，需要各界持续的关注和努力。

（4）全球化合作

全球化将推动不同国家和地区之间的跨界融合，形成国际合作项目。在当今世界，全球化已成为推动经济、文化和科技快速发展的关键驱动力。随着国际交流的日益频繁，不同国家和地区之间的界限逐渐模糊，为跨界融合提供了充分的土壤。这一进程不仅催生了众多国际合作项目，而且促进了资源、信息、人才和技术的全球流动，使合作变得更为深入和广泛。

跨界融合的重要体现之一是跨国企业的合作与扩张。它们通过与海外合作伙伴建立联盟、成立合资企业，以及参与国际贸易活动，实现产品和服务的全球布局。例如，汽车制造商跨国合作开发新能源车型，共担研发成本，共同进入新兴市场。此外，全球科研项目如国际空间站合作和全球气候变化研究联盟可视为科技领域跨国界合作的代表，它们集结了来自不同国家的专家智慧，协同解决人类面对的共同挑战。

全球化同时推动了文化的交流与融合。国际电影节、文化艺术展览跨越国界，让不同文化背景的观众共享艺术佳作。例如，好莱坞电影在全球范围内上映，不仅打开了新的市场，也促使当地影视产业吸取外来经验，产生新的创意与风格。

总之，全球化下的跨界融合是多领域、多层次的互动与共赢过程。无论是经济合作、技术研发还是文化交流，都展现了国家间通力合作、共同进步的光明前景。未来，随着全球化的不断深入，这一趋势将进一步加强，为国际社会带来更多惠及全人类的成果。

（5）数字化转型

数字化转型仍是推动跨界融合的重要力量，尤其是在云计算、大数据、物联网等领域。在当今快速发展的数字化时代，跨界融合已成为各行各业深化创新、提升效能的关键途径。数字化转型在这一过程中扮演着至关重要的角色，它不断推动企业、政府以及社会组织跨越原有的边界，探索与不同领域的合作与协同发展。

首先，云计算作为数字化转型的基石，为跨界融合提供了可靠的平台服务。通过云服务，企业能够降低 IT 基础设施建设成本、提升运营效率，并便捷地与其他行业的服务和数据对接。例如，零售业通过云服务与物流和支付系统无缝整合，实现了高效的供应链管理和良好的顾客体验。

其次，大数据的分析与应用正成为企业洞察市场趋势、消费行为的有力工具。通过对来源不同的大量数据进行深入分析，企业能够得出有价值的洞见，并据此调整商业策略。例如，医疗行业通过分析患者数据，可以与保险、制药等相关领域合作，提供更加个性化和精准的治疗方案。

最后，物联网技术的应用正在改变传统产业的生产与服务方式。例如，智能制造业借助传感器、机器人等物联网设备，实现了生产流程的智能化与自动化，大幅提升了生产效率。物联网技术的进步也促进了汽车、家电等产业与信息通信技术的融合，推动了智能产品的开发和智慧城市的构建。

总的来说，数字化转型正在不断推进跨界融合，创造出全新的商业模式，带来市场机遇。企业和机构必须顺应这一趋势，利用云计算、大数据、物联网等先进技术，不断探索和拓展数字化的边界，以期在竞争日益激烈的市场中，保持持续创新与发展的动力。

未来，跨界融合将更加依赖于开放的创新生态系统，其中企业、政府、教育机构和消费者都是重要的参与者。随着技术的不断进步和全球化的深入推进，跨界融合将继续为社会带来新的创新和价值。

2.4　数字平台生态系统

2.4.1　数字平台生态系统的内涵和特征

数字平台生态系统是一个基于数字技术的网络，它连接了多个参与者，包括企业、消费者、服务提供商和开发者，共同创造、交换和消费价值。这一概念在现代经济中越来越重要，特别是随着信息技术和互联网的迅猛发展。下面详细介绍数字平台生态系统的内涵及其特征。

（1）数字平台生态系统内涵

①多边市场。数字平台通常作为多边市场，连接不同类型的用户，如买家和卖家、服务提供者和消费者。这种结构有助于降低交易成本和提高市场效率。②网络效应。数字平台生态系统的价值随着用户数量的增加而增加。更多的用户可吸引更多的用户参与，从而形成正向的反馈循环。③数据驱动。数据是数字平台生态系统的核心资产。通过分析用户数据，平台能够优化服务、提供个性化体验并增强用户黏性。④开放性与可扩展性。数字平台通常是开放的，即允许第三方开发者或合作伙伴加入生态系统，这有助于增加

新的功能或服务。这种开放性使得生态系统能够不断扩展和适应市场变化。

（2）数字平台生态系统特征

①互联互通。数字平台生态系统通过互联网连接全球用户和服务，以实现信息和资源的即时共享。②高度依赖技术。从云计算到人工智能，高端技术是支撑数字平台运作的基石。③动态适应性。数字平台生态系统能够快速适应市场变化和技术进步，灵活调整业务模式和策略。④用户参与。用户不仅是消费者，也是内容和价值的共同创造者。例如，用户生成内容是许多社交媒体平台的核心。⑤多样化的商业模式。数字平台可以采用多种商业模式，如收取订阅费、投放广告、收取交易费、提供数据分析服务等。

数字平台生态系统通过整合不同的技术、参与者和业务模式，构建了一个多层次、高效和动态的经济体。这些生态系统不仅改变了传统行业的运作方式，还持续推动了全球经济的创新和增长。

2.4.2 构建数字平台生态系统的路径

构建一个成功的数字平台生态系统涉及多个关键步骤和策略。这些路径不仅需要技术的支持，还需要考虑市场策略、用户参与和生态系统管理。以下是构建数字平台生态系统的一些主要路径。

（1）明确平台定位和目标市场

这一步骤需要重点把握目标市场和平台定位，表2－2概述了明确平台定位和目标市场的主要步骤及其关键活动和目标结果，帮助团队有条不紊地推进项目进程，并确保各项决策和策略的实施都能够有效地支持平台的长期发展。

表 2-2　　明确平台定位和目标市场

步骤编号	步骤名称	关键活动	目标/结果
1	进行市场研究	行业分析 用户研究 技术趋势	了解行业现状和趋势 识别目标用户需求 探索技术发展对市场的影响
2	确定平台定位	确定解决的问题 定义价值主张 明确目标用户	明确平台目的 形成独特的市场提议 精确定义目标用户群体
3	分析竞争环境	竞争对手分析 市场定位	了解竞争格局 确定市场中的位置
4	制定进入市场策略	选择市场进入策略 设定初期市场目标	制定有效的市场策略 设定具体的业务目标
5	持续调整和优化	建立反馈机制 迭代优化	收集并应用用户反馈 根据市场反应调整产品和服务

资料来源：作者整理得到。

（2）建设技术基础

①选择合适的技术栈。根据平台的需求选择合适的技术解决方案，如云服务、数据库技术、前端和后端框架等。②确保可扩展性和安全性。构建可扩展的架构以支持用户增长，同时确保数据安全和用户隐私。

（3）开发多边市场策略

构建数字平台生态系统时，开发多边市场策略是至关重要的一步。多边市场（或双边市场）是指平台能够同时服务于两个或两个以上互相依赖的用户群体，如买家和卖家、开发者和用户等。表2-3列示了开发多边市场策略的关键步骤。

表 2 – 3　　开发多边市场策略的关键步骤

步骤编号	步骤名称	描述	关键考虑因素
1	识别参与方	确定平台的主要和辅助参与者	主要参与者（如买家、卖家） 辅助参与者（如支付服务、物流）
2	分析需求和动机	深入了解各参与者群体的需求并建立激励机制	需求分析 设计激励机制（如优惠、工具支持）
3	设计互动和交易机制	创建促进参与者之间互动和交易的平台功能	交易流程简化 互动工具（如评价系统、通信工具）
4	平衡供需关系	在平台初期和长期运营中平衡各方的供需	初始阶段策略（如补贴） 长期平衡机制（如动态定价）
5	制定增长策略	利用网络效应和扩展策略增强平台吸引力	网络效应加强 多方面扩展（新服务、新市场）
6	监控和调整	定期监控平台性能并根据市场反馈调整策略	性能监控 策略调整

资料来源：作者整理得到。

通过表 2 – 3 可以清晰地看到构建数字平台生态系统时需要考虑的各个步骤和每一步的关键因素。这有助于系统地规划和实施多边市场策略，确保平台能够有效地服务于不同的参与者群体，并实现长期的成功和可持续发展。

（4）发挥网络效应

第一，增加用户黏性。通过提供优质的用户体验和增值服务来增加用户黏性。首先，在提供优质的用户体验方面：可以确保用户界面简洁、直观且易于使用。通过分析用户行为和偏好，提供个性化的内容、推荐和服务。优化网站和应用的加载时间，减少用户等待，提高满意度。为不同地区的用户提供本地化的内容和语言支持，增强其使用舒适度。其次，在提供增值服务方面：设计会员计划和忠诚度奖励机制，如积分系统、会员专享优惠等，鼓励用户频繁使用平台。提供快速、专业且友好的客户支持。考虑同时使用聊天机器人和人工客服，以提高效率和满足用户需求。构建用户社区，鼓励用户参与讨论、分享经验和互动。社区可以增强用户的归属感和忠诚度。定期更新内容和推出新功能，保持平台的新鲜感和吸引力。

第二，激励用户参与。设计易用的参与工具，鼓励用户生成内容和互动，如评论、评分和社交分享。对活跃或高质量内容的用户给予公开认可，如授予“月度最佳评论员”等称号。定期向用户展示他们的参与如何影响平台或社区，从而增强他们的参与感。根据用户的反馈调整激励措施和参与方式，以持续适应用户需求和偏好。

(5) 创新和迭代

在持续迭代产品方面，根据用户反馈和市场变化不断优化和更新平台功能。在创新业务模式方面，探索和实验不同的商业模式，如订阅服务、广告、交易手续费等。

(6) 构建生态系统合作关系

与其他企业或服务提供者建立合作，扩展服务范围和市场影响力。提供开放的应用程序接口（API），使第三方开发者能够创建和整合新的服务或应用。

(7) 监管遵从和伦理考量

一是遵守法律法规。确保平台操作符合当地法律法规的要求。二是注重用户权益。保护用户数据安全，尊重用户隐私，建立用户信任。

通过上述路径，数字平台可以有效地构建和管理一个健康、活跃的生态系统，这不仅能够吸引和保留用户，还能在竞争激烈的市场中保持领先地位。

2.4.3 构建价值共创生态圈的风险

构建数字平台生态圈虽然提供了巨大的增长潜力和市场优势，但同时也伴随着一系列风险。构建数字平台生态圈所面临的风险类型及其描述如表2－4所示。

表2－4 构建数字平台生态圈所面临的风险类型

风险类别	具体风险	描述
技术风险	系统安全	数据泄露和网络攻击的风险增加
	可扩展性问题	在用户激增时可能遇到性能瓶颈
	技术过时	平台可能因未能及时更新技术而变得过时
市场风险	竞争加剧	新竞争者的加入和现有竞争者的增强可能导致市场竞争压力增大
	用户需求变化	如果平台不能及时适应用户需求和偏好的变化，可能会失去用户
法律和合规风险	隐私和数据保护	可能因违反数据保护相关法律而被重罚
	知识产权问题	在多方合作的生态系统中，知识产权管理问题复杂，一旦处理不好容易引发纠纷
依赖风险	供应商依赖	过度依赖单一供应商或技术可能引发相关问题
	合作伙伴风险	合作伙伴的业务不稳定或策略改变可能影响平台稳定性和信誉

续表

风险类别	具体风险	描述
操作风险	管理复杂性	随着生态系统扩展，管理的复杂性增加，需要更多资源和系统维护
	文化和沟通问题	不同文化和沟通方式可能导致内部效率低下
财务风险	收入不稳定	平台初期投资大而回报周期长，如果未能快速吸引用户和合作伙伴关注，则可能面临财务压力
	资金筹集问题	在需要扩展或改进平台的阶段，可能面临资金筹集困难的问题
用户接受度风险	用户接受度	新平台或服务可能需要时间让用户接受和适应，推广不力或用户体验差可能导致用户流失

资料来源：作者整理得到。

构建数字平台生态系统需要综合考虑多方面的风险，理解并妥善管理这些风险对于构建和维护一个成功的数字平台生态圈至关重要。通过制定有效的风险管理策略和持续监控，可以最大限度地减少这些风险的影响。

2.5　价值共创

2.5.1　价值共创含义和关键点

（1）价值共创含义

价值共创（Value Co - Creation）是一个商业和管理领域的概

念，指的是企业与客户、供应商、合作伙伴以及其他利益相关者共同参与创造价值的过程。这个概念强调的是通过合作和参与，各方可以共同创造出超出单方能力范围的产品或服务价值。

（2）价值共创的一些关键点

①客户参与。企业鼓励客户在产品或服务的设计、开发和改进过程中发挥作用，以确保最终的产品或服务能够更好地满足客户的需求和期望。

②开放创新。企业开放其创新过程，与外部的研究机构、创业公司，甚至是竞争对手合作，共同开发新产品或服务，或邀请它们提供想法和解决方案。

③合作伙伴网络。通过建立合作伙伴网络，企业可以与其他组织共享资源和能力，共同开发新的市场机会。

④共享经济。在共享经济模式下，个人和企业通过共享资源（如车辆、住宿或工具）来创造价值，这种模式强调利用闲置资源和服务。

⑤用户创造内容。在数字媒体和社交网络的背景下，用户创造内容（UGC）成为价值共创的重要形式，用户通过提供内容来增加产品或服务的价值。

⑥平台化战略。企业通过建立平台，使不同的用户和提供者能够相互交互，共同创造价值，如亚马逊、阿里巴巴和 eBay 等电子商务平台。

⑦可持续发展。在可持续发展的背景下，企业与公众和非政府组织合作，共同开发环保产品，以实现经济、社会和环境价值的共创。

⑧个性化和定制化。通过利用大数据和人工智能等技术，企业

能够提供个性化的产品和服务，与消费者共同创造独特的价值体验。

价值共创的过程不仅能够提升产品或服务的质量和创新性，还能增强客户忠诚度，提高企业的竞争力。这要求企业具有开放的心态，愿意倾听和整合来自各方的意见和资源。

2.5.2 组织间价值共创的研究和实践

组织间价值共创的研究和实践已经经历了从产品主导逻辑（Goods - Dominant Logic，G - D Logic）、服务主导逻辑（Service - Dominant Logic，S - D Logic）到服务科学逻辑（Service Science）的演进。

（1）产品主导逻辑

在产品主导逻辑中，重点是产品的生产和销售。企业视产品为价值的主要载体，消费者则被看作是价值的被动接收者。在这种逻辑下，价值被认为是在生产过程中嵌入到产品中的，消费者通过购买和使用产品来实现价值的消费。

（2）服务主导逻辑

服务主导逻辑由Vargo和Lusch在2004年提出，标志着价值创造理念的重大转变。在S - D Logic中，服务被视为经济交换的基本单位，而不是商品。这一逻辑认为，价值是在使用过程中通过服务的交付和消费者的参与而创造的，而不是预先嵌入到产品中的。这种观点强调了所有经济活动的服务性质，以及客户和其他利益相关者在价值创造过程中的主动参与角色。

（3）服务科学逻辑

服务科学是一个跨学科领域，旨在整合不同学科的知识以更好地理解和创新服务。服务科学将服务视为一个系统，涉及技术、业务模式、人类活动等多个方面。在服务科学的框架下，价值共创不仅是提供和接收服务，而且是一个复杂的系统过程，涉及多个组织和个体的互动。服务科学强调通过技术和组织创新来优化服务系统，从而提高效率和效果。

这三个阶段的演进不仅反映了对经济活动本质的深入理解，也指导了企业如何在不断变化的市场环境中调整其战略。从产品主导逻辑到服务主导逻辑，再到服务科学逻辑，我们看到了一个从产品中心到服务中心，再到系统和跨学科整合的转变。这些变化促使组织更加重视服务的整合和创新，以及与客户和其他利益相关者的互动，从而共同创造更大的价值。

2.5.3 价值共创的风险及防范

价值共创虽然提供了增强客户参与和提升竞争力的方法，但其也伴随着一些风险。以下是价值共创中常见的风险及应对这些风险的方法。

（1）常见风险

在共创过程中，企业和客户需要共享大量信息，这可能导致数据泄露或隐私被侵犯的风险。①知识产权问题。价值共创过程中产生的新知识或产品可能涉及知识产权归属和保护的问题。②协作不足。不同参与者可能有不同的目标和期望，从而导致合作不顺畅，影响价值共创的效果。③过度依赖客户参与。过度依赖客户的输入可能使产品或服务过于定制化，导致难以大规模生产或满足其他客户的需求。④成本控制。共创活动可能涉及额外的管理和协调成本，若未能有效控制，可能影响项目的整体收益。

（2）风险防范

第一，建立强有力的数据保护政策。确保所有参与方都遵守数据保护法规，实施加密、访问控制等技术措施来保护共享的信息。第二，明确知识产权协议。在价值共创项目开始前，与所有参与者明确知识产权的归属和使用权，避免未来发生法律纠纷。第三，强化沟通和管理。建立有效的沟通渠道和协调机制，确保所有参与者的目标和期望都能够得到充分的理解和协调。第四，平衡客户参与。合理设计客户参与的程度和方式，确保其对产品或服务的贡献既能满足个性化需求，又不会妨碍产品的普适性和规模化生产。第五，成本效益分析。在项目启动前进行详细的成本效益分析，设定预算并持续监控成本，确保共创活动能够带来正向的经济效益。

通过上述方法，组织可以更好地管理价值共创过程中的风险，促进成功的共创活动，从而实现双赢的结果。

第 3 章 文献综述与理论基础

3.1 文献综述

3.1.1 关于数字经济

数字经济是一个跨学科的研究领域，它结合了经济学、管理学、信息技术和社会科学等多个学科的理论和方法。以下是对数字经济研究文献的综述，旨在概述该领域的主要研究主题、理论框架和发现。

(1) 数字经济的定义和范围

数字经济通常被定义为基于数字计算技术的经济活动，包括数字商品和服务的生产、分配和消费。Bukht 和 Heeks（2017）提出了数字经济的概念化框架，强调了数字内容、数字网络和数字技术的重要性。陆铭和张翼（2016）从中国的视角出发，分析了数字经济的内在逻辑，探讨了数字经济对中国经济发展的影响。陈劲（2017）对数字经济进行了定义，分析了其主要特征，并探讨了其未来的发展趋势。

(2) 数字化转型与创新

数字化转型是数字经济研究的核心主题之一。Brynjolfsson 和 McAfee (2014) 探讨了数字技术引发第二次机器时代的过程，以及在促进创新和生产力提升方面的作用。Tapscott (2016) 则从网络智能的角度，讨论了数字化重塑企业和社会的路径。数字化转型呈现出两个基本特征：一是数据介入要素增加了要素新组合；二是数字赋能促进了要素的优化重组。

(3) 平台经济与网络效应

平台经济是数字经济的一个重要组成部分。Mansell 和 Steinmueller (2020) 讨论了数字平台的经济学原理，包括网络效应、规模经济和数据驱动的价值创造。Goldfarb 和 Tucker (2019) 则从经济学视角分析了数字广告、市场设计和隐私等问题。

(4) 数字经济的社会影响

数字经济对就业、收入分配和社会福利的影响也是研究的重要方面。Schwab (2017) 从第四次工业革命的角度讨论了数字技术对劳动市场的影响，包括自动化和新兴职业的出现。Van Dijk (2020) 则从网络社会的视角，探讨了数字分化和社会包容性问题。Brynjolfsson E. 和 McAfee A. (2014) 探讨了数字技术，特别是人工智能和机器学习，在推动经济增长和创新方面的贡献，以及其带来的就业和收入分配方面的挑战。

(5) 数字创业与生态系统

数字技术为创业提供了新的机会和挑战。Sussan 和 Acs (2017) 研究了数字创业生态系统，强调了技术创新、创业精神和政策环境的相互作用。

（6）政策与治理

随着数字经济的发展，政策和治理成为关键议题。研究者探讨了如何制定有效的政策来促进数字经济的健康发展，包括数据保护、知识产权和跨境电子商务等方面。Goldfarb A. 和 Tucker C.（2019）综合讨论了数字经济的经济学原理，包括数字商品的特性、市场结构、隐私和数据政策等方面。

综上所述，数字经济的研究是多维度和动态发展的，涉及技术创新、经济模式变革和社会影响等多个方面。未来的研究可能会更加关注数字经济的可持续性、伦理和公平性问题，以及数字技术与全球经济整合的新趋势。随着数字技术的不断进步和应用领域的扩展，数字经济仍将是经济学和管理学研究的一个重要和充满活力的领域。

3.1.2 关于体育产业跨界融合的研究

（1）关于体育产业发展现状方面的研究

一直以来，我国的体育产业发展仍不够成熟，体育产业占国内生产总值的比重与西方发达国家差距较大，而在体育经纪领域差距则更是明显。我国的学者有不少关于体育产业发展现状的研究。

侯光辉等（2009）认为体育产业是涉及面较广的产业，是产值较高、意义深远的朝阳产业、是劳动密集型并能提供多种就业机会的第三产业、是促进全球经济的国际化产业。张瑞林（2011）提到目前我国体育产业结构还不够合理，其主要表现在：体育健身休闲业和体育组织管理业未能成为主导行业；体育中介业、体育培训业尚未发展壮大；各行业之间还未形成协调发展、良性互动的业态。姜晴云（2017）提出我国体育经纪人正处于目的不断明确、类别更加清晰、内容更加完善的发展阶段，但其也存在体育经纪质量不高等问题。制约该行业进一步发展的阻力主要来自产业规模和产业结构、体育管理体制、行业内部自律机制以及从业者的素质和专业能力等方面。

（2）体育产业跨界融合的研究

体育产业跨界融合是近年来体育学、管理学和经济学等学科领域关注的热点。随着科技的发展和消费者需求的多样化，体育产业正逐渐与旅游、健康、教育、娱乐等其他产业发生跨界融合，形成新的增长点和商业模式。以下是关于体育产业跨界融合研究的文献综述，旨在概述该领域的研究现状、主要发现和未来趋势。

罗珉和李亮宇（2015）指出，随着互联网等数字经济的发展，企业边界变得模糊，跨界协作成为企业探索新型价值来源的必然选择。这种协作不仅推动了资源的优化配置，也促进了创新能力的提升。体育产业跨界融合的研究主要集中在以下几个方面。

有研究表明，体育赛事和活动能够显著促进旅游业的发展，如体育产业与旅游产业的融合发展，许多学者分析了二者融合的内在逻辑和实现路径，探讨了融合发展对促进地方经济和社会发展的作用（周宇和张鹏，2019；王焕盛，2020；于巍和崔力文，2022；赵洪波，2022）。国外学者（Gibson H. J.，1998；Weed M. 和 Bull C，2004）也开始关注体育产业与其他产业的融合。体育产业与健康产业的融合。随着人们健康意识的提高，体育产业与健康产业的融合越来越紧密，如体育健身已成为健康生活方式的重要组成部分（刘颖和王月华，2021；Halip L.，2006；Thoma M. J. 和 Chalip L.，1996）。体育产业与教育产业的融合。体育教育的发展不仅促进了体育人才的培养，也为体育产业的发展提供了人才支持和知识创新（康露和黄海燕，2021；Tier W. F.，1998；Penney D 和 Chandler T.，2000）。体育产业与文化娱乐产业的融合。体育赛事的娱乐化、明星化趋势日益明显，体育赛事直播、电子竞技等新兴形式的出现，使体育娱乐成为吸引公众关注的重要方式。还有学者聚焦于新时代背景下体育产业与媒体产业的融合发展，分析了融合发展的必要性、路径选择和策略实施，旨在为体育产业与媒体产业的深度融合提供理论支持（李华和王晓明，2020；Mith A.，2019；Real M. R.，2006）。

相关研究的主要发现为：跨界融合促进了体育产业的多元化发展。体育产业通过与其他产业的融合，拓展了业务范围和市场空间，形成了更加多元化的产业结构（Pine B. J. 和 Gilmore J. H.，2019）。技术创新是跨界融合的重要驱动力。信息技术、大数据、人工智能等技术的应用，为体育产业的跨界融合提供了技术支持和创新可能（张志强和李银凤，2018；王磊，2017；郭天佑，2016；Chesbrough H.，2003；Porter M. E. 和 Heppelmann J. E.，2014）。消费者需求的变化推动了跨界融合。消费者对体育产品和服务的需求日益多样化，促使体育产业不断探索新的业务模式和服务形式，以满足消费者的个性化需求。数字时代体育产业的创新与融合可推动体育产业的转型和升级（Chen L. 和 Zhang J. 2021）。

综上所述，体育产业跨界融合的研究是一个多元化、跨学科的领域，未来的研究需要进一步深化对跨界融合机制的理解，探索更加有效的管理策略和商业模式，以促进体育产业的持续健康发展。

3.1.3 关于价值共创

价值共创是一个在管理学和营销学领域日益受到重视的概念，它强调企业与客户之间，以及企业与其他利益相关者之间通过互动和合作来共同创造价值的过程。盛妍艺等（2023）提出，价值共创的核心是实现数字重塑式的产学研用数字化协同创新以及“新产品+新服务+共享体验+共创体验”的多元价值创造体系，重在建立基于产学研用数字化驱动的协同价值共创机制。以下是关于价值共创研究的文献综述，旨在概述该领域的理论基础、研究现状、主要发现和未来研究方向。

（1）研究现状

第一，价值共创的机制。研究企业如何与客户以及其他利益相关者建立有效的互动和合作机制，以促进价值的共同创造。如价值共创概念的先驱者之一 Prahalad 和 Ramaswamy（2004）探讨了消费者如何通过与企业的互动参与价值创造，并提出了共创体验的框架。服务主导逻辑强调制造企业通过将产品与服务结合，与顾客共创价值。这种服务策略不仅提升了企业的市场竞争力，还改善了企业的整体绩效（Shaw 等，2011；Altinay 等，2016；Wilden 等，2017）。Leone（2021）等指出机构与患者在知识、信息、数据等资源方面的感知与响应是实现价值共创的必要路径，并且他们构建了“价值感知—价值响应”的价值共创机制框架。

第二，价值共创的策略。探讨企业如何设计和实施价值共创策略，包括客户参与、社区建设、合作伙伴关系管理等。Payne A. F.，Storbacka K. 和 Frow P.（2008）讨论了管理价值共创的过程，包括如何设计和实施共创活动，以及如何测量共创价值的影响。I Y. 和 Gong T.（2013）开发并验证了一个衡量顾客价值共创行为的量表，为研究顾客如何参与到价值共创过程中提供了工具。罗珉和李亮宇（2015）提出随着互联网等数字经济发展，企业边界变得模糊，跨界协作成为可行且必要的选择，这也是企业的新型价值来源之一。张建军和赵启兰（2019）讨论了全渠道零售商如何通过整合线上线下资源改善顾客体验并提升共创价值。这种整合不仅满足了消费者对无缝购物体验的需求，也提高了企业的运营效率和顾客满意度。蔡春花等（2020）通过研究天虹股份的数字化转型案例，探讨了商业模式场景化对价值共创的影响。场景化商业模式能够更好地捕捉顾客需求，实现个性化服务，从而增强顾客的参与度和满意度。Normann 和 Ramirez（1993）提出企业应超越传统的价值链，通过重新配置资源和合作伙伴关系来共同创造价值。

第三，价值共创的挑战与风险。研究在价值共创过程中可能遇到的挑战和风险，以及如何应对这些挑战和风险。Ranjan K. R. 和 Read S.（2016）在探讨价值共创的概念框架的同时，指出了在测量共创价值时可能遇到的挑战，包括如何准确评估顾客参与的价值。Arikka – Stenroos L. 和 Jaakkola E.（2012）通过研究知识密集型业务服务中的共创过程，揭示了共创中的挑战，特别是在解决共同问题时，如何协调不同参与者的知识和资源。Plé L. 和 Cáceres R. C.（2010）引入了一个新的概念——交互性价值共毁（Interactional Co – destruction of Value），讨论了在服务交付过程中，由于参与方的负面互动可能导致价值的损失。

（2）主要发现

第一，互动与合作是价值共创的关键。有效的互动和合作机制能够促进知识和资源的共享，是价值共创的基础（刘志刚和张学良，2019；韩毅和李静，2018；Vargo S. L. 和 Lusch R. F.，2008；Payne A. F.，Storbacka K. 和 Frow P.，2008）。Prahalad 和 Ramaswamy（2004）指出，顾客参与和体验在价值共创过程中至关重要。

第二，价值共创能够提升企业竞争力。通过价值共创，企业不仅能够提高产品和服务的价值，还能增强客户关系和品牌忠诚度，从而提升企业的竞争力。Moore（1993）引入了“商业生态系统”的概念，强调了企业之间相互依存的关系以及在这种动态环境中竞争和合作的重要性。

第三，价值共创需要文化和组织支持。企业需要建立支持价值共创的文化和组织结构，包括鼓励开放式创新、促进跨部门合作等。生态系统内的学习和适应机制对于应对环境变化和促进持续创新至关重要（Moore，1993）。

第四，技术是价值共创的重要推动力。数字技术和社交媒体等工具为价值共创提供了新的平台和手段，使企业与客户之间的互动更加便捷和高效。吴剑峰（2021）将架构选择中的认知扩展概念化为组织身份变化，并将资源活动纳入价值响应中，发现技术进步能够触发企业重新定位身份，并通过资源行动采取相应的价值响应模式，进而形成“价值触发—价值定位—价值响应—价值生成”框架。

综上所述，价值共创是一个多维度、跨学科的研究领域，未来的研究需要进一步探索价值共创的理论和实践，以及在快速变化的市场环境中有效实施价值共创的策略。

3.1.4 关于数字平台生态系统的研究

数字平台生态系统是指围绕数字平台形成的各种资源、服务、用户和组织的互动体系。

(1) 国内研究

第一，对数字平台系统的研究。我国学者对数字平台进行了系统的定义和分类。例如，将数字平台分为交易平台、创新平台和服务平台等类型，每种类型的平台具有不同的业务模式和核心功能（张华等，2017）。此外，国内研究对数字平台的商业模式进行了深入探讨，分析了如何通过平台连接不同的市场参与者，创造价值并实现盈利（李四光等，2018）；研究还涉及通过数据驱动和算法优化来提升平台的运营效率和用户体验。

第二，对数字平台生态系统的研究。关于数字平台生态系统的构建，国内学者发现了多方参与、共赢策略的重要性。研究如何在不同参与者之间建立信任和合作，促进生态系统的健康发展（赵宇等，2019）。随着数字平台经济的蓬勃发展，我国政府逐步完善相关的政策与法规。学术界对此进行了研究，探讨如何在保护消费者权益和促进创新之间找到平衡（王小林，2020）。国内研究还特别关注数字平台在各行业中的应用，包括金融、教育、医疗等领域，并且研究了如何利用平台技术改造传统行业，提升服务效率和质量（陈明等，2021）。

此外，国内学者对数字平台生态系统的构成进行了系统的分析，提出了包括平台核心企业、参与者、服务提供者和消费者等多个层面的结构模型（王建民等，2018）。这些研究有助于理解不同参与者在生态系统中的相互作用。关于数字平台生态系统的治理，现有文献多聚焦于如何建立有效的管理和控制机制来保证生态系统的稳定和持续发展（刘强等，2019），包括合作与竞争关系管理、数据安全与隐私保护等方面。关于生态系统的创新与协同研究指出，创新是推动数字平台生态系统发展的关键动力。学者们探讨了如何通过开放创新、用户参与创新等方式，促进生态系统内部的协同与创新（张蕾等，2020）。数字平台生态系统的价值创造是国内文献中的一个重要主题。相关研究聚焦于如何通过多方共赢的商业模式，实现资源的有效配置和价值的最大化（赵红霞等，2021）。随着对数字平台生态系统重要性认识的加深，学者们开始关注其可持续发展问题，研究如何在保障生态系统健康发展的同时，解决因快速发展带来的社会、经济和环境问题（李娟等，2022）。

（2）国外研究

第一，对数字平台系统的研究。国外对数字平台系统的研究广泛且深入，涵盖了平台经济的各个方面，包括平台的商业模式、治理结构、创新机制、市场策略以及对社会经济的影响。国外学者对数字平台的商业模式进行了深入研究，强调了其作为多边市场的特性。有文献讨论了如何通过平台连接不同的用户群体（如买家和卖家），并通过各种机制（如定价、补贴）来平衡各方的利益和激励各方的参与（Rochet 和 Tirole，2003）。关于平台治理的研究集中在如何设计有效的控制和协调机制来管理平台内部的复杂互动，包括权利分配、规则制定和冲突解决等方面（Parker Van Alstyne 和 Choudary，2016）。治理结构对于维持平台的稳定性和促进生态系统的健康发展至关重要；数字平台促进了创新的研究，尤其是开放式创新和用户驱动的创新。平台通过提供工具和接口（APIs），使外部开发者能够开发新的应用和服务，从而加速技术和产品的迭代（Boudreau 和 Lakhani，2009）。在竞争策略方面，有文献分析了平台如何通过网络效应和规模经济来构建竞争优势，并讨论了平台之间的竞争和合作关系（McIntyre 和 Srinivasan，2017）。这包括如何处理新进入者的威胁以及如何通过战略联盟增强市场地位。学者们发现了数字平台对劳动市场、隐私权、消费者行为和整体经济结构都产生了深远影响；研究了这些变化带来的机遇和挑战，以及必要的政策响应（Kenney 和 Zysman，2016）。

第二，对数字平台生态系统的研究。在国外，数字平台生态系统的研究已形成较为成熟的理论体系和实证分析方法。这些研究涵盖了从理论构建到实际应用的多个方面。国外学者（如 Thomas R. Eisenmann 等）对平台生态系统进行了系统的理论阐述，定义了平台生态系统中的核心平台和补充者之间的互动关系（Eisenmann，Parker 和 Van Alstyne，2006）。他们的研究强调了网络效应、多边市场和平台治理等关键概念。关于平台治理，国外相关文献探讨了如何通过设计开放或封闭的平台架构来管理生态系统内的合作与竞争（Hawkins，2014）。有研究还涉及平台的竞争策略，比如如何建立壁垒、处理多边市场的反馈效应等。数字平台生态系统的创新机制也是国外研究的热点。有文献分析了开放创新如何通过用户和开发者的参与推动技术和服务的演进（Boudreau，2010）；同时探讨了创新如何影响平台的竞争力和市场结构。随着数据成为数字平台的核心资产，如何在创造价值的同时保护用户隐私成为一个重要议题（Martin，2016）。有研究讨论了数据治理的法律和伦理问题，以及不同国家对数据隐私的监管政策。国外学者也关注数字平台对社会经济的影响，包括劳动市场的变化、产业结构的调整和社会福利的分配（Kenney 和 Zysman，2016）。这些研究可作为政策制定者在面对数字经济时的重要参考。

3.1.5 关于体育经纪人的研究

体育经纪人作为连接运动员与商业的重要桥梁，其作用和影响力在体育产业中日益凸显。以下是关于体育经纪人研究的文献综述，旨在概述该领域的主要研究方向、主要发现和未来趋势。

（1）关于体育经纪人的发展和运作方式的研究

国外学者在体育经纪人的发展和运作方式方面的研究颇多：Charles B. Lipscomb（2001）认为，虽然有组织的体育运动已经流行了几个世纪，但是体育经纪人的出现是一个相对现代的现象，直到 1975 年，运动员才开始雇佣体育经纪人来代表他们与管理层进行合同谈判。George H. Sage（1990）指出，20 世纪 80 年代以后，美国建立了比较完善的体育经纪人制度、机制和相关法律保障体系。Kenneth L. Shropshire 和 Timothy Davis（2002）在《体育经纪人产业》一书中提出，在美国体育产业化、社会化、商业化的大背景下，体育经纪人为了提高竞争力，呈现多元化的特征。在立足本国市场的同时，美国体育经纪人不断拓宽业务范围，接连国外优秀运动员、比赛主办者与生产企业和商业公司签订合约，这说明体育经纪国际化趋势已势不可挡。

（2）关于体育经纪人的治理及立法的研究

第一，国外的相关研究。美国第一个建立了管理本联盟运动员经纪人规章的组织——国家橄榄球联盟运动员联合会（NFLPSA），规定“除非按照本联盟的规定被认定具有经纪人的资格，任何个人（甚至运动员本人）不允许代表运动员，或者以国家橄榄球联盟的合同顾问名义，从事个人合同的谈判”。《美国统一运动员经纪人法》（UAAA）是美国最早的一部关于体育经纪人的联邦法规，2000 年由美国统一州法全国委员会（NCCUSL）制定。Katrina Barnett（2014）认为该法虽然对运动员与经纪人的关系进行了规范，但本身并不具备对经纪人的法律约束力。《体育经纪人联邦责任与信赖法》（SPARTA）则从某些方面具体规范了经纪人的经纪行为，Martin J. Greenberg（2008）对该法案的认可度颇高。Rob Remis 和 Diane Sudia（2000）详尽介绍了美国的相关管理规定，经纪人的待遇、合同签订和能力要求，经纪人活动在民法和刑法中的规定，以及经纪人推广活动等方面的立法规定。

第二，国内的相关研究。白莉莉，冯晓露和乔凤杰（2017）指出中国体育经纪制度的优化要遵循“适当管理”“尊重行业模式”“以人才培养为基础”的基本原则。王海峰，吴小圆等（2021）从制度层面探索了英国、美国、德国、日本等发达国家体育经纪产业治理模式。宋昱和李海（2021）通过厘清多元治理主体关系，形成了纵向衔接的治理体制；完善了具体法律法规，健全了涵盖各个主体的管理制度体系。

（3）关于我国体育经纪人从业现状的研究

李佳颖（2015）认为，虽然我国体育经纪人的从业人数不断增加，但主要集中在经济发达的地区；虽然体育经纪人的活动范围广泛，但职业化、商业化程度仍然停留在初级阶段，市场开发有待深入。李楠，陈哲和潘媛媛（2019）主要描述了陕西省体育经纪行业的大致发展情况，认为陕西省体育经纪行业仍处于初级阶段，市场发展缓慢。魏鹏娟（2019）认为，在 2006 年 4 月作为新职业被人力资源和社会保障部纳入第 6 批国家职业类别之后，2008 年体育经纪行业进入了国民经济发展序列，2014 年 10 月为体育经纪业指明了方向，2017 年着手开展体育经纪人等级培训和能力测评工作。刘昌亚（2020）认为，国内体育经纪行业地域之间发展差距较大，这主要源于区域经济发展不平衡，尤其是在东北、西北等地区发展较为滞后；管理制度尚不健全，没有相关的法律法规和规章制度对其进行管理与约束。

（4）关于体育经纪人培训方面的研究

第一，关于体育经纪人培养现状及问题的研究。学者贾得（2005）研究发现，能否总结出问题共性是衡量培训效果的关键因素。参训人员的事先准备情况、语言表达能力、个人认知水平、培训讲师授课指导都是影响培训效果的因素。周卉（2019）发现，影响体育经纪人等级培训的个人因素、组织因素、培训系统特征因素均影响培训效果，影响程度最大的是组织因素，最小的是培训系统特征因素；另外，培训系统特征因素对反应层和学习层的影响最大，组织因素对行为层和结果的影响最大。

第二，关于高校体育经纪人培养方面的研究。魏鹏娟（2019）认为，应该发挥高等体育院校在培养体育经纪人中的作用，体育院校应从师资力量，教学内容方法等方面入手，如与相应的体育组织、职业俱乐部建立广泛的联系，为学生提供了相应的实践条件，这有助于全方面地培养体育经纪人。

第三，关于欧美发达国家体育经纪人对我国启示的研究。Charles A. Bucher（2000）指出，美国采用分权型体制对体育经纪人进行管理，管理体制分为两个层次：一是政府；二是社会团体，包括运动员工会、大学生体联等。美国在政府层面不开设专门的行政机构，而是将管理职责赋予各体育单项协会、体育联合会等社会团体。李冲和陈书睿（2016）通过将我国与美国在体育经纪人法律的立法进程、法律理念、立法模式等方面进行比较，从而提出完善体育行业法律法规、引入信用评价体系等对策。

结论：体育经纪人研究是一个多维度、跨学科的领域，涉及体育学、管理学、法学和伦理学等多个领域。随着体育产业的不断发展和变化，体育经纪人的角色、职责和挑战也在不断演变。未来的研究需要进一步探索体育经纪人如何适应新的市场环境，如何更好地服务于运动员和体育产业的发展。

3.1.6 文献评述

（1）数字经济

文献评述：数字经济领域的研究多聚焦于信息技术对传统商业模式的颠覆。Tapscott（1996）提出了数字经济的基本概念，而后续研究，如 Brynjolfsson 和 McAfee（2014）深入探讨了数字技术如何重塑劳动力市场。

理论贡献：强调了技术进步，如云计算、大数据对经济结构的影响，提出了“平台经济”等新概念。

研究差距：尚缺乏对数字经济在不同文化和经济体系中适应性的比较研究。

展望：未来可以探讨数字经济在“全球南方”的影响及其在促进可持续发展目标中的作用。

（2）体育产业与数字经济的跨界融合

文献评述：体育产业与数字经济的跨界融合方面的研究主要集

中在技术如何增强体育观赏体验及运动员表现。例如，使用 AI 进行比赛分析，或使用虚拟现实与观众互动。

理论贡献：揭示了数字技术如何增加体育产业的收入和观众参与度，促进了体育营销和管理的现代化。

研究差距：目前较少涉及数字技术在体育训练和康复中的应用。

展望：未来可以探索更多关于技术在提高运动员安全和表现中的应用，以及在提升体育公平性方面的作用。

（3）价值共创

文献评述：价值共创方面的研究侧重于消费者和企业在产品和服务创造过程中的互动，Vargo 和 Lusch（2004）的服务主导逻辑提供了理论基础。

理论贡献：强调了消费者角色从被动接受者转变为主动参与者的变化，提出了共创价值的多维框架。

研究差距：多集中在服务业，对制造业等其他领域的研究相对较少。

展望：未来可探讨价值共创在不同行业中的应用，以及数字技术促进跨行业价值共创的机制。

（4）数字平台生态系统

文献评述：数字平台生态系统的相关研究关注平台如何通过整合不同参与者创造和交换价值，如 Parker 等（2016）对平台战略进行了分析。

理论贡献：提出了平台治理、多边市场和网络效应等关键概念，为理解数字平台的运作机制提供了框架。

研究差距：目前较少涉及平台生态系统的可持续性和伦理

问题。

展望：未来需要更多关注平台经济的社会影响，包括数据隐私、市场垄断等问题。

(5) 体育经纪人

文献评述：体育经纪人的相关研究主要关注其在运动员职业管理、市场营销和法律事务中的角色，如 Masteralexis 等（2005）进行了相关研究。

理论贡献：揭示了体育经纪人在体育产业中的多重角色和影响，以及其对运动员职业发展的重要性。

研究差距：多集中在顶级运动员，对于低级别或非职业运动员的经纪服务研究不足。

展望：未来可以扩展到更广泛的运动员群体；探讨数字化工具改善体育经纪服务的路径。

3.2 理论基础

3.2.1 扎根理论

扎根理论（Grounded Theory）是一种常用于社会科学的研究方法论，由社会学家 Barney Glaser 和 Anselm Strauss 于 1967 年在其著作 *The Discovery of Grounded Theory* 中首次系统性地提出。该理论主要通过系统性的数据收集和分析归纳出理论，而不是从理论出发去验证数据。

（1）扎根理论的核心内容

第一，数据驱动的理论发展。扎根理论强调从数据中归纳和提炼理论，而不是依据现有理论去收集数据。这意味着研究者可以在没有预设假设的情况下开始研究，通过不断地收集和分析数据，逐步形成理论。

第二，持续比较法（Constant Comparative Method）。这是扎根理论中数据分析的核心方法。研究者在数据收集和分析的过程中不断进行比较，以识别模式、分类和关系，从而发展和细化概念和理论。

第三，开放编码、主轴编码和选择编码。这是扎根理论的数据分析通常包括的三个阶段。开放编码阶段目的是初步探索数据，以生成初步的分类和概念；主轴编码阶段目的是发展和整合这些分类，以形成更为系统的理论框架；选择编码阶段目的则是围绕核心概念对理论进行进一步细化和完善。

第四，理论饱和。当新的数据不再对理论带来任何改善效果时，则认为理论达到了饱和状态。这意味着理论已经足够完善，能够充分解释研究问题。

（2）编码的主要作用

第一，数据组织和简化。编码帮助研究者将大量的案例数据分解和组织成可管理和可分析的单元，使复杂的数据变得更加清晰和简洁。

第二，识别模式和关系。通过编码，研究者可以识别数据中的重复模式、关系和差异，这是构建理论的基础。

第三，理论构建。编码不仅帮助研究者识别关键概念和分类，还有助于理解这些概念和分类之间的关系，从而逐步构建出理论框架。

第四，提高研究的深度和广度。编码过程中的不断比较和反思能够使研究更加深入，也可能引导研究者探索新的研究方向和问题。

（3）编码的主要步骤

第一，开放编码。这是编码的第一阶段，研究者通过阅读数据（如访谈记录、观察笔记等），识别、命名和分类数据中的现象。这一阶段的目标是生成尽可能多的概念。

第二，主轴编码。在这一阶段，研究者开始关注数据中的核心现象，将开放编码中生成的概念整合和细化，以形成主要的分类和子分类。这一步骤中，研究者会试图找出各个概念之间的关系。

第三，选择编码。这是编码过程的最后阶段，研究者围绕一个或几个核心概念（变量）整合理论，从而确保所有的分类和概念都与核心概念（变量）相关联，并且以此构建出一个完整的理论框架。

在案例型论文中，使用扎根理论的编码过程能够帮助研究者从具体的案例数据中抽象提炼出具有普遍性的理论，从而增加研究的创新性和学术贡献。此外，这种方法还能够提高论文的说服力，因为理论的生成是基于实际数据完成的，具有较强的实证基础。

3.2.2 服务主导逻辑

服务主导逻辑（Service - Dominant Logic，SDL）是一个在21世纪初由营销学者 Stephen Vargo 和 Robert Lusch 提出的理论框架，旨在重新定义商品和服务的交换关系，以及价值的创造和交付方式。SDL的出现标志着从传统的产品主导逻辑（Goods－Dominant Logic，GDL）视角向以服务为中心视角的转变。在产品主导逻辑中，重点关注产品的生产和销售，而服务主导逻辑则强调服务、价值共创和关系的重要性。

（1）SDL的核心原则

服务为基础：在SDL中，服务是经济交换的基本单位，而非商品。服务被定义为通过某种形式的专业技能、知识或其他能力的应用，为他人提供利益的过程。

价值共创：价值不是由企业单方面创造并嵌入产品中，而是在提供者和顾客的互动中共同创造的。顾客是价值共创的主动参与者。

资源整合：企业和顾客都被视为资源整合者。企业提供资源（如技能、知识、技术等），而顾客也通过提供信息、反馈和个人经验等来参与价值创造过程。

关系重于交易：在SDL中，建立和维护长期的顾客关系比单次交易更为重要。持续的互动促进了深层次的价值共创。

价值主观性和情境性：价值是主观的，并且基于的是顾客在特定情境下的体验。这意味着相同的服务或产品在不同顾客或不同情境下可能具有不同的价值。

（2）SDL的应用

SDL对商业实践和学术研究都有着深远的影响。在商业实践中，它鼓励企业重视与顾客的互动，以服务而非单纯的产品销售为中心，通过理解顾客的具体需求和体验来设计和提供服务。这种逻辑被广泛应用于服务设计、顾客关系管理、创新管理和供应链管理等领域。在学术研究中，SDL提供了一个新的视角来探讨价值创造、市场营销和企业战略，从而促进了相关领域理论的发展和深化。

总之，服务主导逻辑是理解现代市场交换和价值创造过程的一个重要理论框架，它强调服务、互动、共创和关系的重要性，与传统的产品主导视角形成鲜明对比。

3.2.3 平台理论和生态系统理论

平台理论和生态系统理论是两个在研究数字平台生态系统时经常被提及的重要理论框架。它们从不同的角度分析如何通过技术、组织和市场创新来创造和交换价值。

（1）平台理论

平台理论关注的是如何构建和管理一个能够促进不同用户群体之间交互的开放式架构或平台。这些用户群体通常包括供应商、开发者、消费者等。平台理论强调的是网络效应，即平台的价值随着使用它的人数的增加而增加。此外，平台理论还探讨了平台所有者如何通过控制平台的核心架构、设置访问权限和规则来促进生态系统内的创新和价值创造。关键概念包括：①多边市场。平台能够同时服务于两个或两个以上互相关联的用户群体，促进它们之间的交互。②网络效应。平台的价值随着用户数量的增加而增加。③平台治理。平台所有者如何通过制定规则、政策和机制来管理平台和其生态系统的参与者。

（2）生态系统理论

生态系统理论从更广泛的视角出发，强调组织之间以及组织与环境之间的相互作用和依赖关系。在数字平台的背景下，生态系统理论关注的是如何通过合作和竞争，在一个共享的技术和市场环境中共同创造价值。这个理论框架强调的是多样性、适应性和共生关系。关键概念包括：①共生关系。生态系统内不同参与者之间的相互依赖和互利关系。②适应性。生态系统和其中的参与者如何适应外部环境的变化。③共同创造价值。通过参与者之间的合作和资源共享来创造价值。

（3）平台理论与生态系统理论的结合

在实际应用中，平台理论和生态系统理论往往是相辅相成的。平台理论提供了理解和设计开放式交互平台的框架，而生态系统理论则强调了在这些平台上活动的组织和个体之间的复杂的相互作用。通过结合这两个理论，研究者和实践者可以更全面地理解和促进数字平台及其生态系统的发展。

3.2.4　价值链理论

价值链理论是由迈克尔·波特（Michael E. Porter）在 1985 年提出的，旨在帮助企业分析其内部活动，以找出产生价值和成本的来源。这一理论认为，企业可以通过优化其价值链中的活动来获得竞争优势，从而提高利润率。价值链分析是企业战略规划中的一个重要工具，它强调了企业内部各个环节在创造价值过程中的作用。价值链由一系列活动组成，这些活动可以分为两大类：主要活动和支持活动。

通过对价值链的分析，企业可以识别出那些可以为客户创造更多价值的活动，以及那些成本过高但价值贡献有限的环节。企业可以采取措施来优化这些活动，比如通过提高效率、降低成本、创新产品或服务来增强竞争优势。价值链分析还可以帮助企业理解其在更广泛的供应链中的位置，以及如何通过与供应商和分销商更紧密地合作来提高整体价值。

价值链理论提供了一个框架，可以帮助企业系统地审视和优化其内部活动。通过专注于那些为客户创造最大价值的活动，企业可以更有效地利用其资源，提高竞争力，并最终实现更高的利润率。在日益激烈的全球竞争环境中，有效地应用价值链分析是企业成功的关键。

3.2.5 协同效应理论

协同效应理论（Synergy Theory）是一种经济和管理理论，它认为通过将两个或多个元素（如公司、部门、资源或过程）结合在一起，可以创造出比各自独立运作时更大的总效益。这种效应通常被总结为“2 +2 >4”的概念，其意味着合作或整合的总效果超过了各部分单独效果的简单相加。协同效应在多个领域都有应用，包括企业并购、产品开发、市场营销和组织管理等。

（1）协同效应的类型

第一，成本节约协同效应。通过整合资源和优化运营流程，减少重复的成本和支出。例如，两家公司合并后可以共享行政、财务和生产设施，从而降低总成本。

第二，收入增加协同效应。通过合作增加销售额或市场份额。这可能是因为通过产品线互补、品牌影响力增强或通过联合销售策略吸引了更多客户。

第三，过程改进协同效应。通过分享最佳实践和技术，提高生产效率和产品质量。合作伙伴可以互相学习，采用更高效的生产方法和管理技术。

第四，市场力量协同效应。通过合并或合作，增强在市场上的谈判能力和竞争地位。这可能涉及对供应商的更有利的定价谈判或对抗竞争对手的能力增强。

（2）协同效应的实现

协同效应并非能够自动实现，它需要精心地规划和管理。以下是一些关键的实现步骤。

第一，彻底地尽职调查。在合并、收购或建立合作伙伴关系之前，彻底地了解潜在合作伙伴的运营、财务状况和企业文化。

第二，明确的战略规划。制定清晰的战略目标，明确如何通过整合或合作实现协同效应。

第三，有效地沟通。确保所有相关方都理解合作的目标、计划和预期成果，以及他们在其中的角色。

第四，灵活地实施和管理。在整合过程中保持灵活性，以适应不断变化的情况，并有效管理变革，以减少阻力和冲突。

第五，持续地评估和调整。定期评估合作的效果，根据实际情况调整战略和操作，以确保持续实现协同效应。

3.2.6 基于知识转换 SECI 理论

迈克尔·波兰尼（Michael Polany）根据不同的知识表达，将知识分为“显性知识（Explicit Knowledge）”“缄默（隐性）知识（Tacit Knowledge）”。显性知识是指可以用文字、公式、图表描述的知识；缄默（隐性）知识是指无法借助语言、文字或者符号充分表述的知识。日本学者野中郁次郎同样认为知识可分为隐性知识和显性知识两种。SECI 理论就源于 1995 年野中郁次郎（Ikujiro Nonaka）和竹内弘高（Hirotaka Takeuchi）所著的《创新求胜》（The Knowledge – Creating Company）一书，他们从知识创造和知识管理的角度对日本企业工作效率和管理架构进行了深入剖析，丰富了企业科学管理领域的实践。

其理论核心为知识转换的四种方式：隐性知识转化为隐性知识；隐性知识转化为显性知识；显性知识转化为显性知识；显性知识转化为隐性知识。它们分别对应社会化、外显化、组合化和内隐化。SECI 模型建立在两个基本前提上：①知识必须是已经存续的状态，原有知识才创造出新的知识；②特定环境是知识的转化与创造的土壤。因此，“Ba（场）”是个共享域，有三种存在状态：精神空间、虚拟空间和实体空间，知识在这个“Ba（场）”中进行转化、裂变与提升。SECI 理论 = 知识资产 + 知识场 + 知识转化阶段。

第4章

研究方法与案例选择

4.1　研究方法

本书将要回答的“how”“why”这些基本问题，属于认识论的范畴（Yin，1994），而定量研究难以对此作出有效的解释，因此更适合通过案例研究总结企业发展过程中呈现出的行为模式，进而通过理论推演形成具有一般性的结论。单案例研究能够完整地呈现案例企业发展的过程，通过对企业管理人员、基层员工等进行深度访谈，可以更容易基于数据实现新的构想。本书使用纵向单案例研究方法。一方面，本文研究的目的是探讨跨界融合战略如何促进高端体育企业价值增长，适合采用案例研究法。另一方面，是探究体育产业与相关产业能否融合，测量它们的耦合协调度，以及确定跨界融合路径和跨界融合所带来的经济效益；探讨如何推动体育产业与其他产业深度融合，进而催生出新业态和新产业，以最终实现价值共创。

4.2 研究对象与概述

4.2.1 案例的选择

案例的选择需要遵循一定的操作标准，以此来筛选出合适的研究对象（Yin，2014）。根据本文研究的问题，对于案例选择遵循以下标准：首先，属于体育制造企业，且具有一定的文化优势和技术优势；其次，企业成立时间较长，实施了跨界融合战略，能完整展示战略管理的过程。最后，企业是户外运动的领军企业，且在体育产业企业方面具有一定的代表性。本研究基于上述三点，选择了探路者控股股份有限公司（以下简称“探路者”）作为研究对象。

4.2.2 案例简介

前文已经阐述体育产业涵盖以下领域：从事体育产品销售，包括体育器材、服装、鞋类等商品的生产和销售；从事体育服务提供，如健身指导、体育培训、体育旅游等服务的提供。虽然探路者称其为户外用品企业，但本书将其视为体育产业。自 1999 年成立以来，探路者历经 25 年的发展壮大，已经成为一家具有强大科研能力的综合性户外用品企业。2009 年，探路者作为首批上市企业之一，成功在中国创业板上市，通过持续的创新和突破，引领了户外用品行业的发展，成为中国户外市场的标杆品牌。探路者旗下包括 TOREAD、TOREAD X、TOREAD Kids 等多个子品牌，其产品线涵盖了极限运动、徒步、跑步、旅行、滑雪等多个运动领域，为不同年龄层和不同使用场景的消费者提供了设计精良的产品，以满足他们的多样化需求。探路者品牌的发展历程，正是近二十年中国经济快速增长和服装行业迅猛发展的缩影。这一路上，探路者遇到的机遇与挑战都充满了不确定性，显示出其成长之路上布满了荆棘。然而，为了更好地适应新零售的浪潮，探路者努力打破了旧有的限制，寻求品牌的全新转变，正如其品牌所体现的价值观那样——探路者象征着人类无尽的想象力和勇于探索的精神。

本书通过深入分析探路者的发展历程，探讨了数字经济如何促进体育产业的跨界融合与价值共创。探路者的跨界融合之旅分为四个阶段，价值共创分为三个阶段，每个阶段都聚焦于不同的战略目标和行动计划（见图4－1）。

（1）能力构建阶段（1999—2011 年）：聚焦户外用品战略

在这一时期，探路者对目标市场进行了深入调研，了解市场需求、竞争格局以及潜在的合作伙伴，并对相关技术、自身的资源和能力进行了评估。在初步设想的基础上，通过多渠道进行市场推广，旨在建立品牌知名度和市场影响力。

（2）第一次跨界融合阶段（2012—2016 年）：多元化竞争战略

在这个阶段，公司依据跨界融合的需求，组建了跨领域的团队，这些合作伙伴可以提供技术支持、市场渠道、资金投入等资源。探路者根据市场反馈和技术测试结果，优化了产品或服务，提高了用户体验和满意度。探路者探索了适合跨界融合产品或服务的

图4－1　探路者的发展历程

商业模式，包括定价策略、销售渠道、盈利模式等，并寻找、建立了与其他企业或机构的合作关系。

（3）持续迭代和优化阶段（2017—2021年）：回归主业战略

探路者在这一阶段继续组建跨领域的团队，根据市场反馈和变化不断迭代优化产品或服务。同时，公司开展了技术研发工作，构建原型产品或服务，并进行验证测试，以确保技术的可行性和可靠性。此外，公司持续收集用户反馈和市场信息，以了解用户需求和市场变化。

（4）第二次跨界融合阶段（2021—2024年）："户外+芯片"双主业战略

在这一发展阶段，探路者不断探索新的能力构建和商业模式创新路径，以适应市场和技术的不断变化。探路者通过多渠道进行市场推广，进一步建立品牌知名度和市场影响力。这一阶段标志着探路者成功过渡到了深度融合与价值共创的新时代，构建了一个可持续发展的生态系统平台。

4.3　数据收集

本书在研究数据与资料的收集上，主要采取实地调研、访谈、收集新闻报道、文献检索等方式。具体来说：第一，为获取一手资料，与探路者旗下公司进行非正式交流，时间跨度为两年，借此全面了解探路者公司开展跨界融合的背景及面临的创新的阻力和协同的困难、融合升级中的重点决策、跨界融合的历程等。第二，为了拓展资料的丰富度和实现数据信度的验证。研究人员收集了该公司相关会议的采访、演讲以及集团的相关报道。第三，其他资料包括企业官方网站获取的公开资料，国家统计局官网、国家体育总局和巨潮资讯网获取的公司年报，以及通过中国知网学术文献总库检索到的与探路者有关的文献。

本书采用数据缩减、数据陈列、结论与验证 3 个步骤对原始资料进行编码与分析（吴瑶等，2017；肖静华等，2021）。其中，数据缩减旨在对庞杂的原始资料进行压缩、归纳和贴标签；数据陈列旨在对缩减后的资料进行整理、合并；结论与验证旨在根据现有理论框架进行提炼总结、反复比对。基于上述 3 个步骤，本书通过数据资料与现有理论间的反复印证与比较，最终确保了研究结论的合理性与创新性。

在编码前，研究团队的两位团队成员共同确定一个初步编码方案，采用背靠背的方式对数据资料进行独立编码，并通过广泛阅读相关文献，将编码结果与现有文献不断进行比对，初次编码一致性达到 83%。针对存在分歧之处，由另外两位研究人员及一位副教授商讨确定结果，以保证编码的准确性。针对仍然存在争议的概念和部分，由组织行为与人力资源领域的专家提出修改或删减意见，不断进行概念修正，以增加编码的客观性，这个过程就像是一群探路者，不断地探索未知，通过集体智慧和持续的努力，最终揭示开真理的面纱（见表 4－1）。

表4-1　　数据资料收集及编码方式

数据类型	资料来源	访谈时间（小时）	字数（万）	受访者职位	编码方式
调研	（1）2023年6月29日和6月30日探路者控股集团股份有限公司投资者关系活动记录表，编号2023-004	3	—	陈旭（副总裁/户外CEO）、杨树（首席信息官）、孙国亮（副总裁/户外COO）	S1
	（2）2023年8月30日公司投资者关系活动记录表，编号2023-005	1	—	张志飞（副总裁/董事会秘书）	S2
	（3）2023年9月13日公司投资者关系活动记录表，编号2023-006	1.45	—	张志飞（副总裁/董事会秘书）、张泽源（证券事务代表）	S3
	（4）2023年10月30日公司投资者关系活动记录表，编号2023-006	1	—	何华杰（董事兼总裁）、陈旭（副总裁/户外CEO）、杨树（首席信息官）、马栋（北京芯能联席总裁）、张志飞（副总裁/董事会秘书）	S4
	（5）2023年10月30日公司投资者关系活动记录表，编号2023-006	1.15	—	陈旭（副总裁/户外CEO）、张志飞（副总裁/董事会秘书）、张泽源（证券事务代表）	S5

续表

数据类型	资料来源	访谈时间（小时）	字数（万）	受访者职位	编码方式
二手资料	新闻报道、相关著作、知网学术论文，领导的公开访谈、演讲	—	5.36	—	P1
	管理人员提供的内部资料	—	0.7	—	N1
	探路者转型升级、平台建设相关的事件报道以及权威人士或研究院对研究主题的解读、发布的文件	—	7.3	—	M1

注：受访人数的单位为“人”，访谈时长的单位为“小时”，录音文稿的单位为“万字”；“M”代表相关解读和报道，“N”代表档案文件，“P”代表公开资料，“S”代表公司调研。

资料来源：作者整理得到。

第 5 章 案例分析与发现

在探讨“数字经济如何推动体育产业的跨界融合与价值共创”这一议题时，我们可以借鉴一个案例企业，即探路者的发展历程。该企业原本是一家专注于户外用品的小众品牌，但在过去的 25 年里，它不仅在国内的户外运动行业取得了领先地位，还成功转型成为全球高品质显示领域的 IC 技术领导者。在这一转变过程中，企业经历了从传统户外用品到“户外 + 体育 + 体育跨界融合”，再到“户外 + 芯片跨界融合”的转变，其在每个阶段都建立了相应的数字平台生态系统，实现了价值的共创。以下将对这三个阶段进行详细分析。

需要特别指出的是，战略管理主要分为五个步骤：战略分析、战略选择、战略实施、战略评价和战略监督。由于跨界融合也是企业的战略选择，因此本书在之后的分析中主要聚焦战略管理前三个步骤。

5.1 初创阶段（1999—2010 年）：能力构建

1999 年，盛发强和王静共同创立了探路者。2001 年，探路者制定了国内首个旅行帐篷的技术标准，该标准后来成了行业标准。2003 年，探路者在北京开设了第一家户外用品专卖店，开业仪式邀请了当时的中国登山队队长王永峰出席。自 2004 年以来，探路者一直致力于可可西里地区的生态环境保护工作，为该地区提供了 10 多年的物资支持。2007 年，探路者（TOREAD）品牌被认定为中国驰名商标。2008 年，探路者成为 2008 年北京奥运会特许生产商中唯一的户外用品品牌；同年，探路者在汶川地震后紧急向灾区提供了帐篷和防水衣物等救灾物资。2009 年，探路者成功上市，成为全国创业板首批上市的 28 家企业之一。同年，探路者还与国家海洋局基地办公室签署了合作协议，成为中国南（北）极考察队的独家专用产品供应商，这标志着探路者品牌产品品质和综合实力得到了社会的高度认可。以下是探路者在此阶段的战略分析。

5.1.1 SWOT－PEST 的战略分析

探路者自 1999 年成立以来，一直致力于户外用品的研发、生产和销售，其发展历程可谓是中国户外用品行业成长的一个缩影。在探路者的第一个阶段，即从成立至 2012 年期间，其通过不断地技术创新和市场拓展，建立了在户外用品市场的领先地位。2009 年上市当年，探路者净利润实现了同比增长近七成，这一成绩在当时的经济环境下显得尤为突出。在接下来的五年内，探路者每年的净利润增长均超过 55%，这一增长速度远超同期许多企业，充分证明了探路者强大的市场竞争力和良好的发展势头。

探路者的快速成长根植于自主品牌的梦想，即以“打造卓越品牌，分享户外阳光生活”为使命；探路者的成长根植于以“共同成长、共同分享”为内核的企业文化。这种分享文化不局限于企业内部，而是延伸到了合作伙伴、利益相关方乃至整个社会层面，并把生态环境保护和社会公益责任当成了探路者文化的重要组成部分。

探路者的快速增长与中国户外市场规模的快速扩张密切相关。2009—2011 年，中国的户外市场规模从 49 亿元增长至超过 100 亿元，年均增长率超过 50%，这为户外用品企业提供了巨大的发展空间。探路者凭借其优质的产品和品牌影响力，成功抓住了市场增长的机遇，业绩取得了显著的增长。

此外，探路者还积极参与社会责任活动，如可可西里生态环境保护项目和汶川地震援助行动，通过这些活动其提升了企业的社会形象，增强了品牌的公众认可度。这些因素共同促成了探路者在其第一个发展阶段的卓越业绩，并为其后续的发展奠定了坚实的基础。对探路者在这个阶段的 SWOT - PEST 分析如表 5 - 1 所示。

总体来说，探路者在其第一个发展阶段表现出色，不仅在财务上实现了快速增长，而且在品牌建设、技术创新和社会责任方面也具有良好的表现。探路者的成功为中国户外用品行业的发展提供了重要的参考，同时为其未来的持续成长打下了坚实的基础。

表 5－1　　探路者初创期阶段 SWOT－PEST 分析

分析层面	政治（P）	经济（E）	技术（T）	社会（S）
优势（S）	（1）政策支持：在这一时期，中国政府大力支持企业发展和国内消费，特别是在鼓励国内旅游和户外活动方面。这为探路者等户外用品公司提供了良好的发展环境 （2）加入世界贸易组织（WTO）后的国际贸易便利：2001 年中国加入世界贸易组织，进一步推动了国际贸易和投资的自由化，为探路者等企业提供了更多国际市场的机会	（1）经济快速增长：中国在这一时期的 GDP 增长速度位居世界前列，人均可支配收入大幅提高，这为探路者等企业提供了庞大的市场需求 （2）消费市场扩大：随着经济的发展，户外运动逐渐成为更多人的休闲方式之一，这意味着探路者等企业的目标消费群体在不断扩大	（1）信息技术的快速发展：这一时期，中国的信息技术迅速发展，网络基础设施不断完善，这为探路者等企业提供了高效的信息交流和商务操作的机会，提升了企业的运营效率 （2）生产技术进步：随着制造技术的进步，包括自动化、精细化管理等，在提高生产效率和产品质量方面为探路者提供了支持，帮助企业提升竞争力	（1）户外运动的兴起：随着生活水平的提高和健康意识的增强，户外运动开始受到越来越多人的喜爱，为探路者等企业提供了广阔的市场空间 （2）消费升级：消费者对产品品质和生活品质的追求不断提升，愿意为高品质的户外装备和用品支付更高的价格，这为探路者提供了提升产品附加值和扩大利润空间的机会

续表

分析层面	政治（P）	经济（E）	技术（T）	社会（S）
劣势（W）	（1）监管风险：随着市场的快速发展，政府对于产品安全、环保等方面的要求也在不断提高，这对于探路者等企业来说是一个挑战，它们需要不断投入资源以符合这些法律法规的要求 （2）政策变化的不确定性：中国在这一时期经历了快速的经济和社会变革，政策和法规也在不断调整。这种不确定性可能会给企业的长期规划和战略调整带来困难	（1）成本上升：劳动力成本和原材料成本在这一时期有明显的上升趋势，这可能会对探路者等制造业企业的利润率造成影响 （2）竞争加剧：随着市场的扩大，越来越多的竞争者进入户外用品市场，包括国际品牌和本土新兴品牌，这使探路者面临更激烈的市场竞争	（1）技术更新换代快：技术的快速发展也意味着企业需要不断投资于新技术和设备，对于探路者来说，如何平衡投资和回报，避免技术落后成为一大挑战 （2）技术引进和自主创新不足：中国企业在这一时期仍面临对引进技术依赖度较高，自主创新能力相对不足的问题，这可能限制企业长期发展	（1）人口老龄化：中国社会开始进入人口老龄化阶段，这可能对以年轻消费者为主的户外运动市场构成长期挑战 （2）劳动力成本上升：随着经济的发展和社会的进步，劳动力成本逐年上升，这增加了企业的生产和运营成本

续表

分析层面	政治（P）	经济（E）	技术（T）	社会（S）
机会（O）	(1) 国家鼓励创业和创新：在这一时期，中国政府推出了多项政策以鼓励创业和创新，这为探路者等企业提供了资金、技术和市场的支持 (2) 开放的市场环境：中国政府不断推出市场化改革和对外开放的相关政策，以吸引外资，提高国内企业的竞争力，这为探路者等本土品牌提供了与国际品牌竞争的机会	(1) 中产阶级崛起：这一时期中国的中产阶级规模迅速增长，由于他们对品质生活有更高的追求，因此为户外用品和休闲活动的消费提供了强劲动力 (2) 电子商务的兴起：互联网和电子商务的快速发展为探路者等企业提供了新的销售渠道和市场营销方式，有助于降低销售成本和扩大市场覆盖面	(1) 电子商务的兴起：互联网和电子商务的爆炸式增长为探路者等企业提供了新的销售渠道，通过网络营销和在线销售，企业能够以更低的成本触达更广泛的消费者 (2) 产品创新的机遇：新技术的出现为产品创新提供了可能，包括新材料、新设计理念的应用，这可以帮助探路者提升产品竞争力，满足消费者对高品质户外用品的需求	(1) 户外教育和活动的普及：户外教育和相关活动的推广，如登山、徒步、野营等，为户外用品市场带来了新的增长点 (2) 旅游业的发展：随着国内旅游业的蓬勃发展，越来越多的人选择户外旅行和探险活动，这直接带动了户外用品需求的增加

续表

分析层面	政治（P）	经济（E）	技术（T）	社会（S）
威胁（T）	（1）国际贸易摩擦：随着中国经济的快速增长和国际影响力的提升，中国与其他国家的贸易摩擦开始增多，这可能会影响探路者等企业的出口业务和国际合作 （2）国内政策调整对行业的影响：政府对特定行业的政策调整可能会对探路者产生直接或间接的影响。例如，对于环保、税收政策的调整可能会影响企业的成本结构和利润空间	（1）宏观经济波动：国内外经济环境的不确定性可能对探路者的业务造成影响，如全球金融危机期间的经济放缓可能会影响消费者的购买力 （2）房地产泡沫和通货膨胀：中国在这一时期部分面临房地产市场过热和通货膨胀压力，这可能会抑制消费者的非必需品消费，包括户外用品	（1）技术安全和数据保护：随着企业越来越依赖信息技术，技术安全和数据保护成为重要关注点。网络攻击、数据泄露等风险可能对企业声誉和经营造成影响 （2）技术替代风险：新技术的快速发展意味着现有产品和服务可能会被更高效、成本更低的新技术所替代。对于探路者来说，如何持续跟进技术趋势，避免被市场淘汰是一大挑战	（1）生活方式的变化：随着互联网和电子产品的普及，一部分人的休闲方式更趋向于室内或线上活动，这可能会对户外活动的参与度造成一定影响 （2）经济波动对消费信心的影响：经济波动可能会影响消费者的消费信心和购买力，特别是在经济下行时期，非必需品的消费需求可能会受到较大影响

资料来源：作者整理得到。

5.1.2 战略实施

（1）能力构建

本书发现，案例企业在此阶段建构的核心能力为高效的市场挖掘能力，主要体现在结构耦合和资源协同方面。

第一，结构耦合。结构耦合是一个系统理论概念，它描述了不同组成部分之间的相互依赖和连接方式。在企业管理和品牌建设中，结构耦合涉及品牌建设与市场定位、产品研发能力、社会责任与品牌形象等多个方面的相互作用和协同发展。以下是探路者在这些方面的结构耦合分析：

①品牌建设与市场定位。探路者集团通过高品质的产品和有效的市场营销活动，在户外用品市场中成功塑造了领导者的形象。这种形象的构建不仅基于产品的实际品质，而且依赖于市场对这些产品的认知。品牌建设与市场定位之间的耦合表现为：一个清晰的市场定位能够指导品牌建设的方向，而强有力的品牌形象又能够加强市场定位，吸引目标消费群体。

②产品研发能力。探路者的产品研发能力是其品牌建设与市场定位的基石。通过持续的研发投入，探路者建立了行业领先的研发中心，不仅推出了获奖的创新产品，还制定了行业标准，这些成就显著提升了其技术领导地位。产品研发能力与品牌建设之间的耦合关系表现为：创新的产品能够增强品牌形象，为品牌赢得市场的认可和优势地位。

③社会责任与品牌形象。探路者通过积极参与社会责任活动，如可可西里生态环境保护和汶川地震援助等项目，展示了其作为企业

的责任感和价值观。这些活动不仅对社会有积极影响，也进一步增强了探路者的品牌形象，展示了其品牌的价值观和社会责任感。社会责任与品牌形象之间的耦合关系表现为：企业的社会责任活动能够提升消费者和社会对品牌的正面认知，从而强化品牌形象和提升品牌价值。

结构耦合的核心在于不同元素之间的相互作用和影响。对于探路者而言，品牌建设与市场定位、产品研发能力，以及社会责任与品牌形象之间的紧密耦合，共同推动了其成为户外用品市场的领导者。这些方面的有机结合和相互支持使探路者能够在竞争激烈的市场环境中持续发展和壮大。

第二，资源协同。资源协同是指在组织内部或组织之间通过有效的资源共享和整合，以达到提高效率、降低成本、创新产品和服务、增强竞争能力等目的的管理策略。资源包括物质资源、人力资源、技术资源以及信息资源等。通过资源协同，组织能够更好地利用现有资源，创造新的价值和机会。以下是探路者公司在资源协同方面的具体表现：

①技术资源和标准的共享与整合。探路者公司制定的帐篷生产企业标准（Q/CPTL200）成为行业标准，这不仅体现了探路者在技术层面的领先地位，也意味着其技术资源和标准得到了行业的认可和共享。这种标准的制定和推广是技术资源协同的一种体现，它有助于提升整个行业的技术水平和产品质量，也加强了探路者品牌的影响力。

②产品线的多元化和跨界整合。探路者公司从单一的户外帐篷生产拓展到睡袋、背包、户外服装、户外功能鞋等多个产品线，涵盖了户外服装、户外装备和户外功能鞋三大系列。这种产

品线的迅速扩展和多元化体现了资源协同的策略，通过跨界整合不同类型的产品和服务，探路者能够更全面地满足消费者的需求，同时，不同产品线之间的互补和整合也能够带来规模经济和范围经济。

③研发资源的集中与共享。2010 年，探路者建立了当时国内户外行业最大规模的研发中心。这个研发中心的建立，不仅集中了公司的研发资源，提高了研发效率和创新能力，也助力了其与其他企业、研究机构的合作交流，实现了资源共享和技术互补。研发中心可以看作是资源协同的一个重要载体，通过集中优势资源，促进新技术、新产品的开发，为公司增强竞争力提供支撑。

④内部资源的优化配置。随着产品线的扩展和业务的发展，探路者需要对包括资金、人力、物料等资源的配置进行优化和协调，以确保资源的有效利用。通过内部资源的协同配置，探路者能够确保各个业务部门、产品线的顺畅运作，同时能够在资源有限的情况下，优先支持最具增长潜力或战略意义的领域。

综上所述，资源协同在探路者的实践中表现为技术标准的共享、产品线的多元化和跨界整合、研发资源的集中和共享以及内部资源的优化配置等方面，这些策略的实施有助于公司提高竞争力、促进创新和实现持续发展。

（2）动态适配

动态适配是指在不断变化的环境中，通过对场景和主导逻辑的灵活调整，以达到最佳的操作和执行效果。这一概念包括两个核心组成部分：场景适配和主导逻辑适配。通过对二者的动态适配，开发者能够提供更加个性化和用户友好的产品，从而提高用户满意度和产品的市场竞争力。

第一，场景适配。探路者将场景适配作为其市场环境适应战略的核心，这种策略着重于深入理解和适应户外市场的持续变化以及消费者日益多元的需求。通过不断的市场研究和产品创新，探路者能够提供更加个性化和高效能的户外装备和解决方案。以下是探路者场景适配战略的详细内容：

①市场研究与分析。探路者投入大量资源进行市场研究和消费者行为分析。这包括研究户外活动的新趋势、消费者对户外装备的新需求，以及环境因素（如气候变化）对户外活动的影响。通过这些研究，探路者能够洞察市场需求的微妙变化，并据此调整其产品开发策略。

②产品创新。探路者依据市场研究成果，持续进行产品创新。特别是通过建立极地仿生科技平台，探路者可以开发出能够适应极端天气条件的高性能户外装备，如高保温性能的衣物、防风防雨的帐篷等。这些产品创新不仅提高了户外装备的性能，也增强了消费者的户外活动体验。

③技术整合与应用。在场景适配战略中，技术的整合和应用是关键。探路者通过整合仿生学、材料科学、智能穿戴等领域的先进技术，不断提升产品的功能和性能。例如，利用仿生科技开发的服装可以更好地利用动物皮毛的保温特性，提供更优越的保暖效果。

④定制化服务。探路者还提供定制化服务，以满足不同消费者的个性化需求。通过分析消费者的户外活动习惯和偏好，探路者可以提供量身定做的户外装备和活动规划建议，从而提高消费者满意

度和忠诚度。

⑤持续的反馈循环。探路者建立了一个持续的消费者反馈机制，以收集关于产品性能、使用体验和改进建议的信息。这些宝贵的信息可被用于指导后续的产品优化和创新，确保探路者能够不断适应市场变化和消费者需求的变化。

通过上述策略，探路者能够在竞争激烈的户外市场中保持领先地位，不断满足广大消费者的需求。场景适配不仅是对市场变化的积极响应，也是对消费者需求持续关注和满足的体现，这种策略使探路者集团能够持续创新，引领市场潮流。

第二，主导逻辑适配。探路者通过主导逻辑适配战略，展现了其对外部环境变化的高度敏感性和对内部资源配置的灵活调整能力。这种战略不仅体现在其产品创新和市场适应能力上，更在于其对战略合作伙伴的精心选择以及对突发事件的迅速响应能力。以下是探路者主导逻辑适配内容的详细描述：

①战略合作伙伴关系。首先，探路者与中国南（北）极考察队建立独家合作关系。探路者与中国南（北）极考察队的独家合作是一个突出示例，展示了探路者在选择战略合作伙伴方面的前瞻性和专业性。这种合作不仅为探路者提供了在极端条件下测试和改进其户外装备的机会，也提高了其品牌的专业形象和知名度。通过这种合作，探路者能够获得宝贵的一手数据和反馈，以指导其产品的开发和优化，确保其产品能够满足最严苛的户外探险需求。其次，探路者成为2008年北京奥运会特许生产商。这一战略举措进一步证明了其业务能力和品牌实力，因为这不仅为探路者带来了前所未有的市场曝光机会，也使其能够通过与奥运品牌的联合，提升自身品牌价值和市场影响力。这种战略合作关

系体现了探路者在把握大型国际事件合作机会方面的远见和灵活性。

②灾难响应机制。在2008年汶川地震发生后，探路者迅速展开行动，积极参与救灾工作，提供救援物资和支持。这一行动不仅展示了探路者的社会责任感，也体现了其危机管理和动态适配的能力。探路者的这一迅速响应行为不仅提升了企业形象，也强化了其品牌在消费者心中的正面形象。

探路者的主导逻辑适配战略是其成功的关键因素之一。通过精心选择战略合作伙伴和迅速响应社会重大事件，探路者不仅加强了其市场地位，也展现了品牌的社会责任感并增强消费者的信任度。这种战略的实施证明了探路者不仅关注其商业利益，更关注社会贡献和企业的长远发展，是真正意义上的“探路者”。

（3）战略选择

探路者的战略选择体现了其作为一家领先的户外用品公司，如何通过市场拓展、产品多样化与创新，以及社会责任与可持续发展，来构建其竞争优势和品牌影响力。以下是对探路者集团战略选择内容的详细描述。

第一，市场拓展。探路者自2003年开设全国第一家户外用品专卖店以来，迅速扩大了其在国内的市场覆盖，营销网络遍布全国170多个大中城市，拥有600余家标准化门店。这种广泛的市场网络不仅帮助探路者稳固了其在国内市场的领导地位，同时通过年均复合增长率超过50%的速度，证明了其健康发展的强劲势头（N1，P2）。此外，探路者通过与国际标准接轨，提升了品牌的国际化水平，展示了其在全球市场的拓展潜力。

第二，产品多样化与创新。探路者通过不断的产品创新和多样化策略，成功满足了不同消费者的需求，并保持了市场的竞争力。其建立了极地仿生科技平台（P1），体现了在产品创新上的战略选择和科技引领地位。这种创新能力不仅提高了产品的性能和质量，也加强了消费者对探路者品牌的信任和忠诚度。

第三，社会责任与可持续发展。探路者将社会责任和可持续发展战略融入企业核心战略中，展示了其对社会和环境的深刻关注。探路者积极参与和发起多项公益活动，如“保护藏羚羊”“我要读书”“母亲水窖”和“保护滇金丝猴”等，体现了其对生态环境保护和社会责任的承诺。特别是在2008年汶川地震发生时，探路者因其迅速响应，如派遣救援队伍和慷慨地捐款捐物，获得了“抗震救灾先进集体”称号，这进一步加强了品牌形象和社会影响力。此外，支持中国航天事业和成为“中国南北极考察队独家专用产品”等举措（N1，P1），同样展现了探路者在履行社会责任和推动科技进步方面的努力。

探路者的战略选择集中反映了其作为户外用品行业领导者的远见和责任感。通过市场拓展、产品创新和深度参与社会责任活动，探路者不仅成功构建了强大的品牌优势，也为社会和环境的可持续发展作出了积极贡献。这些战略选择不仅推动了企业的长期健康成长，也为其他企业树立了值得学习的榜样。探路者“高效市场挖掘能力—动态适配—战略选择”典型证据示例如表5－2所示。

表5-2 探路者“高效市场挖掘能力—动态适配—战略选择”典型证据示例

聚合构想	二级主题	一阶概念	典型证据援引
高效的市场挖掘能力	结构耦合	品牌建设与市场定位	探路者通过高品质产品和强有力的市场营销活动，成功塑造了其户外用品市场的领导者形象。例如，探路者荣获1999年度中国国内旅游交易会优秀旅游商品奖。2007年探路者品牌被认定为“中国驰名商标”（M1）
		产品研发能力	探路者在产品研发上的不懈努力包括：2008年，探路者建成了当时中国户外用品业规模最大、创新能力最强的研发中心，设计的三项产品荣获国内最具权威性的工业设计大奖“红星奖”；2001年，制定了国内首份旅行帐篷技术工艺标准，后被认定为了行业标准，表明其在户外用品领域的技术处于领先地位（P1）
		社会责任与品牌形象	探路者持续关注可可西里生态环境保护，并在汶川地震期间作出了积极响应，展示了其企业社会责任，进一步增强了品牌形象（N1）
	资源协同	技术标准资源共享	探路者公司制定帐篷生产企业标准，企业标准号为Q/CPTL200，已成为行业标准（P1） 探路者产品线继续扩张，从帐篷、睡袋等户外装备拓展至户外服装及鞋品。产品涵盖户外服装、户外功能鞋和户外装备三大系列，包括冲锋衣、滑雪装、速干服、登山鞋、徒步鞋、背包、帐篷、睡袋、登山杖、折叠桌椅、野炊露营用具等（P1） 2010年，探路者建成当时国内户外行业最大规模的研发中心（P1）

续表

聚合构想	二级主题	一阶概念	典型证据援引
动态适配	场景适配	市场环境的适应	探路者通过不断的市场研究和产品创新，如探索建立极地仿生科技平台 1.0，以适应户外市场的变化和消费者的需求（P1）
	主导逻辑适配	战略合作伙伴关系	探路者与中国南（北）极考察队的独家合作，并成为北京 2008 年奥运会特许生产商，展示了其在选择战略合作伙伴方面的灵活性和远见（P1，N1）
		灾难响应机制	面对突发事件，如汶川地震，探路者迅速响应，展现了其危机管理和动态适配的能力（N1 P1）
战略选择	聚焦户外运动用品战略	市场拓展	2003 年，全国第一家探路者户外用品专卖店在北京开业。公司的营销网络遍布全国 170 多个大中城市，标准化门店 600 余家。探路者以年均复合增长率超过 50% 的速度健康成长，谱写了中国户外企业的传奇篇章。探路者不仅在国内市场深耕细作，还通过与国际标准接轨，提升了品牌国际化水平（N1，P2）
		产品多样化与创新	探路者通过不断地产品创新，满足了不同消费者的需求，并保持了市场竞争力。例如，极地仿生科技平台 1.0 的建立，体现了其在产品创新上的战略选择（P2） 探路者将社会责任融入其核心战略之中，如对可可西里生态环境的保护，以及积极参与社会公益活动，体现了其对可持续发展的关注。公司先后推出“保护藏羚羊”“我要读书”“母亲水窖”“保护滇金丝猴”等多项公益活动（N1）
		社会责任与可持续发展	2008 年汶川地震发生当日，公司立即派出了两支救援队深入到一线参与救灾工作，并捐款捐物价值 260 余万元，被中华全国工商业联合会授予“抗震救灾先进集体”称号。2008 年，公司还积极支持中国航天事业，为“神舟七号”相关人员提供户外服装及装备。2009 年，探路者成为中国南北极考察队独家专用产品。2010 年公司发起“寻找身边的探路者”年度主题活动，旨在推荐或自荐我们身边看似平凡的，但在探索、创新、公益、环保、梦想五个领域勇敢前行的独特人生体验，与大众共同分享这份激励。生态环境保护和社会公益责任已经成为探路者文化的重要组成部分（N1，P1）

5.2　探索阶段（2011—2017 年）：第一次跨界融合

在探索阶段，传统制造企业通过数字化转型，以技术为驱动，开始拓展业务范围和市场边界。通过对市场和技术的深入研究，企业能够识别出新的市场机会和客户需求，从而推动产品和服务的创新。此时，企业开始从单一的生产制造模式，转向包含研发、设计、营销等多功能融合的模式，从而实现了跨界融合。

5.2.1　SWOT – PEST 的战略分析

SWOT – PEST 战略分析是对内外环境及实施战略的条件进行综合评价，只有具备实施战略的条件才能实施。在 2011—2017 年，探路者采取了一系列战略措施，旨在通过跨界合作和业务多元化，拓展其市场影响力，并提升品牌竞争力。其 SWOT – PEST 战略分析如表 5 – 3 所示。

表 5 – 3　　探路者探索阶段 SWOT – PEST 分析

分析层面	政治（P）	经济（E）	技术（T）	社会（S）
优势（S）	（1）2014 年 10 月，国务院印发《关于加快发展体育产业促进体育消费的若干意见》，	（1）2011 年，探路者连续四年同时成为中国市场	（1）2011 年，探路者对原有研发技术中心进行改造升级，在北京昌平区新建了更	（1）品牌认知度提升：通过跨界合作和营销活动，探路者在消

续表

分析层面	政治（P）	经济（E）	技术（T）	社会（S）
优势（S）	积极推动中国体育产业的发展。国家的政策支持是体育产业发展的“强心剂” （2）2015 年《关于加快发展生活性服务业促进消费结构升级的指导意见》（国办发〔2015〕85 号）的出台，则对进一步发展体育服务业，促进消费结构升级作出了进一步的指示。随着政策红利的进一步释放，体育产业发展速度超过经济增速，体育产业必将成为经济发展的新动能和新的增长点 （3）国家旅游部门及各地旅游部门顺应产业融合发展趋势，不断改革管理体制机制、出台配套政策，为产业融合牵线搭桥，为“旅游+”铺平了道路	同类产品销量和市场占有率第一的品牌 （2）探路者有实力拿出相应的费用投入到与通信行业、高科技产业等相关产业的融合发展中，以开发差异化的产品，增加企业的核心竞争力，巩固企业在行业中的领先地位	大规模的研发实验基地，占地面积约为 2800 平方米，2013 年，探路者研发中心实验室申请并成功通过了 CNAS（中国合格评定国家认可委员会）的评审认证 （2）由研发中心自主研发的“极地仿生科技”，以“取之自然，用之自然”的仿生灵感，汲取了自然生物在形态、结构、特质、功能等方面的各种优异的进化特征，结合产品概念进行研发与设计创新，并运用高科技仿生技术，为户外运动者迈出的每一步提供极致安全的保护，并带来舒适体验。产品主要包括 TiEF（面料科技）和 SAFree（功能大底科技）两个系列	费者中建立了较高的品牌认知度，尤其是在年轻群体中 （2）健康生活方式的推广：随着健康意识的提升，越来越多的人开始注重户外运动和冒险活动，这有利于探路者的进一步发展 （3）探路者建立以“探索、担当、协同、诚信、学习”为核心的企业价值观 （4）探路者建立以“共同成长、共同分享”为内核的探路者文化，以社会总体价值最大化作为企业的文化引领方向，推动探路者的持续发展

续表

分析层面	政治（P）	经济（E）	技术（T）	社会（S）
优势（S）			（3）探路者获得国内外行业科技、研发和设计奖项共计126项。其中，包括中国纺织工业联合会科学技术进步奖、全球体育及户外用品博览会（ISPO）设计奖和功能性纺织品趋势大奖等奖项 （4）研发出来的Tief面料具有环保和创新方面的优势，独一无二；研发的奥棉科技也处于行业领先地位，企业在户外运动中的高防水、高抗冷的新型面料也具有绝对的领先地位 除了对新面料、新材料的探索外，探路者在功能性科技上也不断追求创新，经过多年的积累，现已拥有减震、抗菌、透气、防	

续表

分析层面	政治（P）	经济（E）	技术（T）	社会（S）
优势（S）			水、防静电、保暖、抗紫外、耐磨、速干、防滑、防风等方面的多项功能性科技 （5）探路者开发了很多体验式旅行产品，如滑雪、骑行、自驾等场景，旨在让探路者装备成为旅行产品受众的首选，探路者1000多个线下门店就是很好的流量入口	
劣势（W）	在2010年，国务院办公厅颁布《关于加快发展体育产业的指导意见》之前，国家对于体育产业的扶持政策较少	2015年及之后，净利润开始出现下滑并逐年快速扩大，2015年净利润同比减少近3000万元，2016年减少近1亿元，2017年则开始亏损，净利润较2016年减少了约2.5亿元	将卫星定位系统与体育服装进行融合，以开发高端体育用品，这类产品目前还在研发阶段，离实现真正的上市还有距离	（1）竞争加剧：随着国内市场的增长，更多的国内外品牌加入竞争，如北面（The North Face）和哥伦比亚（Columbia），这给探路者带来了巨大的压力 （2）产品同质化：在一些产品线上，探路者与

续表

分析层面	政治（P）	经济（E）	技术（T）	社会（S）
劣势（W）				竞争对手之间的差异化并不明显，尤其是在功能性和设计上，这可能会影响消费者的品牌忠诚度 （3）跨界融合的挑战：跨界融合虽然能带来新的市场机会，但也存在风险和挑战，如品牌形象模糊、核心竞争力弱化等
机会（O）	（1）2008年，北京奥运会获得了国际社会的普遍赞誉，全球的目光又聚焦在了中国 （2）资本开始入局，体育消费行业投融资方兴未艾	（1）随着我国居民综合收入水平的提高，居民消费结构在不断地优化，人们对于体育休闲娱乐	（1）国内众多体育公司都开始竞相研发新的产品以迎合消费者的需求，寻求创新发展 （2）探路者云平台（PaaS）、基础设施（IaaS）、安全保障体	（1）社会媒体和电商的发展：利用社会媒体和电子商务平台进行营销和销售，从而帮助探路者更有效地触达目标消费者，扩大

续表

分析层面	政治（P）	经济（E）	技术（T）	社会（S）
机会（O）	（3）2015年前后，国家相继出台了《关于促进旅游业与信息化融合发展的若干意见》（征求意见稿）、《关于加快发展体育产业促进体育消费的若干意见》《关于大力发展电子商务加快培育经济新动力的意见》等文件，以支持旅游行业、体育产业以及基础信息技术的发展	服务消费支出出现快速增长 （2）2015年初，探路者启动非公开发行股票事项，并推出了包括“探路者云项目”在内的募投项目	系、运营支撑体系及标准体系的建设工作已经开展，相关应用成果，如SAP系统已完成升级且实际应用于公司主营业务中，这促进了公司基础信息的完善	市场份额 （2）可持续发展趋势：随着消费者对环保和可持续发展的日益关注，探路者可以通过推出环保产品和践行企业社会责任，以吸引更多有社会责任感的消费者 （3）随着消费观念的转变，年轻人对运动品牌的认同感和接受程度变高。此外，一些中老年人也随着全民健身的号召，开始加入体育用品消费者的群体

续表

分析层面	政治（P）	经济（E）	技术（T）	社会（S）
威胁（T）	2017年一系列政策的出台助力了体育产业的发展，但仍缺乏详细的指引，因此很多企业不清楚应该与哪些相关产业进行融合、怎样推进产业融合转型、转型路径和模式如何选择	其他国家相比，中国体育产业发展相对滞后 我国体育市场总体规模较小、经营方式落后、市场主体不成熟，造成体育产品和服务供给匮乏	对创新中试错成本的估计是跨界融合发展的一项挑战，如果选择失误，那么之前投入的人力、物力、财力将成为沉没成本，若再加上时间成本就会对企业的发展产生巨大的威胁	（1）经济波动：宏观经济的不确定性可能影响消费者的消费意愿和能力，进而影响户外运动产品的销售 （2）消费行为的变化：随着生活方式变得多样化，消费者的兴趣和偏好可能会发生变化，从而对户外运动品牌构成挑战 （3）假冒伪劣产品：市场上存在的假冒伪劣产品可能会损害探路者的品牌形象，影响消费者对探路者的信任度

资料来源：作者整理得到。

从以上对探路者的 SWOT - PEST 的战略分析中，我们发现：①随着政策红利的进一步释放，体育产业必将成为经济发展的新动能和新的增长点，体育产业与其他产业的融合迫在眉睫。②探路者作为体育用品行业中的佼佼者，有一定财力、物力基础，能够实施跨界融合战略。

5.2.2 战略实施

通过三个重点领域的策略实施，探路者能够有效地利用互联网思维来构建和维持其在户外市场的竞争优势。

（1）能力建构

研究发现，案例企业在此阶段建构的核心能力为敏捷响应能力，主要体现在结构耦合和资源协同。

第一，结构耦合——品牌建设与市场定位，具体如下：

①平台化组织建设。探路者通过建立平台化的组织结构，推动员工自主面对市场，以实现自组织、自管理、自适应的工作方式。这种组织形态的转变使得董事会和管理层的角色转变为提供平台服务的角色，从而使公司能够更灵活地应对市场变化，促进内部创新和外部合作（N2，P2）。

②战略合作与公益基金。探路者与极地研究中心的战略合作，以及探路者公益基金的成立，展示了公司不仅关注商业利益，也积极参与公共事务和社会责任，通过这种方式可深化品牌价值和市场定位（P2）。

③事业群划分。探路者将组织结构划分为户外、旅行、体育三大事业群。这种划分方式使每个事业群都可以更加专注于自己的领

域，同时便于跨事业群之间的资源共享和协同工作，提高了整个组织的运营效率和市场竞争力。

④产品研发能力。探路者早在2012年便推出了“极地仿生科技平台1.0”，其灵感来源于自然生物，涵盖户外三防等多项面料科技，体现了公司在产品研发方面的创新能力（P2）。随后，智能蓝牙手环的推出标志着探路者在户外智能领域迈出了勇敢探索的第一步，确立了以“硬件+软件+服务”为核心的战略立体化布局（P2）。“智能化”和“服务整合”成为公司持续完善和发展的重点，展示了探路者在结合技术创新与服务模式创新方面的决心和能力。

⑤股权结构。2015年的探路者已不再满足单一的户外用品主业，开始多元化并购，其在当年进行了一系列投资并购活动，全面进军旅游及体育领域（见表5－4）。

表5－4　　探路者投资并购活动　　单位：万元

序号	参控公司	参控关系	投资金额	持股比例（%）
1	北京极之美旅行社有限公司	控股子公司	3900.00	56.52
2	易游天下国际旅行社（北京）有限公司	控股子公司	23073.90	74.56
3	探路者和同投资管理有限公司	联营企业	980.00	49.00
4	济南汇乾贸易有限公司	控股子公司	1982.40	51.00
5	北京山水乐途贸易有限公司	控股子公司	3593.46	51.00
6	青岛馨顺达商务有限公司	控股子公司	8760.58	51.00
7	辽宁北福源商贸有限公司	控股子公司	5717.23	51.00
8	北京野玩科技有限公司	控股子公司	255.00	51.00

续表

序号	参控公司	参控关系	投资金额	持股比例（%）
9	北京探路者冰雪控股发展有限公司	控股子公司	3450.00	60.00
10	巩义市探路者滑雪度假有限公司	控股子公司	1000.00	100.00
11	济南探韩电子商务有限公司	参股子公司	500.00	50.00
12	探路者（北京）户外文化传播有限公司	控股子公司	420.00	53.00
13	北京美景联动科技有限公司	控股子公司	1480.00	67.27
合计			55112.57	

注：巩义市探路者滑雪度假有限公司是通过其控股子公司北京探路者冰雪实现100%的持股；济南探韩电子商务有限公司则是通过其参股子公司非凡探索持有50%的股份；探路者（北京）户外文化传播有限公司通过其全资子公司天津新起点及天津新起点所控股的北京绿野视共同持有53%的股份；而北京美景联动科技有限公司则是通过易游天下这一控股子公司持有67.27%的股份。

资料来源：探路者2015年年报。

在2015年，探路者的股权投资总额达到了5.51亿元人民币，其中包括对四家加盟商（分别为北京山水乐途贸易有限公司、青岛馨顺达商务有限公司、辽宁北福源商贸有限公司、济南汇乾贸易有限公司）的收购，这些都是针对其核心户外用品业务的投资。同时，收购济南探韩电子商务有限公司标志着探路者对电商渠道的进一步扩展（M1，P2）。

2015年，探路者还大力投资于旅游服务和体育相关的业务领域，其中最显著的投资动作是以2.31亿元人民币收购了易游天下国际旅行社（北京）有限公司74.56%的股份，后者是一家主营旅游业务的公司。在该年度，探路者不仅收购了易游天下国际旅行社（北京）有限公司、北京极之美旅行社有限公司、北京美景联动科技有限公司这三家旅游公司，也并入了上述四家加盟商，由此产生的商誉高达3.04亿元人民币，占到了当年总资产的12%（N2，P2）。

总体来说，探路者的结构耦合体现在其组织结构的平台化、事业群的专业化划分、战略合作与社会责任的融合，以及技术和服务模式的持续创新上。这些方面共同构成了探路者强大的市场竞争力和品牌价值，使其能够在激烈的市场竞争中保持领先地位。

第二，资源协同。探路者通过其资源协同策略，构建了一个覆盖户外用品、旅行服务、体育产业的多元化业务生态系统，通过以下几个关键方面实现了资源的有效整合和协同：

①用户数据整合。探路者通过其在户外用品、旅行服务和体育产业的业务覆盖，能够收集来自不同领域的用户数据。这些数据的整合，允许公司更好地理解消费者需求，进行精准营销，以及开发更加符合市场需求的产品和服务（N2）。

②资源共享。在内部创业、孵化、参股、并购形成的生态圈中，各个企业不仅可以共享探路者的企业平台服务，还能在技术、营销、管理等方面实现资源共享。这种共享机制加速了对市场的响应速度，并促进了资源的优化配置。

③跨界合作与装备清单整合。探路者通过与不同领域的企业进行跨界合作，如与旅游服务提供商、体育赛事组织者等的合作，能够拓展其业务范围，为用户提供更加丰富的产品和服务。同时，通过整合装备清单，探路者可以为用户提供一站式购物体验，满足其在户外活动中的各种需求（M1）。

④品牌传播的创新。通过多品牌运营、户外平台整合，以及户外垂直电商的运营策略，探路者在品牌传播方面实现了创新。这种多维度的品牌策略不仅加强了探路者品牌在户外领域的影响力，也促进了品牌价值的提升。

探路者的产品创新和设计优势获得了业界的广泛认可，截至2016年，其产品获得红星奖17项，德国ISPO亚洲产品区装备类银奖1项，户外服装类银奖1项，户外鞋品类金奖1项，中国优秀工业设计奖1项。这些奖项不仅证明了探路者在产品创新和设计方面的实力，也增强了品牌的市场竞争力和消费者的信任度（N1，P1）。通过以上资源协同，探路者实现了业务板块间的有效协作和资源优化配置，加速了市场响应，提高了企业的竞争力和市场影响力。

（2）动态适配

在实际应用中，动态适配通常要求场景适配和主导逻辑适配同时进行，二者相辅相成。通过对场景的灵活适配，可以确保在任何环境下都能保持操作的可行性和舒适性；而通过主导逻辑的适配，则可以确保在特定的环境和任务下，系统或个体能够以最有效的方式达成目标。动态适配的成功实施，能够显著提高系统或个体在面对复杂多变环境时的适应性和效率，是现代技术和管理领域的重要研究方向。下面将对这两部分进行详细描述。

第一，场景适配。场景适配指的是对于不同的环境、情境和需求，系统或个体能够灵活调整自己的策略和行为以适应这些变化。探路者旅行事业群通过其平台化策略和科学技术的应用，展示了其在场景适配方面的深入思考和实践。以下是对探路者场景适配内容的详细描述：

①建立“户外旅行+”小生态环境。探路者通过打造一个综合性的“户外旅行+”小生态环境，实现了对不同场景的适配。这一策略不仅聚焦于提供优质的户外旅行产品和服务，而且通过整合更多相关资源（如装备租赁、旅行规划、环保科技产品），为用户创造一个全面、便捷的户外体验平台。这种生态环境的构建，使探路者能够更好地满足户外爱好者的多元化需求，同时吸引更广泛的用户群体参与（N2）。

②平台化策略实现资源与用户的连接。探路者通过其平台化策略，有效地连接了资源和用户，形成了一个内部市场化和资源互联互通的环境。这一策略使得各种资源（如旅行目的地信息、户外活动资源、科技支持等）能够更加灵活地被调配和利用，极大地增强了其适应市场需求和变化的能力。通过构建这样一个平台，探路者不仅能够提供个性化、定制化的服务，而且还能够快速响应市场动态，保持其服务和产品的持续更新和优化。通过控股绿野网，进入户外旅行论坛领域，提供一站式的活动发布、报名、出行服务，扩大用户基础；通过控股极地旅行机构，深入“轻探险与自然旅行”领域，提升品牌形象；整合资源，提供O2O综合服务，包括散客拼团、团队客户定制等多种类型的旅行产品；通过投资新加坡在线旅游公司，拓展国际市场，提升国际影响力（P2）。

③体育产业与基础设施建设。首先，建立体育产业基金：通过投资体育垂直类媒体和大众体育赛事相关领域的企业，进行体育产业的布局和资源整合。其次，建设滑雪度假区：通过建设滑雪度假区，开展户外运动公园、露营地建设，拓展冰雪运动市场（P1）。最后，打造探路者云：投资建设户外大数据平台，通过数据驱动，促进产品、服务、业务、资源和商业模式的创新（P2）。

④TIEF 创新环保技术的应用。探路者对自主研发的 TIEF 创新环保技术的应用，体现了其在科技创新方面的场景适配能力。通过将这一技术应用于其产品中，探路者能够满足市场对环保科技产品的需求，同时也体现了企业对可持续发展和环保责任的承诺（P2）。这一技术的应用，不仅提高了产品的市场竞争力，也为用户提供了更加环保、健康的户外体验，进一步增强了用户对品牌的好感和忠诚度。

⑤线上、线下渠道协同与新零售运营管理体系的重塑。探路者通过加强线上、线下渠道协同发展，优化线下渠道结构，并重塑新零售运营管理体系，展现了其在渠道整合和管理上的场景适配能力（P2）。这一策略不仅提升了用户购买和体验的便利性，也为探路者带来了更高效的运营管理模式和更好的市场表现。通过这种线上、线下融合的策略，探路者能够更加灵活地应对市场变化，满足用户在不同购物场景下的需求。

综上所述，探路者通过其综合性的场景适配策略，不仅提升了自身在户外旅行市场的竞争力，也为用户提供了更加丰富、便捷、个性化的服务和体验，展现了其在适应市场需求和变化方面的出色能力。

第二，主导逻辑适配。探路者作为一个户外运动品牌，其在 2012—2017 年的服务主导逻辑体现在如何通过优化客户服务来增强用户体验和品牌忠诚度。在这一时期，探路者不仅关注产品的质量和创新，还特别强调服务的重要性，尤其是在面对激烈的市场竞争和日益多样的消费者需求时。以下是一些关键点，展示了探路者在服务主导逻辑上的主要措施：

①客户服务中心的建立和优化。探路者加强了其客户服务中心

的功能，以提供更专业、及时的客户支持。这包括扩大客服团队、加强服务人员的专业培训，以及通过使用更先进的客户关系管理（CRM）系统来跟踪和解决客户问题（N2）。

②增强售后服务。探路者认识到优质的售后服务是提升客户满意度和忠诚度的关键。因此，其优化了退换货政策，以确保流程简单、快捷。同时，提供了更多的维修服务选项，以帮助客户延长产品的使用寿命（N2）。

③个性化服务。为了更好地满足不同客户的需求，探路者推出了更多个性化服务，如定制服装和装备选项。此外，通过分析客户数据，探路者能够提供更加个性化的购物建议和产品推荐（M1）。

④线上、线下融合服务。随着电子商务的发展，探路者加强了线上购物平台的建设，同时保持线下实体店的高标准服务。并且实施了无缝购物体验，如线上预订线下提取、线下体验后线上购买等灵活选项（P2）。

⑤社区体验活动。探路者致力于建立户外运动社区，组织各种户外活动和体验营，这不仅提供了额外的服务，还加强了消费者与品牌之间的情感联系。通过这些活动，客户能够更好地体验产品的性能，同时增强了社区成员之间的互动和品牌忠诚度。

通过这些服务主导的逻辑和措施，探路者在 2012—2017 年成功地提升了客户服务质量，增强了消费者的购买体验和品牌忠诚度，从而在竞争激烈的市场中保持了竞争优势。

（3）战略选择

市场拓展、产品多样化与创新，以及社会责任、品牌形象与可持续发展三者相辅相成，共同构成了探路者战略选择的核心。通过在这三个方面的不断努力和创新，探路者在竞争激烈的市场环境中脱颖而出，实现了长期的成功和可持续发展。

第一，市场拓展，具体如下：

①从产品差异化到多品牌战略的转变。初期，探路者更侧重于通过产品差异化来获得市场竞争优势。随着时间的推移，探路者开始采用多品牌战略，通过收购和整合不同品牌和资源，丰富了产品线和服务范围，满足了不同消费者群体的需求。

②并购与资源整合。旅行服务板块：通过收购 Asiatravel、绿野网、易游天下、北京行知探索旅行社等企业，探路者在旅行服务领域实现了快速拓展，特别是借助 Asiatravel，探路者进一步打开了国际市场，增强了其国际竞争力（P2）。

③户外用品板块。收购图途（厦门）户外用品有限公司等，加强了户外用品的研发和生产能力，通过品牌和产品的多样化，满足更广泛的消费需求（P2）。

④体育产业板块。投资体育垂直类媒体和大众体育赛事相关企业，显示了探路者在体育产业深度布局的决心；同时，通过建设滑雪度假区等基础设施，积极拓展冰雪运动市场（P2）。

⑤品牌形象的提升与市场影响力的增强。通过收购北京极之美旅行社有限公司，探路者成为了极地旅行机构；收购易游天下国际旅行社（北京）有限公司使探路者能够提供一站式综合旅行服务；并购 Asiatravel 使探路者成功拓展到了国际市场等。上述策略的成功实施使探路者在户外、旅行、体育这三大领域实现了全方位的市场拓展和品牌建设，形成了独特的竞争优势。这些战略的实施，不仅促进了探路者的快速发展，也为消费者提供了更加丰富多样的产品和服务选择。

第二，产品多样化与创新，具体如下：

①产品线的专业细分。探路者（Toread）品牌：专注于徒步、登山等较专业的户外活动，这一品牌满足了专业户外爱好者对高性能、高耐用性产品的需求。这种专业化定位使探路者能够为独具慧眼的消费者提供精准的产品和服务。Discovery Expedition 品牌：更侧重于自驾、越野等户外休闲活动，迎合了休闲户外市场的广泛用户群体。通过这种差异化的品牌战略，探路者能够覆盖更广泛的市场需求，同时保持各品牌的专业性和独立性。阿肯诺（ACANU）品牌：专注于户外骑行等领域，为户外骑行爱好者提供专业的装备和配件。该品牌的存在进一步丰富了探路者的产品线，并有针对性地服务于骑行这一具有高度专业性和忠实度的细分市场（N2，P2）。

②创新驱动的发展战略。通过建设户外大数据平台，探路者利用大数据分析和人工智能技术，对户外运动市场进行深入的研究和分析，从而驱动产品、服务、业务、资源和商业模式的创新（M1）。这一战略不仅增强了探路者的市场应变能力，也提升了产品和服务的个性化和精准度；通过专业细分的品牌战略、创新驱动的发展模式以及在产品设计和创新上获得的认可，探路者不仅成功地满足了不同消费者群体的需求，也确立了其在户外装备市场的领导地位。探路者的这一系列战略和举措，使其能够在激烈的市场竞争中保持持续的增长和发展。

第三，社会责任、品牌形象和可持续发展。探路者在社会责任、品牌形象和可持续发展方面展现出了积极的姿态并取得了显著的成绩，这些努力不仅提升了公司的品牌形象，也为其长期发展奠定了坚实的基础，具体如下：

①社会责任。首先，开展公益捐赠。自 2013 年起，探路者承

诺每年将企业净利润的1%用于支持公益事业的发展。这一承诺体现了探路者的社会责任感，也展现了其对社会进步的关注和贡献。探路者董事长盛发强亲自参与到每一项公益活动中，这更加凸显了公司高层对公益事业的重视和承诺。其次，守护可可西里。探路者发起的守护可可西里公益活动，着重保护这一区域的生态环境（P2）。通过上述活动，探路者不仅直接参与到环境保护的实际工作中，也倡导更多的人关注和参与到生态环保的行动中，体现了其作为企业公民的责任感和使命感。

②品牌形象。首先，研发实力：盛发强对探路者的研发能力表示自豪，认为其不逊色于国际一线户外品牌。通过持续的研发投入和创新，探路者旨在提升产品品质和性能，以满足专业户外活动的需求。这不仅提升了探路者的品牌形象，也提高了其产品在国内外市场的竞争力（M1）。其次，对标国际品牌：盛发强提出，探路者将对标美国 VF（威富）集团，强化集约效应，完善品牌体系（M1）。这显示了探路者在追求卓越的过程中，不仅关注国内市场，也致力于在国际市场上与世界顶尖品牌竞争，这将进一步提升其品牌形象和影响力。

③可持续发展。探路者装备全程陪伴中国第 30 次南极科学考察队完成科考任务及中国南极泰山站的主体建筑建设任务，连续 5 年为中国南极科考事业提供支持（P2）。这不仅是探路者对科学研究的支持，更是在可持续发展方面的实际行动。通过支持极地考察，探路者参与到全球气候变化和环境保护的重要研究中，体现了其对可持续发展的承诺和贡献。

综上所述，探路者在社会责任、品牌形象和可持续发展方面的举措体现了其的责任感、追求卓越的态度和对全球环境保护的承诺。通过这些努力，探路者不仅提升了自身的品牌价值，也为社会和环境的可持续发展作出了积极的贡献。

（4）战略评价

第一，探路者的多元化战略优势，具体如下：

①组织优势。探路者荣获 2012 年中国创业板上市公司十佳管理团队第一名，并入选 2012 年中国创业板上市公司价值 20 强、前十强。2013 年，探路者创始人盛发强荣获 2013 年中国上市公司“最受尊敬董事长”奖，探路者荣获 2013 年中国中小板及创业板上市公司“最佳董事会”及 2013 年中国上市公司“最佳产业型董事会”奖（M1）。

②品牌多元化。通过建立不同定位的品牌，能够覆盖更广泛的市场和消费者需求，提升市场竞争力。

③服务扩展。通过并购和投资不同领域的平台和服务，实现业务的多元化发展，增加收入来源。

④国际化布局。通过投资国际平台，拓展国际市场，提升品牌的国际影响力。

⑤技术与数据驱动。通过建设大数据平台，实现精准营销和业务创新，提升运营效率和服务品质。

第二，探路者的多元化战略劣势。多元化战略也存在挑战和风险，如品牌管理复杂性增加、业务领域外的投资和管理风险，以及不同业务间的协同效应实现困难等。2010—2014 年探路者户外用品的年收入占中国零售市场总额的比例逐年上升，表明在这四年间，探路者在户外用品行业中的地位得到了加强。2015 年是探路者的一个转折点：在 2015 年之前，无论是在户外用品的销售额还是市场份额方面，探路者都实现了显著的增长。然而到了 2015 年，其市场份额首次出现了年度下滑，紧接着在2016年，其销售收入也经历了首次下降。特别是在2016年，户外用品的收入首次出现了下滑，而到了2017年，收入的下降幅度进一步扩大，如表5-5和图5-1所示。

表5-5　　探路者户外用品营收情况

项目＼年份	2010	2011	2012	2013	2014	2015	2016	2017
中国户外用品零售总额（亿元）	71.30	107.60	145.20	180.50	200.80	221.90	232.80	244.60
探路者户外用品营收额（亿元）	4.32	7.52	11.01	14.43	17.12	18.07	17.05	14.20
探路者户外用品营收额占中国户外用品零售总额比（%）	6.06	6.99	7.58	7.99	8.53	8.14	7.32	5.81

资料来源：根据COCA数据及探路者年报整理得到。

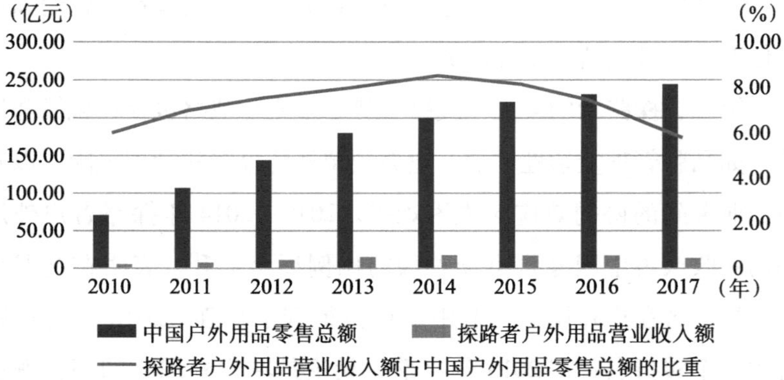

图5-1　探路者户外用品零售额及相关占比

根据表5-5，2010—2015年，探路者户外用品的年平均复合增长率达到了33.14%。但是，2015—2017年，其年平均复合增长率为-11.35%。因此，探路者在实施多元化战略时，需要持续优化管理结构，增强核心竞争力，确保各项业务协同发展，以实现持续的健康成长（见表5-6）。

表5-6 探路者集团“敏捷响应能力—动态适配—战略选择”典型证据示例

聚合构想	二级主题	一阶概念	典型证据援引
敏捷响应能力	结构耦合	品牌建设与市场定位	平台化组织建设：探路者通过建立平台化组织，推动员工自主面对市场，实现自我组织、自我管理、自我适应，董事会和管理层转变为平台服务者的角色。这种结构耦合让公司能够灵活应对市场变化，促进内部创新和外部合作（N2） 探路者与极地研究中心达成战略合作，并成立探路者公益基金（N2） 事业群划分：探路者成立户外、旅行、体育三大事业群，这种结构上的安排使各事业群能够专注于自己的领域，同时便于跨事业群之间的资源共享和协同工作（P2）
		产品研发能力	探路者早在2012年就推出了“极地仿生科技平台1.0”，其灵感来源于自然生物，包含户外三防等多项面料科技。智能蓝牙手环的推出，标志着探路者在户外智能领域勇敢迈出了第一步，作为战略立体化的重要一步，探路者将明确“硬件+软件+服务”是核心，“智能化”和“服务整合”是发展重点（N2，P2）

续表

聚合构想	二级主题	一阶概念	典型证据援引
敏捷响应能力	资源协同	分享、跨界、深度挖掘	2013 年以来，探路者频频投资非主营相关业务，对外投资公司达到近 30 家（P2） 业务板块间的协同：通过户外用品、旅行服务、体育产业三大事业群，探路者在用户数据、资源共享、跨界合作、装备清单、品牌传播等方面形成了创新业务及协同效应（P2） 平台服务共享：无论是内部创业的企业还是通过孵化、参股、并购等方式进入生态圈的企业，都能共享企业平台服务，从而加速对市场的响应，实现资源优化配置（N2） 2014 年，基于互联网思维，探路者构建立体化运营战略，多品牌运营、户外平台整合、户外垂直电商运营三大战略，勇创户外品牌运营新模式（N2） 探路者云作为户外大数据沉淀、分享与创新驱动的平台，将收集用户、装备、交易、线路、活动、UGC、资源等多类数据，通过分享、应用和深度挖掘，开展大规模精准营销，从而驱动产品、服务、业务、资源和商业模式创新（P1）
动态适配	场景适配	市场环境的适应	旅行事业群的平台化策略：探路者旅行事业群着力打造“户外旅行 +”的小生态环境，通过平台连接资源和用户，形成内部市场化和资源互联互通，以适应市场需求和变化（N2） 科学技术的应用：自主研发的 TIEF 创新环保技术被应用于产品中，展示了探路者在科技创新方面的场景适配能力，满足市场对环保科技产品的需求（N2，P2）

续表

聚合构想	二级主题	一阶概念	典型证据援引
动态适配	主导逻辑适配		强炜在发布会上以“产品的革命”为主题作了演讲，他表示探路者将加强线上、线下渠道协同发展，加强线上渠道运营内容升级，优化线下渠道结构，重塑新零售运营管理体系，并继续强化柔性供应链建设，以促进供应链管理升级（M1） 以终为始的互联网战略思维：探路者采用以终为始的互联网战略思维，在人才、业务、组织三个维度开展平台化战略转型，这是其主导逻辑的核心（M1） “自我成长、利他经营”主题反映了探路者追求的企业文化和经营理念，强调个人成长与企业发展的相互促进，以及基于共赢的合作模式（M1）
		战略合作伙伴关系	探路者还与供应商、高等院校、科研院所、国外大公司合作，共同搭建了不同类型的研发平台，对户外用品的新面料、新材料进行开发和研究，并与上下游工厂达成了战略合作，互通信息，联合开发新产品，其中，TiEFDRY 就是其与工厂一起研发的（P2） 与此同时，探路者利用自有优势积极参与标准化建设，为行业发展贡献力量。近年来，其先后参加了 10 多项国标、行标的制定、修订工作，包括“针织摇粒绒”“野营帐篷”等国家标准的起草，现在正在参与“冲锋衣”的标准制定工作（N2，P2） 作为行业的领军品牌，探路者产品从最初的帐篷，到现在的户外男装、女装、背包、配件，已取得了 20 多项专利技术 探路者形成了自己独有的发展基因，可以被学习但无法被

续表

聚合构想	二级主题	一阶概念	典型证据援引
动态适配			模仿。探路者以“共同成长、共同分享”为文化内核，让探路者发展的方向更明晰、目标更长远（M1） 投资建设户外大数据平台，通过数据驱动，促进产品、服务、业务、资源和商业模式的创新（P2）
		灾难响应机制	2013年7月甘肃省定西市发生地震，探路者董事长盛发强在第一时间通过电话询问了灾区受灾情况。当得知帐篷成为灾区急需物资后，经过讨论，探路者决定捐赠价值10万元的200顶帐篷紧急发往灾区。从汶川到玉树，从雅安到定西，抗震救灾，探路者一直在行动（M1，P1）
战略选择		市场拓展	以“经营用户”为核心，围绕户外、旅行、体育三大业务板块展开的生态圈发展战略，搭建户外、旅行、体育三大事业群。由产品差异化战略转为多品牌战略（P2） 2015年7月正式构建户外用品、旅行服务、体育产业三大事业群，进行了一系列并购动作：包括收购了有新加坡携程之称的在线旅游平台Asiatravel、户外平台绿野网、易游天下、北京行知探索旅行社、图途（厦门）户外用品有限公司（N1，P2） 极地之美：通过控股极地旅行机构，深入“轻探险与自然旅行”领域，提升品牌形象（P2） 易游天下：整合资源，提供O2O综合服务，包括散客拼团、团队客户定制等多种类型的旅行产品（P2） Asiatravel：通过投资新加坡在线旅游公司，拓展国际市场，提升国际影响力（P2） 体育产业与基础设施建设

续表

聚合构想	二级主题	一阶概念	典型证据援引
战略选择			体育产业基金：通过投资体育垂直类媒体和大众体育赛事相关领域的企业，进行体育产业的布局和资源整合（P2） 滑雪度假区：通过建设滑雪度假区，开展户外运动公园、露营地建设，拓展冰雪运动市场（P2）
		产品多样化与创新	探路者（Toread）品牌：专注于徒步、登山等较专业的户外活动，满足专业户外爱好者的需求。Discovery Expedition 品牌：专注于自驾、越野等户外休闲活动，迎合休闲户外市场的用户。阿肯诺（ACANU）品牌：专注于户外骑行等领域，针对户外骑行爱好者（P2，N2） 探路者云：投资建设户外大数据平台，通过数据驱动，促进产品、服务、业务、资源和商业模式的创新（P2） 截至2016年，探路者产品获得红星奖17项，德国ISPO亚洲产品区装备类银奖1项，户外服装类银奖1项，户外鞋品类金奖1项，中国优秀工业设计奖1项（P2） 盛发强十分自豪地表示，“探路者的研发能力毫不逊色国际一线户外品牌。”对标美国VF（威富）集团，盛发强表示公司将强化集约效应，完善品牌体系（M1）
		社会责任、品牌形象与可持续发展	2013年起，探路者决定每年拿出企业净利润的1%用于支持公益事业的发展，作为主要发起人，董事长盛发强将身体力行，参与到每一项公益活动中（M1） 探路者发起守护可可西里公益活动，持续关注保护区生态环境（P2） 探路者装备全程陪伴中国第30次南极科学考察队完成科考任务及中国南极泰山站的主体建筑建设任务，自此探路者已连续5年为中国南极科考事业保驾护航（P2）

5.3 回归主业阶段（2017—2021年）——收缩迭代

5.3.1 SWOT－PEST的战略分析

2015年之后，探路者营收达到30亿元级别，但净利润开始出现下滑并呈现逐年加快的趋势，即2015年净利润同比减少近3000万元，2016年减少近1亿元，2017年则直接亏损，净利润较2016年减少了约2.5亿元（M1）。探路者2017—2021年的SWOT－PEST战略分析如表5－7所示。

表5－7　探路者回归主业阶段（2017—2021年）SWOT－PEST战略分析

分析层面	政治（P）	经济（E）	技术（T）	社会（S）
优势（S）	（1）政府支持体育产业发展：2017—2021年，政府持续推动体育产业的发展，包括户外运动。政策的支持有助于推	（1）消费升级：随着中国经济的持续增长和人均收入的提高，消费者更倾向于高品质、个性化的户外运动产品，这为探路者等企业提供了市场增长的	（1）技术创新：数字化、智能化技术的发展为户外装备产品的创新提供了技术支持，比如智能穿戴设备、高性能材料的应用等	（1）健康意识提升：近年来，人们对健康和体育活动的关注度不断增加，户外运动逐渐成为提高生活质量的重要方

续表

分析层面	政治（P）	经济（E）	技术（T）	社会（S）
优势（S）	广户外活动，增加户外装备的需求 (2)《“健康中国2030”规划纲要》出台：该纲要鼓励全民健身、运动，增强人民体质，间接促进了户外运动装备的市场需求	机会 (2) 2008—2013年探路者连续六年成为全国市场同类产品销量第一 (3) 2013年户外用品行业零售额达到180.5亿元，同比增长24.3%，最近五年的复合增速达到了29.5%	(2) 电子商务的发展：电商平台的壮大为户外运动品牌提供了更广泛的销售渠道和营销工具，提高了市场覆盖率和销售效率 (3) 探路者目前主要有4个产品系列，分别为户外探险家（TOREAD）（探路者品牌户外产品线）、户外旅行家（探路者品牌旅行产品系列）、户外艺术家（Discovery Expedition品牌）、小探（探路者品牌童装），覆盖了户外生活的各个领域，包括户外服装、鞋、背包、帐篷、睡袋、登山装备等上百个品种	式之一，这为户外运动品牌带来了增长的机遇 (2) 休闲旅游的兴起：随着居民生活水平的提高，越来越多的人倾向于通过休闲旅游和户外探险来丰富生活体验，探路者作为提供相关装备的品牌，能从中受益

续表

分析层面	政治（P）	经济（E）	技术（T）	社会（S）
劣势（W）	（1）贸易摩擦：中美贸易摩擦等国际贸易摩擦可能会影响探路者的进出口业务，增加成本和市场不确定性 （2）政策和法规变动风险：政策和法规的频繁变化可能给探路者的业务带来不确定性，特别是在环保、质量检测等方面	（1）宏观经济波动：全球经济不确定性，如金融危机等，可能影响消费者信心和消费能力，进而影响户外运动产品的需求 （2）竞争加剧：随着市场规模的扩大，以及更多的国内外品牌进入，市场竞争会加剧，可能会压缩探路者的市场份额和利润空间 （3）探路者在推动多元化发展的过程中，对主业缺乏足够的维护与投入。主品牌发展缺乏足够资源，在品牌力、产品力、服务力、销售力等方面自然就会与竞争品牌拉开差距	（1）技术更新换代快：技术迭代速度快，要求企业不断投入研发，否则容易被市场淘汰 （2）信息安全风险：随着业务数字化程度的提高，企业面临的信息安全风险也会相应增加	（1）人口老龄化：中国面临人口老龄化的挑战，这可能影响户外运动装备市场的潜在消费群体规模 （2）城市化加剧：高度的城市化可能限制人们参与户外活动的时间和空间，从而影响户外运动品牌的市场需求

续表

分析层面	政治（P）	经济（E）	技术（T）	社会（S）
机会（O）	（1）国家鼓励创新和品牌建设：政府鼓励企业创新和品牌国际化，探路者可以利用这一机会加强自主品牌建设，拓展国内外市场 （2）“一带一路”倡议：通过参与“一带一路”建设，探路者有机会进入新的国际市场，扩大其全球份额	（1）户外运动市场扩大：户外运动逐渐成为主流休闲方式之一，市场潜力巨大，为探路者等企业提供了扩展业务的机会 （2）国际市场拓展：随着“一带一路”等倡议的实施，探路者有机会进入新兴市场，拓展国际业务	2020年，探路者针对新冠疫情，快速应变，进行了防护型渔夫帽、非医用防护服等防疫类产品的研发及生产供应，并突出公司TiEF PRO－X2冲锋衣面料中TPE膜材的功能特性：据专业机构检测，TPE膜材不仅能起到防水透湿的作用，还具有阻隔病毒的功能	（1）户外教育的发展：随着户外教育和体验式学习的兴起，学校和家长越来越重视青少年的户外活动，这为户外运动品牌提供了新的市场机会 （2）消费升级趋势：消费者对于产品品质和品牌的要求越来越高，愿意为高品质的户外装备支付更高价格，探路者可以通过提高产品质量和加强品牌建设来把握这一趋势

续表

分析层面	政治（P）	经济（E）	技术（T）	社会（S）
威胁（T）	（1）国内外政治环境变化：国际政治环境的不确定性，如贸易政策变动、地缘政治紧张等，可能对探路者的国际业务造成影响 （2）国内政策收紧：环保政策收紧可能增加生产成本，或者户外活动受到限制的政策可能减少产品的市场需求	（1）原材料成本上升：全球原材料价格波动可能导致生产成本增加，影响利润率 （2）消费者购买力下降：在经济下行压力下，消费者的可支配收入将减少，可能影响户外运动产品的销售 （3）2017—2018年，探路者连续两年亏损（分别亏损0.85亿元、1.82亿元），若2019年继续亏损，探路者将面临被暂停上市的风险	（1）新材料、新技术应用：新材料和新技术的应用可以提升产品性能和用户体验，为品牌创造新的竞争优势 （2）大数据和人工智能应用：大数据分析和人工智能技术的应用，可以优化供应链管理、进行个性化产品推荐等，从而提高运营效率和顾客满意度 （3）2020—2022年疫情反复使线下业务销售收入大幅减少，由此对经营业绩造成了较大负面影响	（1）消费行为的变化：数字时代下，消费者获取信息的渠道更加多样化，消费决策也更加复杂。企业需要不断适应消费者行为的变化，以有效吸引和维持顾客 （2）对社会责任和环境保护的关注：消费者对企业的社会责任和环保意识有着越来越高的要求。对于户外运动品牌来说，如果不能有效应对这些关注点，可能会面临品牌形象受损和

续表

分析层面	政治（P）	经济（E）	技术（T）	社会（S）
威胁（T）				市场份额下降的风险 （3）细分市场更要求不断创新，但探路者一直是老面孔、老形象、老产品、老店铺

资料来源：作者整理得到。

5.3.2 战略实施——公司专一化战略

探路者在2017—2021年度过了一段比较困难的时期，户外行业在经过一段时间高速发展后，增速越来越低。2017年底，王静结束了将近十年的隐退生活，回归公司，重新出任董事长兼总裁。回归后，王静提出“回归主业”的新战略，还提出了“年轻化、时尚化和功能性日常化”的产品定位。但屋漏偏逢连夜雨，2020年的新冠疫情直接让整个户外行业雪上加霜。探路者通过以下三个重点领域的策略实施，通过互联网思维来迭代和维持其在户外市场的竞争优势。

（1）结构耦合

2017—2021年，探路者公司经历了重要的组织架构变化和管理层调整，这些变化体现了公司在适应外部环境变化和内部战略调整中的结构耦合过程。结构耦合是指组织在与环境互动过程中，通过调整其内部结构来适应外部环境，以实现组织目标的过程。以下是探路者在这一时期内部结构耦合的主要内容。

第一，管理层变动与策略调整，主要内容如下：

①管理层变动。2017 年，探路者经历了两次重要的管理层人事变动。这种管理层的变动往往伴随着对公司策略和运营方向的重大调整。

②策略调整。王静回归后，首先进行的策略调整是剥离旅游等与主业不相关的业务，集中资源和精力回归户外主业。这一策略的调整是为了优化公司资源配置，提升核心竞争力（P3）。

第二，股权变更与控制权变化，主要内容如下：

①股份转让。2017 年 1 月 26 日，公司控股股东和实控人盛发强、王静签署股份转让协议，将其持有的部分无限售条件流通股转让给北京通域众合科技发展中心（以下简称“通域众合”）（P3）。

②控股股东变更。通过这一股份转让，通域众合及其一致行动人通域基金成为探路者的控股股东，持股比例达到 13.65%。这使得探路者的实控人变更为李明（P3）。

第三，组织架构调整，主要内容如下：

①集中核心业务。在策略调整的指导下，探路者进行了组织架构方面的调整，以更好地集中于户外主业，优化业务结构，增强核心竞争力。

②优化管理流程。伴随着组织架构的调整，探路者还进行了管理流程和运营模式的优化，虽然具体细节没有详细公开，但这类调整通常旨在提升效率和响应市场变化的能力。

总之，探路者在2017—2021年的结构耦合体现在管理层变动与策略调整、股权变更与控制权变化以及组织架构调整等方面。通过这些调整，探路者提升了自身的核心竞争力，更好地适应了市场和行业的变化。

（2）资源协同

探路者公司作为一家专注于户外用品的企业，其在2017—2021年，面对新冠疫情等外部挑战，通过加大对户外用品主业的投入和强化资源协同，加速了其品牌建设、渠道优化、产品研发以及供应链管理的全面提升。以下是对其在这一时期资源协同内容的详细描述。

第一，品牌建设推广。探路者通过整合内外部营销资源，提升品牌影响力和市场竞争力。这包括与户外运动赛事、旅游机构等合作，通过赞助和合作提升品牌知名度和美誉度。同时，加大新媒体营销力度，利用社交平台和户外运动社区等渠道，进行品牌故事、产品使用体验等内容的传播，增强与消费者的互动和品牌忠诚度（N3）。

第二，线上、线下渠道建设优化。面对新冠疫情对线下零售的冲击，探路者加快了线上渠道的布局和优化，通过自建电商平台、加强与主要电商平台合作，拓展线上销售渠道。同时，在保证疫情防控措施到位的基础上，优化线下门店运营，增强线下体验与服务，提供线上、线下一体化的购物体验（N3）。

第三，产品科技研发。探路者加大产品研发投入，特别是在科技创新方面，引入更多智能化、生态环保的材料和技术，提升产品的功能性、舒适性和环保性。与研究机构、高校合作，加强新技术、新材料的研发和应用，从而提升产品竞争力（P3）。

第四，供应链管理。加强供应链的整合和优化，通过数字化手段提高供应链的透明度和灵活性。建立更紧密的合作伙伴关系，优化库存管理和物流配送，减少供应链成本，提高响应速度和效率。面对新冠疫情带来的挑战，探路者通过灵活调整生产计划和物流安排，确保产品供应的稳定性。

第五，运营管理水平的提升。强化内部管理，通过引入先进的管理理念和工具，如精益生产、ERP 系统等，提高运营效率和质量管理水平。加强人才培养和团队建设，提升员工的专业能力和服务水平，形成高效协同的工作氛围。

总体而言，探路者在 2017—2021 年通过加强资源协同，不仅有效应对了新冠疫情等外部挑战，还加速了在品牌建设、渠道优化、产品创新和供应链管理等方面的提升，为公司的长期发展奠定了坚实的基础。

（3）动态适配

第一，场景适配。探路者在 2017—2021 年，针对市场环境和消费者需求的变化，采取了一系列场景适配策略，以优化其品牌和产品在不同消费场景中的表现和适用性。以下是对该时期探路者场景适配内容的详细描述：

①门店优化与场景布局调整。探路者对其门店进行了优化调整，包括新开门店和关店，以适应市场需求变化。这种调整不仅反映在数量上，更在于对门店类型和位置的优化，如在人流量较大的购物中心、旅游目的地等开设门店，提高品牌的可见度和接触率。此外，通过整合门店资源，关注效益不高的门店，优化其品牌组合和产品布局，以更好地满足目标市场的需求（P3）。

②多品牌战略的实施。探路者通过旗下不同品牌（如 Discovery Expedition 和 TOREAD Kids）覆盖不同细分市场和消费场景，满足不同消费者群体的需求。例如，通过 Discovery Expedition 品牌吸引更注重探险和时尚感的消费者，而 TOREAD Kids 则专注于满足家庭户外活动中儿童的需求（P3，N3）。

③产品创新与技术应用。面对户外活动场景的多样性和复杂性，探路者加大了对产品研发和科技应用的投入，推出适应不同气候、环境和活动需求的产品。例如，推出具有高透气性、防水性、轻便性等特点的户外装备和服饰，满足登山、徒步、露营等多种户外活动的需求（P3）。

④数字化和智慧零售的融合。通过探索线上、线下融合的零售模式，提升消费者购物体验。例如，利用 AR 或 VR 技术在门店中模拟户外场景，让消费者在购买前能够更直观地了解产品的适用性和性能。同时，通过线上平台和社交媒体，提供个性化推荐和互动体验，打造线上、线下一体化的购物场景（N3）。

⑤社会责任与可持续发展。随着消费者对环保和可持续发展的关注增加，探路者在产品设计和生产过程中增加了对环保材料的使用，并推广环保理念和户外休闲文化，以此来满足市场对品牌社会责任的期待。

总之，探路者在 2017—2021 年通过门店优化与场景布局调整、多品牌战略的实施、产品创新与技术应用、数字化和智慧零售的融合以及社会责任与可持续发展等多方面的场景适配策略，有效提升了品牌竞争力，满足了不同消费场景下的需求，增强了在复杂市场环境中的适应性和影响力。

第二，主导逻辑适配。2017—2021 年，探路者面对日益激烈的市场竞争和消费者需求的多样化，采取了一系列主导逻辑适配措施，旨在通过建立战略合作伙伴关系、优化业务结构、加强电商体系运营和探索新零售渠道模式，来提升品牌竞争力和市场影响力，具体内容如下：

①建立战略合作伙伴关系。探路者积极寻求与其他企业的战略合作，以共享资源、技术和市场渠道。这种合作不仅适用于传统的户外装备行业内部，还拓展到了技术、营销和内容创造等领域。通过这些合作，探路者能够更有效地扩大其品牌影响力，同时提升产品的技术含量和市场竞争力。

②优化业务结构。探路者通过出售部分非核心业务资产，如易游天下、青岛馨顺达商务有限公司和绿野国旅的股权，从而将其资源和精力集中于核心业务——户外装备和服饰的研发、生产和销售。这一战略调整有助于探路者更加聚焦主业，提高运营效率和盈利能力（P3）。

③加强电商体系运营。随着电子商务的迅猛发展，探路者加大了对电商平台的投入，其不仅优化了自身的官方网站和在线销售平台，还积极利用第三方电商平台扩大了销售渠道。此外，通过邀请明星和网红等加入营销活动，探路者有效提高了品牌的知名度和美誉度，吸引了更多年轻消费者（P3，N3）。

④探索新零售渠道模式。探路者不断探索线上、线下融合的新零售模式，以提升消费者购物体验和品牌互动。例如，推出“探秘者硬货”小程序，试图通过线上销售平台直接触达消费者，实现更高效的产品推广和销售。此外，通过智能化和数据化的零售解决方案，探路者能够更准确地把握消费者需求，以实现精准营销（P3，N3）。

通过上述主导逻辑适配措施，探路者在2017—2021年成功地调整了其业务战略和运营模式，巩固了其在户外装备市场的领先地位。

（4）战略选择

2017—2021 年，探路者处于一个重要的转型期，这个转型涉及公司战略的调整、管理层的更换以及对研发的重视。

战略调整方面：公司战略从多元化回归到专一化，这表明探路者希望聚焦其核心竞争力，即户外装备的研发和生产。这种策略可以帮助探路者更有效地分配资源，提高产品质量和创新能力，从而在竞争激烈的市场中获得优势。研发投入方面：探路者的研发投入远超同行，这是其的一大优势。户外装备的技术含量不容小觑，尤其是在轻便、保暖、耐用、防水和透气等方面的技术要求。通过持续的研发投入，探路者不仅能够提升产品性能，还能够开发出符合市场需求的新产品，以增强品牌竞争力。管理层变更：新的管理层，尤其是拥有清华大学背景的新董事长李明，可能会带来新的管理理念和企业文化（M2）。这样的变化可能会促进探路者在产品开发、市场营销和企业治理等方面的创新，使其能够更好地应对市场变化。

在专一化战略的指导下，探路者需要明确其市场定位，选择聚焦于高端市场或特定的户外活动类型。此外，可通过强化品牌形象和提升用户体验，增强消费者对品牌的忠诚度。这五年，探路者市场拓展可以从以下几个主要维度进行详细描述。

第一，市场拓展方面，具体内容如下：

①品牌分化与产品线重组。探路者在此期间对其品牌和产品线进行了分化和重组，旨在更清晰地定位不同消费者群体。例如，其维持了户外探险家和户外旅行家两大主要系列，同时推出了针对特

定市场的子品牌，如 Discovery Expedition 和 Toread Kids 等，以满足不同消费者的需求（P3）。

②线上销售平台拓展。探路者积极拓展线上销售渠道，除了在已有的电商平台，如天猫、淘宝、京东和唯品会等开设旗舰店外，还进一步入驻了抖音、快手、B 站、小红书等新兴的社交电商平台。这一策略不仅使探路者能够接触到更广泛的消费者群体，还能够利用这些平台的社交属性和内容营销特性，加强与消费者的互动和品牌宣传（P3）。

③实体店铺拓展。在实体零售方面，探路者也进行了积极的市场拓展。2020 年下半年，探路者相继入驻了北京朝阳大悦城、合生汇购物中心、老佛爷百货等一线购物中心，这些高端的购物中心地点不仅能够提升品牌形象，也有助于吸引更多的高端消费者群体（P3）。通过这种精心选择地段的策略，探路者能够提升其在一线城市的品牌可见度和市场占有率。

④多渠道营销和品牌推广。在市场拓展的过程中，探路者还加大了对多渠道营销和品牌推广的投入。通过与明星、网红的合作，利用社交媒体和内容营销等手段，探路者能够有效提升品牌的知名度和吸引力，进一步扩大市场份额（P3）。

⑤增强品牌影响力。探路者加大了在品牌宣传和市场推广上的投入，通过赞助户外探险活动、科考项目以及参与户外运动赛事等方式提升品牌的知名度和影响力。例如，探路者赞助了南北极科学考察、珠峰测量等专业户外活动（N3，P3）。

⑥国际市场拓展。探路者在此期间也试图拓展国际市场，通过出口在海外市场建立品牌存在感。虽然与国际大牌相比还存在差距，但通过参加国际展会、国际合作等方式逐步提升国际市场的影

响力。

总体来说，探路者在2017—2021年通过渠道结构的优化、店铺运营的精细化管理、线上销售平台的拓展、实体店铺的拓展以及多渠道营销和品牌推广等多维度的战略选择，有效地推进了市场拓展，提升了品牌的市场影响力和竞争力。

第二，产品多样化与创新。2017—2021年，探路者通过产品系列的多样化、联名产品与时尚子品牌等战略选择，进一步巩固和扩大了其在户外装备和休闲服装市场的领导地位。

①产品系列的多样化。探路者主要推出了四个产品系列，分别针对不同的市场细分和消费者需求。户外探险家（TOREAD）：这一系列是探路者的核心品牌产品线，主要包括户外服装、鞋类、背包、帐篷、睡袋和登山装备等，用以满足专业和业余户外探险活动的需求；户外旅行家：此系列专注于户外旅行产品，包括适合旅行穿着的服装和便携式旅行装备，强调功能性与时尚性的结合；户外艺术家（Discovery Expedition）：此系列是与Discovery合作的品牌，主打户外与探险文化融合的生活方式，产品设计更加注重时尚元素，用以满足对户外装备有时尚需求的消费者；小探（探路者品牌童装）：专为儿童设计的户外装备和服饰，强调安全性和舒适性，满足家庭户外活动的需求（P3，N3）。

②联名产品与时尚子品牌。联名产品：2020年，探路者推出了多款联名产品，与不同品牌和IP进行合作，如与知名动漫、电影IP联名的合作款，旨在吸引年轻消费者，提升品牌的时尚度和文化属性；Toread. X时尚子品牌：2020年11月，探路者在北京摩卡艺术中心成功举办了Toread. X的发布会，这标志着探路者在向更广泛的时尚生活领域扩展。Toread. X专注于将户外功能性与时

尚元素相结合，旨在吸引对户外生活有兴趣但又追求时尚感的年轻消费者（P3，N3）。

③技术创新与功能性强化。2019 年，公司获得了 18 项新的专利授权，显著增强了其研发实力，并成功开发了多项创新技术和产品。其中包括 TiEF CHAMELEON 智能光变科技，一种超轻、超薄的永久抗紫外线皮肤衣，全地形越野跑鞋，轻质防寒靴，以及集众多功能于一体的户外睡袋帐篷（P3，N3）。这些新产品和技术的开发体现了探路者在将体育与科技融合方面的不懈努力，涵盖了跑鞋、服装、靴子等多种户外装备。

探路者在产品开发方面持续投资，通过引入新材料和新技术，显著提升了产品的功能性和舒适性。探路者特别注重在服装和鞋类产品中应用防水透气技术、轻量化材料和抗紫外线技术，以增强产品在极端环境中的表现，从而满足专业户外活动的高标准需求。

第三，社会责任、品牌形象与可持续发展。2017—2021 年探路者在社会责任、品牌形象建设和可持续发展方面作出了显著的努力和贡献，通过多个维度展现了其作为户外品牌的责任感和行业领导者的角色。

①社会责任。支持中国航天事业：从 2016 年起，探路者就开始为中国航天事业贡献力量，即为航天员开发定制舱内服装，这显示了探路者在技术创新和高性能产品研发方面的能力（P34，N3）。这种合作不仅体现了探路者对国家重大科技项目的支持，也提升了其品牌形象和社会责任感。在 2020 年嫦娥五号发射之际，探路者与太空实践中心开展线上线下健身活动，同时探路者与中国航天科技国际交流中心达成业务合作关系，共同推出“航天探路者”系

列产品，既扩大了销售，又帮助国家宣传了航天知识（P3，N3）。支持中国西藏登山队：2019 年，探路者与中国西藏登山队签署战略合作协议，成为其指定户外专业装备合作方和供应商，探路者承诺连续五年提供户外装备支持（P3，N3）。这种支持不仅体现了探路者对登山运动和登山文化的热爱，也展示了其对高性能户外装备研发的自信。

②品牌形象。赞助《攀登者》电影：探路者成为国庆 70 周年献礼影片《攀登者》的独家户外装备品牌赞助商，围绕电影 IP 专门设计和推出了攀登系列产品（P3，N3）。这不仅加深了公众对探路者品牌的认知，而且通过与高关注度电影的合作，进一步强化了探路者作为专业户外装备提供商的形象。

③可持续发展。探路者在产品开发和生产过程中逐步引入环保材料和可持续生产方式，比如使用可回收材料和降低生产过程中的环境影响。这种做法不仅顺应了全球可持续发展的趋势，也满足了越来越多消费者对环保户外产品的需求。探路者通过组织和参与各种环保和社区活动，如山林清理、环保教育等，来提升公众的环境保护意识，并通过实际行动承担了企业的社会责任（N3，P3）。

总体而言，尽管探路者在 2017—2021 年面临了营收下滑和利润下降等挑战，但其仍具备复兴的潜力。探路者通过上述策略，有效地扩大了市场覆盖范围，增强了品牌的市场影响力和竞争力。这些多维度的战略调整有助于公司在未来恢复增长和提升市场地位。探路者“敏捷响应能力—动态适配—战略选择”典型证据示例如表 5－8 所示。

表 5-8　　探路者“敏捷响应能力—动态适配—战略选择”典型证据示例

聚合构念	二级主题	一阶概念	典型证据援引
自我调节和创新能力	结构耦合	组织架构	2017 年探路者经历了两次管理层人事变动，以及随之而来的策略调整。王静回归的第一件事就是剥离旅游等与主业不相关业务，回归户外主业（M2） 探路者控股股东、实控人盛发强、王静于 1 月 26 日签署了《股份转让协议》和《股份转让框架协议》，拟将持有的部分探路者无限售条件流通股转让给北京通域众合科技发展中心，通域众合将与通域基金构成一致行动人，以 13.65% 的持股比例成为探路者的控股股东，探路者的实控人变更为李明（M2） 新的管理层，尤其是拥有清华大学背景的新董事长李明，可能会带来新的管理理念和企业文化。这样的变化可能会促进探路者在产品开发、市场营销和企业治理等方面的创新，使探路者能够更好地应对市场变化（M2）
	资源协同	运营优化	持续加大对户外用品主业品牌建设推广、线上线下渠道建设优化、产品科技研发、供应链管理等方面的投入力度，快速应变积极应对新冠疫情扩散所带来的影响，并继续提升运营管理水平（N3）

续表

聚合构念	二级主题	一阶概念	典型证据援引
动态适配	场景适配	市场环境的适应	截至2019年底，探路者共有连锁经营门店1173家。其中，探路者（Toread）品牌新开门店110家，关店329家，共有连锁经营门店991家；Discovery Expedition品牌新开门店53家，关店86家，共有门店138家；TOREAD Kids品牌（探路者童装）新开门店25家，关店13家，共有门店44家（N3，P3）
	主导逻辑适配	战略合作伙伴关系	探路者逐步退出了旅行服务等相关业务。2019年，其主要处置了易游天下的29%股权、青岛馨顺达商务有限公司的全部股权、绿野国旅的43%股权（P3） 加强电商体系的运营，邀请明星、网红等扩大品牌知名度和美誉度。还将探索新零售渠道模式，实现线上、线下立体发展，还推出了“探秘者硬货”小程序试行线上销售（N3，P3）
战略选择		市场拓展	经过渠道结构的优化及店铺运营精细化管理的提升，在线上销售方面，探路者除了在天猫、淘宝、京东、唯品会等第三方平台开设旗舰店，还先后入驻抖音、快手、B站、小红书等多个社交电商平台。2020年下半年相继入驻北京朝阳大悦城、合生汇购物中心、老佛爷百货等一线购物中心（P3）
		产品多样化与创新	探路者目前主要有4个产品系列，分别是户外探险家（TOREAD）（探路者品牌户外产品线）、户外旅行家（探路者品牌旅行产品系列）、户外艺术家（Discovery Expedition品

续表

聚合构念	二级主题	一阶概念	典型证据援引
战略选择			牌）、小探（探路者品牌童装），覆盖户外生活的各个领域，包括户外服装、鞋、背包、帐篷、睡袋、登山装备等上百个品种。2020年，探路者推出了各类联名产品，时尚子品牌 Toread. X 于 2020 年 11 月在北京摩卡艺术中心成功举办发布会（P3）
		社会责任、品牌形象与可持续发展	探路者从 2016 年起就助力中国航天事业，为航天员开发定制舱内服装。2019 年，探路者与中国西藏登山队签署战略合作协议，成为指定户外专业装备合作方以及指定户外专业装备供应商，将连续 5 年为中国西藏登山队、西藏喜马拉雅登山向导学校提供户外装备支持（P3） 探路者成为了国庆 70 周年献礼影片《攀登者》的独家户外装备品牌赞助商，其围绕着电影《攀登者》IP 设计打造了一系列的探路者攀登系列产品（P3）

5.4 双主业阶段（2022—2024 年）——第二次跨界融合

5.4.1 跨界融合匹配度测评分析

通过对上面的内容整理发现：2011—2017 年探路者开始第一次跨界融合，从 2016 年开始，探路者业绩就开始连续下滑。2017 年、

2018年连续两年出现亏损，分别亏损8485万元、1.82亿元。虽然2019年营收下降15%，但实现净利润1.13亿元，最终得以实现扭亏为盈，保壳成功。为此，我们对探路者构建了耦合协调模型，在分析跨界融合匹配度中的重要性可以从以下几个方面进行深入分析。

（1）耦合协调模型的意义

第一，系统性分析跨界融合的内在机制。跨界融合涉及不同领域、行业或组织之间的合作与整合，这些系统往往具有复杂的内部结构和外部联系。耦合协调模型能够从系统论的角度出发，通过量化耦合度和协调度，系统性地揭示不同系统之间的相互作用与依赖关系，以及它们之间如何通过调整和优化达到更高层次的整合与协调，从而深入理解跨界融合的内在机制。

第二，客观评估跨界融合的匹配度。在跨界融合的过程中，如何客观评估不同领域或组织之间的匹配度是一个关键问题。耦合协调模型提供了一个量化分析的工具，能够通过计算耦合度和协调度来评价不同系统之间的匹配程度。高耦合度表明系统之间的相互作用和依赖性强，高协调度则反映了系统间良好的互动和整合程度，这为评估和优化跨界融合的匹配度提供了科学依据。

第三，促进跨界融合的有效管理与决策。通过应用耦合协调模型，管理者和决策者可以更清晰地识别在跨界融合过程中存在的问题和挑战，如耦合不足、协调失衡等，从而制定更加有针对性的管理策略和决策，用以优化资源配置，提升协作效率。这对于跨界融合项目的成功实施具有重要意义。

第四，为跨界融合提供理论支持与实证基础。耦合协调模型的应用为跨界融合提供了强有力的理论支持和实证基础，有助于丰富和深化跨界融合的理论研究，推动相关学科的交叉融合和知识创新。同时，通过实证分析的案例研究，可以为其他领域或组织提供借鉴和参考，促进更多、更有效的跨界融合实践产生。

总之，耦合协调模型在分析跨界融合匹配度中扮演着至关重要的角色，它不仅能够从理论上深化对跨界融合现象的认识，还能在实践中指导作出更有效的管理决策，促进不同领域间的深度整合与协作，实现互利共赢。

（2）耦合协调模型评价法的构建

通过构建产业融合的综合评价指标体系来测度产业融合水平的间接方法有如下几个步骤。

第一，采用熵值法对指标进行权重的确定。参考相关文献，采取对数据加 0.001 的方式做非负化处理，最后得到的数据标准化处理的公式如下：

$$Z_{ij}=\frac{x_{ij}-\min_{x_j}}{\max_{x_j}-\min_{x_j}}+0.001 \tag{5-1}$$

式（5－1）中，$i=1,2,\cdots,m$，表示年份次序；$j=1,2,\cdots,n$，表示指标个数（下同）。求得标准化值 Z_{ij}，运用熵值法得出各指标的权重，具体操作步骤如下：

①指标同度量化处理。对第 j 项指标第 i 年的数值占该指标整体的比重进行计算，其计算公式为：

$$P_{ij}=Z_{ij}/\sum_{i=1}^{m}Z_{ij} \tag{5-2}$$

②熵值计算。e_j 表示第 j 项指标的熵值，是衡量指标不确定性的一个参照量，计算公式为：

$$e_j=\frac{1}{\ln m}\sum_{i=1}^{m}P_{ij}\ln P_{ij} \tag{5-3}$$

当评价系统在某项指标上不同年份的值相差越大时，其反映出的信息量越大，说明其不确定性越小，表现为熵值也越小。

③差异性系数计算。第 j 项指标的差异性系数的计算公式为：

$$f_j = 1 - e_j \tag{5-4}$$

根据式（5－4）可知，对指标 x_{ij} 来说，其熵值与差异性系数是呈反比例的关系，熵值越大的情况下，说明该指标对整体的评价结果的影响越小。

④权重确定：

$$\omega_j = f_j / \sum_{j=1}^{n} f_j \tag{5-5}$$

式（5－5）中，ω_j 表示第 j 项指标的权重，指标所占的权重越大，说明指标的重要性越高，反之，则相反。ω_j 就是我们所求得的权重，可为后续计算提供依据。

第二，综合评价指数的确定。在得到某产业的相应指标的权重 ω_j 后，可以采用加权法的方式进行加和，从而计算出该产业的综合发展水平。计算公式如下：

$$u_1 = \sum_{j=1}^{n} \omega_j a_{ij} \tag{5-6}$$

$$u_2 = \sum_{j=1}^{n} \omega_j b_{ij} \tag{5-7}$$

式（5－6）和式（5－7）中，$j = 1, 2, \cdots, n$，表示某产业选取的指标个数。ω_j 是之前通过计算得到的指标的权重。a_{ij} 和 b_{ij} 分别表示进行耦合协调分析的两个相关产业的各自第 i 年第 j 项指标的标准化值；u_1 和 u_2 分别表示这两大产业的发展水平综合评价值。

第三，耦合协调度的判定。借鉴相关文献的做法，本书基于上文中计算出的产业发展水平综合评价值，将它们看作两个相互联系的耦合系统，通过构建以时间为纵坐标的耦合指标体系，最后采用耦合协调模型利用SPSSPRO软件进行产业之间耦合协调度的测算。与测算相关的公式如下：

$$C=2\sqrt{\frac{u_1u_2}{(u_1+u_2)^2}} \tag{5-8}$$

$$D(u_1,u_2)=\sqrt{C\times T} \tag{5-9}$$

$$T=\alpha u_1+\beta u_2 \tag{5-10}$$

式（5-8）至式（5-10）中，C是在0到1之间取值，表示两个系统的耦合度，这一数值越小，意味着耦合协调度越小；反之，数值越大，耦合协调度也就越大。D也是在0到1之间取值，表示所测的两个产业的耦合协调度，这一数值越小，意味着耦合协调度越小；数值越大，耦合协调度越大。T表示综合协调指数，反映两大产业的整体发展水平对其耦合协调度的贡献程度。α、β表示了所测算产业对于整体耦合度的重要程度，借鉴相关专家和学者的研究，本书也将其都确定为0.5，即视为同等重要。

第四，耦合协调模型的评价标准。参考相关文献后，本书采用如表5-9所示的耦合协调度等级划分标准，根据耦合协调度D的不同取值范围，对协调等级进行划分，这有利于直观观察产业之间的耦合发展态势。

表5-9　　耦合协调度等级划分标准

耦合协调度 D	协调等级	耦合协调程度	耦合协调度 D	协调等级	耦合协调程度
(0-0.1)	1	极度失调	(0.5-0.6)	6	勉强协调
(0.1-0.2)	2	严重失调	(0.6-0.7)	7	初级协调
(0.2-0.3)	3	中度失调	(0.7-0.8)	8	中级协调
(0.3-0.4)	4	轻度失调	(0.8-0.9)	9	良好协调
(0.4-0.5)	5	濒临失调	(0.9-1)	10	优质协调

资料来源：参考相关文献得到。

(3) 针对探路者测度跨界产业融合水平

第一，体育产业与旅游产业的测算结果。通过相关的文献分析，体育产业选取了体育产业占全国 GDP 的比重、体育场地、体育场地面积三个指标，结果如表 5 - 10 所示；旅游产业选取了国内旅游人次、旅游产业收入增加量、旅游产业占全国 GDP 的比重三个指标，结果如表 5 - 11 所示。通过对国家统计局、国家体育总局官网搜集的 2012—2021 年的相关数据进行分析，得出的综合评价指数如表 5 - 12 所示。

表 5 - 10　体育产业的指标数据　单位：亿平方米

年份	总值	体育产业占全国 GDP 的比重	体育场地	体育场地面积
2021	31175	0.010654895	397.1	34.1
2020	27372	0.010591308	371.3	30.1
2019	29483.4	0.011401854	316.2	25.9

资料来源：国家统计局官网、国家体育总局。

表 5 - 11　旅游产业的指标数据　单位：亿平方米

年份	国内旅游人次	旅游产业收入增加量	旅游产业占全国 GDP 的比重
2021	32.5	45484	3.96
2020	28.8	40628	-9.7
2019	60.1	44989.4	8.5

资料来源：国家统计局官网。

表 5 - 12　体育产业与旅游产业的综合评价指数

年份	体育产业综合评价	旅游产业综合评价
2021	0.799785823	0.587355127
2020	0.323333892	2.57265E - 06
2019	0.357372714	0.962832908

资料来源：作者计算得到。

通过耦合协调模型进行计算得出体育产业与旅游产业耦合度的结果如表 5 – 13 所示。

表 5 – 13　　体育产业与旅游产业的耦合协调结果

年份	耦合度 *C* 值	协调指数 *T* 值	耦合协调度 *D* 值	协调等级	耦合协调程度
2021	0.9709744223368447	0.7989132570754272	0.8807521435035285	9	良好协调
2020	1	0.01	0.1	2	严重失调
2019	0.5260655516693978	0.5350067270238777	0.5305173032038213	6	勉强协调

资料来源：作者计算得到。

由表 5 – 14 可以看出，2019 年体育产业与旅游产业就开始融合了，但是 2020 年时出现严重失调的结果，可能是受到新冠疫情影响，旅游产业按下了暂停键，产业融合度大幅下降。但是从 2021 年的结果可以看出，随着我国防疫情况的好转，二者的耦合协调度达到了 9 级，说明可以进行良好协调，因此在未来的体育发展中，企业可以积极与旅游行业进行深度融合。

第二，体育产业和通信产业的测算结果。近几年，我国体育产业与通信产业的融合越发密切，应用场景包括采用定位技术，防止小孩子或者老年人走丢，也可以防止外出运动的人在复杂的环境中迷失正确的方向。基于此，在通信行业中选取了光缆线路总长度、通信产业收入的增长率，以及每年建成通信基站数三个指标（见表 5 – 14），通过耦合分析方法，得出两个产业的综合评价指数和耦合协调结果（见表 5 – 15 和表 5 – 16）。

通过耦合协调模型进行计算得出相关产业耦合度的结果如 5 – 16 所示。

表5-14　　　　通信行业的指标数据

年份	光缆线路总长度(万米)	通信产业收入的增长率(%)	每年建成通信基站数(个)
2021	319	8	996
2020	428	3.60	931
2019	434	0.80	841

资料来源：国家统计局官网、国家通信管理者。

表5-15　　　　体育产业与通信产业的综合评价指数

年份	体育产业综合评价	通信产业综合评价
2021	0.799785823	0.576336058
2020	0.323333892	0.471697739
2019	0.357372714	0.21539921

资料来源：作者计算得到。

表5-16　　　　体育产业与科技产业的耦合协调结果

年份	耦合度 C 值	协调指数 T 值	耦合协调度 D 值	协调等级	耦合协调程度
2021	1	0.99	0.99498743710662	10	优质协调
2020	0.23472104833662777	0.3579452980574225	0.2898573711451977	3	中度失调
2019	0.6284982574842237	0.04500672702387771	0.16818635351768366	2	严重失调

资料来源：作者计算得到。

表5-16的分析结果显示，因为通信产业当时仅能提供移动通话，家庭网线等相关服务，很少有企业将其与体育产业进行结合，所以2019年和2020年的耦合协调度还处于失调状态，但是新冠疫情期间一些新兴产业和企业反而抓住了新的机遇。例如，互联网行业、户外露营等。探路者将卫星定位系统与户外服装进行结合，生产出了具有定位功能的户外服饰，这样既增加了体育活动趣味性，

也提高了安全性。这说明上述两个产业在2021年就已经出现优质协调的局面。

第三，体育产业与高科技产业测算结果。在评价高技术产业与体育产业的融合度时，本书参考了相关文献中的方法，高技术产业主要选取了R&D经费（全社会研究与试验发展经费）、有研发机构的企业所占比重指数、高新技术产品出口额占货物出口额的比重指数三个指标（见表5－17），并通过耦合分析方法，得出这两个产业综合评价指数和耦合协调结果（见表5－18和表5－19）。

表5－17　　　　高技术产业的指标数据

年份	R&D经费（万亿元）	有研发机构的企业所占比重指数	高新技术产品出口额占货物出口额的比重指数
2021	2.8	218.7	101.7
2020	2.44	208.7	104.6
2019	2.21	195.4	102.1

资料来源：国家统计局官网。

表5－18　　　　体育产业与高技术产业的综合评价指数

年份	体育产业综合评价指数	高技术产业综合评价指数
2021	0.799785823	0.565093245
2020	0.323333892	0.703030086
2019	0.357372714	0.060044964

资料来源：作者计算得到。

通过耦合协调模型进行计算得出相关产业耦合度的结果如表5－19所示。

表5-19 体育产业与高技术产业的耦合协调结果

年份	耦合度 C 值	协调指数 T 值	耦合协调度 D 值	协调等级	耦合协调程度
2021	0.9929190735140881	0.884882401052648	0.9373455146434089	10	优质协调
2020	0.198997487421324	0.5	0.3154342145529904	4	轻度失调
2019	0.6284982574842237	0.04500672702387771	0.16818635351768366	2	严重失调

资料来源：作者计算得到。

表5-19分析结果显示，在2019年体育产业与高技术产业还属于严重失调的状态。2020年，高技术产业开始与体育产业进行融合，但由于体育产业和高技术产业都存在自身的发展特点，并没有同时发掘出二者存在的关联，故仍处于轻度失调的状态。但在2021年，体育产业与高技术产业达到优质协调的状态，可以预见数智时代已经到来，高技术产业与体育产业加速融合。这两个产业的融合将有助于我国体育相关产业突出异质性，增加企业的核心竞争力，打造属于我国的自主品牌。

综上所述，通过对体育产业与旅游产业、通讯业与通信产业是优质协调、体育产业与高科技产业是优质协调。上述结果也充分显示出上述产业之间具有很好的协调程度，这为探路者第二次跨界融合以及构建价值共创战略的实施路径提供了一定的理论基础。

5.4.2 SWOT-PEST的战略分析

探路者深度融合阶段（2021—2024年）SWOT-PEST分析如表5-20所示。

表5-20　探路者深度融合阶段（2021—2024年）SWOT-PEST分析

分析层面	政治（P）	经济（E）	技术（T）	社会（S）
优势（S）	（1）政府支持高科技产业发展和创新，同时鼓励体育产业和户外活动，提供政策和财政支持。国家发展改革委等部门出台《促进户外运动设施建设与服务提升行动方案（2023—2025年）》《户外运动产业发展规划（2022—2025年）》，鼓励户外运动及露营活动 （2）近年来，国家出台了一系列政策鼓励和支持存储芯片行业的发展。《关于做好2022年享受税收优惠政策的集成电路企业或项目、软件企业清单制定工作有关要求的通知》《国务院关于印发"十四五"数字	（1）经济增长提升了消费者的购买力，有利于高端户外装备和高科技产品的销售 （2）2023年上半年，探路者营业收入较上年同期增长19.54%；扣非净利润同比增长230.41%；经营活动产生的现金流量净额同比增长238.99%	（1）技术进步，特别是在半导体和物联网技术方面，为开发新产品提供了可能 （2）探路者参与起草国家标准和行业标准26项。国内的冲锋衣、皮肤衣、户外登山鞋和滑雪服标准都由探路者主导或联合修订。成立24年以来，探路者获得了不计其数的国际和国内重要奖项，9年共斩获55项ISPO全球大奖 （3）探路者发布自主研发的"极地仿生科技平台2.0"，包含13项TiEF面料科技和5项SAFree大底	（1）消费者越来越重视健康和户外活动，同时对高科技产品的接受度有所提高 （2）显示驱动芯片属于发展势头较好的高新技术产业，将为手机、可穿戴设备、车载显示设备、电视等行业升级赋能，未来市场发展潜力巨大。各省市的政策集中向相关产业倾斜，不断引进有实力的企业，将为地方注入可持续发展的动力，提升地方综合竞争力和促进地方经济发展

续表

分析层面	政治（P）	经济（E）	技术（T）	社会（S）
优势（S）	经济发展规划的通知》《关于加强产融合作推动工业绿色发展的指导意见》等国家产业政策的出台，促进了存储芯片行业的发展，增强了企业的自主研发能力，提高了国内存储芯片企业的整体竞争力		科技。在面料和技术方面，探路者依托强大的研发储备和品控管理做到了“双保险”，其生产产品的质量是依托外部生产力的贴牌制造商和渠道商无法企及的	
劣势（W）	跨行业发展可能面临更复杂的政策法规要求，特别是芯片行业的高度监管	（1）跨入芯片领域需要巨额的研发和设备投入，短期内可能对财务状况产生压力 （2）2022年以来，受居民收入增长放缓、消费场景恢复缓慢等因素影响，纺织行业内销压力持续加大	（1）技术快速迭代，这要求企业持续投入研发以保持竞争力，对于资源有限的企业来说是个挑战 （2）探路者进入Mini LED赛道。一旦进入一个完全陌生的领域，转型初期的阵痛就会接踵而来	（1）跨入高科技领域，特别是芯片产业，需要面对消费者对品牌专业性和技术实力的期待 （2）新冠疫情3年，户外运动的人少了，自然他们对户外服饰的需求也会同步减少，户外产品企业的处境略显艰难

续表

分析层面	政治（P）	经济（E）	技术（T）	社会（S）
机会（O）	（1）《“健康中国2030”规划纲要》和各省市“半导体产业发展规划”的出台，为探路者提供了政策指引 （2）新冠疫情以来，全国山地户外旅游数据上涨163%，这体现了民众的出行方式从观光旅游向体验旅游转变。2021年，露营成为小红书上最受欢迎的生活方式之一。在网购平台上，复古露营灯、户外餐布、户外单椅等露营相关用品搜索量大幅增长	（1）通过技术创新和产品差异化，探路者可以在户外装备和芯片市场获得更高的利润空间 （2）北京芯能主要从事Mini/Micro LED显示驱动IC设计研发及模组生产业务，被收购时刚成立2年。到目前为止，其参保人数仅14人。财务数据显示，其2020年及2021年1月至5月的净利润分别为－1357万元和－514万元	（1）利用先进的芯片技术，探路者可以开发出更智能、更高效的户外装备产品，从而提升用户体验 （2）在数字技术、人工智能日新月异的大背景下，探路者预见未来的户外场景将会发生改变，户外服装必然走向智能化。因此，探路者发布了极地探路者北斗款防寒服，产品搭载移动通信模块，可通过北斗卫星导航系统同步位置信息。2022年，探路者将继续结合芯片“硬科技”和信息化“软科技”，打造新一代智能户外应用，实现再创新	（1）人们对于智能穿戴设备和健康追踪设备的需求增加，这为结合户外装备和芯片技术的产品提供了市场机会 （2）最近几年，消费者对运动及社交的需求越发强烈，户外运动成为新增场景中的热点 （3）精致露营、郊游、亲子游等短距离游成了消费者在新冠疫情之后放松休闲、亲近自然的首选

续表

分析层面	政治（P）	经济（E）	技术（T）	社会（S）
威胁（T）	（1）国际形势下的贸易摩擦，特别是在芯片领域，可能面临来自某些国家的出口限制或技术封锁 （2）2022 年全球消费电子市场需求持续放缓，电视、显示器、笔记本等终端产品的需求下降，导致 Mini LED 显示驱动 IC 需求随之疲软。受全球晶圆代工厂产能短缺、国内外物流受限等因素的影响，已完成设计的芯片流片周期延长，芯片整体推出时间延长	（1）宏观经济的不确定性，如经济处于下行周期，可能影响消费者的支出意愿 （2）众多体育品牌、时尚潮牌等开始向户外运动用品产品线延伸，它们凭借设计、供应链等方面的扎实基础以及庞大的用户群体，迅速获得了市场份额，从而进一步加剧了户外运动用品行业的竞争程度	（1）技术发展迅速也造成技术泄露和产品被仿制的风险上升，特别是在全球化的产业链中 （2）2020—2022 年新冠疫情扩散使线下业务销售收入大幅减少，由此对经营业绩造成了较大负面影响	社会对于数据隐私和信息安全的关注度提高，对于采集用户数据的智能设备可能产生抵触情绪

资料来源：作者整理得到。

5.4.3　战略实施——双主业发展战略

探路者经过 PEST - SWOT 战略分析后决定未来将围绕户外用

品业务和芯片业务稳步扩大经营规模，提高公司整体盈利水平。

探路者户外业务坚持长期主义，聚焦自有品牌，深度挖掘国内外户外运动市场的发展空间，加强品牌建设推广，持续提升产品竞争力，提升供应链的快速反应能力和销售运营的效率，为消费者提供优质的产品和服务，进一步提高市场占有率，夯实行业领先地位，为国内户外产业的高质量发展贡献力量（S1）。

探路者将芯片业务定位为致力于成为高品质显示领域的 IC 领军者，主要以 Mini/Micro LED 显示驱动 IC 产品、触控 IC 产品、智能装备为核心，不断提升芯片业务占比（S1）。

（1）结构耦合

探路者在 2022—2024 年进行了一系列结构调整和战略耦合，以优化公司运营、扩大市场份额，并加强在科技领域的布局。

第一，2021 年组织架构大幅优化调整。探路者对组织架构进行了重大调整，旨在提高运营效率和决策速度。这一调整涉及公司内部的管理层次、部门职能及运营流程的优化，以适应市场变化和公司发展的需要。同时，这一系列调整也带来了明显的成本控制效果，为公司进一步发展打下良好的基础。

第二，销售渠道的多元化。线上销售渠道：探路者加强了其线上销售渠道的建设，主要通过天猫、京东等第三方电商平台开设线上店铺，并积极运用直播带货、小程序等新兴销售方式，以吸引更多的消费者群体，增强线上市场的销售力度；线下销售渠道：探路者采取连锁经营模式，在全国范围内建立了直营店、加盟店和联营店组成的销售网点。这种建设线下销售网络的方式，不仅为消费者提供了更加直观的产品体验，也增强了品牌的市场渗透力（S1）。

第三，科技领域的战略布局。2023 年 5 月，探路者通过收购

G2 Touch，这是一家专注于 LCD/OLED 面板及触控芯片解决方案的 IC 设计公司。此举标志着探路者在其传统的户外装备制造业务之外，向科技领域进行了重要的战略扩张。通过这一收购，探路者不仅能够拓宽自身的产品线，增强产品的科技含量，还能够展示其对创新和可持续发展的长期投资（S1，P1）。

2022—2024 年，探路者通过组织架构的优化调整、销售渠道的多元化及对科技领域的战略布局，显著提升了公司的运营效率、市场竞争力和创新能力。这些举措不仅巩固了探路者在户外装备行业的领导地位，也为公司的长期发展和多元化战略打下了坚实的基础。

（2）资源协同

2022—2024 年，探路者通过资源协同的方式，积极探索和扩展其业务边界，加强品牌影响力，并推动企业创新和教育合作。

第一，跨界合作拓展户外文化，具体内容如下：

①与公益环保组织合作。探路者与公益环保组织猫盟合作，共同推出了以野生动物为主题的户外用品系列。这不仅提升了探路者产品的文化内涵，也展示了公司对环境保护和生物多样性的关注和承诺（P4，N4）。

②与服装品牌联名。探路者还与服装品牌 Teenie Weenie 合作，推出了露营系列的联名款产品。此次合作不仅丰富了探路者的产品线，也将户外露营文化与时尚元素相结合，吸引了更多年轻消费者的关注（P4）。

③与媒体及研究机构推出联名产品。探路者还与中国青年报、星球研究所等机构合作，推出了联名产品。这些合作拓宽了户外运动的文化认同，使户外用品的使用场景更加多样化，有效扩大了目

标消费群体（P4）。

④与中国电信合作。2022 年，探路者与中国电信签订合作协议，合作期间，双方将各自的技术进行融合，取长补短。探路者负责开发软件，并在服装中定制卫星定位终端，中国电信提供一定的卫星方面的技术协助，最终提高了产品的科技感和功能性（P4）。

⑤教育合作与企业创新。2024 年 6 月 29 日，清华大学经济管理学院的学生参观了探路者户外业务总部。2022—2024 年，通过跨界合作，如与教育合作等资源协同的方式，探路者不仅成功拓宽了户外用品的文化边界，丰富了产品线和使用场景，还吸引了更广泛的目标人群，有效扩大了潜在用户基础。同时，这些合作也加强了探路者在企业创新与人才培养方面的投入与实践，有助于提升公司的品牌影响力和行业竞争力（N4）。

（3）动态适配

第一，场景适配。2022—2024 年，探路者针对泛户外概念进行深化与推广，采取了如下场景适配策略，旨在更贴近年轻人的生活方式，以精致休闲风格深度捆绑目标群体，并传达出新的多元化潮流理念。

①产品线多样化。探路者不仅在传统户外装备和服饰上持续创新，还推出了更多贴合日常生活的产品，如户外休闲服饰、智能穿戴设备等。这些产品既满足了户外活动的功能性需求，又符合年轻人追求时尚、个性的消费心理，使得品牌能够覆盖用户的多种生活场景。

②场景化营销。探路者通过各种营销活动，如户外体验营、城市微探险活动、线上互动挑战等，构建了与消费者之间的情感连接。这些活动不仅为消费者提供了亲身体验产品的机会，也使品牌

能够更加深入地了解消费者的需求和喜好，从而进行更精准的产品开发和市场定位（M2）。

③跨界合作。探路者通过与不同领域的品牌进行跨界合作，如音乐、艺术、科技等，共同推出限定产品或活动，以此吸引更多年轻消费者的关注。这种跨界合作不仅丰富了探路者的品牌形象，也让消费者能够从不同的角度体验户外文化的魅力（P4）。

④强化社交媒体互动。探路者加大了在社交媒体平台上的互动力度，利用微博、微信、抖音等平台发布品牌资讯、用户体验故事、产品使用技巧等内容，鼓励用户分享自己的户外体验和产品使用心得（P4）。这种互动不仅拉近了探路者与消费者的距离，也为品牌带来了口碑效应，提升了品牌认知度和用户忠诚度。

⑤注重用户体验。在产品设计和服务上，探路者更加注重用户体验。通过收集用户反馈，不断优化产品功能和设计，提升产品的舒适性和实用性。同时，其还提供了优质的售后服务，以确保消费者的权益得到保障，这进一步增强了品牌的竞争力。

第二，逻辑主导适配。2022—2024 年，探路者通过科技研发与创新、标准制定、跨界合作与数字化转型、航天领域的拓展，以及重视用户体验与需求等多方面的努力，展现了其作为户外装备行业领军企业的强大实力和具有前瞻性的战略布局。通过这些逻辑主导适配的内容，探路者不仅巩固了自身的行业地位，也为未来的持续发展奠定了坚实的基础。

①科技研发与创新。探路者作为“科技冬奥”重点专项的联合实施方，积极参与冬季运动耐低温保障服装的关键技术研究与制备应用（S1）。这表明探路者将科技创新放在了战略发展的核心位置，通过研发高性能的冬季运动服装，其不仅提升了产品的市场竞

争力，也为北京冬奥会和冬残奥会提供了技术支持，展现了企业的社会责任感。

②标准制定。探路者参与起草和修订了 26 项国家标准和行业标准，包括主笔起草的《专业运动服装－滑雪服》（GB/T 41176—2021）国家标准（P4，S1）。这不仅展示了探路者在户外装备领域的专业性和权威性，也体现了其对行业发展趋势的深刻理解和引领能力。

③跨界合作与数字化转型。通过与百胜软件的合作，探路者构建了“从用户触达到工厂生产的全链条智能决策交易系统”暨探路者数字化 2.0 系统（S1）。这一举措标志着探路者在数字化转型上的深度布局，该系统不仅能优化探路者内部生产管理流程，提高效率，还能使探路者实现个性化定制和快速响应市场，从而更好地满足市场和消费者需求。

④航天领域的拓展。探路者为神舟十二号至神舟十六号航天任务提供服装装备，并参与相关航天服标准的制定，这一方面展现了探路者在高端技术服装领域的研发能力，另一方面也说明了探路者正在积极拓展其业务范围和品牌影响力，进入更多高科技领域（S1）。

⑤重视用户体验与需求。在进行产品研发和市场推广的过程中，探路者始终将用户需求放在首位，努力通过技术创新和产品优化来提升用户体验。无论是在户外运动装备领域，还是在日常休闲服饰领域，探路者都致力于通过科技手段，满足消费者的多元化需求。

（4）战略选择

第一，市场开拓。2022—2024 年，探路者针对市场开拓的策略包括了多个维度，旨在通过产品线拓展与技术创新、品牌力提升、文化与社区建设以及明星合作与年轻化市场拓展等手段，全面拓展市场并吸引更多消费者。

①产品线拓展与技术创新。除了原有的服装、鞋品、装备等上百个户外产品品种外，探路者还进军高科技领域，开展了驱动芯片设计、研发、芯片封装等新业务（S1）。此举标志着探路者从传统户外运动装备制造商转型为综合性科技创新企业，这不仅拓宽了产品和服务的范围，也提高了企业的技术含量和市场竞争力。

②品牌力提升。探路者深度融合品牌主张与品牌力，以户外运动为基础，不仅追求产品的高性能，也注重品牌文化的建设。其通过打造积极健康的生活社交圈，建立起良性的品牌交互模式，进一步提升品牌形象和消费者的品牌忠诚度。

③文化与社区建设。探路者通过组织和参与各种户外活动、运动赛事和社区交流活动，构建了一种积极向上的户外运动文化。这些活动不仅为户外爱好者提供了交流和体验的平台，也有效地将品牌理念传递给更广泛的群体，增加了品牌的社会影响力和认知度（S1，M2）。

④明星合作与年轻化市场拓展。借助与明星刘昊然的合作，探路者成功吸引了更多年轻消费者的注意（S1）。通过明星的高人气和影响力，探路者成功打破了户外运动与时尚潮流的界限，将品牌定位和形象年轻化，赋予了品牌在专业领域之外的全新感知，从而有效地拓宽了消费群体。

⑤跨界合作与市场多元化。探路者还通过与其他行业的品牌进行跨界合作，如科技、时尚、艺术等领域的合作，创造出独特的产品和市场营销活动，进一步丰富了品牌内涵，从而吸引更多元化的

消费者群体。

2022—2024 年，探路者通过产品线拓展和技术创新，提升了企业的核心竞争力；通过加强品牌建设和文化社区建设，提高了品牌的影响力和忠诚度；同时，通过明星合作和跨界合作，成功吸引和拓宽了消费者基础，特别是年轻消费群体。这些策略的综合运用，使探路者在市场上取得了显著的发展和成功。

第二，产品多样化与创新。2022—2024 年，探路者实施了一系列战略计划，旨在通过产品多样化、技术创新和市场拓展等手段，巩固和提升其在户外装备及新兴科技领域的市场地位。

①户外装备和功能性纺织品的创新。探路者在国际户外装备和功能性纺织品领域表现出色，至今已累计获得 84 项 ISPO 奖项，这说明其在国际上获得了高度认可。特别是在 2025 年春夏、2025 年、2026 年秋冬的 ISPO 流行趋势大奖评选中，探路者的 7 款面料分别获得五佳产品、十佳产品和精选产品的荣誉，这凸显了其在创新力和领导地位方面的实力。此外，探路者的创新设计在亚洲户外装备大奖中也得到了认可，其独特的冰淇淋防晒衣获得了优秀奖，证明了其在户外装备设计和技术应用方面的卓越成就。2024 年 1 月，探路者发布了 HIMX 系列中国梯冲锋衣，这是一系列专为户外探险者设计的专业装备，可在极端严酷的环境下使用，进一步强化了其在专业户外装备领域的地位。在技术创新方面，探路者推出了多功能防护科技、防水透湿科技、保暖科技、超清中底科技、鳄鱼仿生底纹以及防滑耐磨技术等。这些技术被应用在了其高端科技产品中，如大橘冲锋衣和 UPF100 + 冰淇淋防晒衣，受到了广大消费者的喜爱和追捧。

②科技创新与新业务拓展。极地仿生科技平台 2.0 及 AM

MiniLED 显示驱动芯片：2023 年5 月，在中关村活动上，探路者发布了自主研发的极地仿生科技平台 2.0 和多款 AM MiniLED 显示驱动芯片产品，展示了公司在科技创新领域的深入探索和成果。“户外业务 + 芯片业务”的双主业发展模式：探路者不仅保持其在户外装备领域的优势，还积极拓展新的业务领域，如驱动芯片设计、研发、芯片封装等，这一“两条腿走路”的双主业发展战略，有助于其打破业务增长的“天花板”，提升公司的盈利水平和市场竞争力。

③市场和品牌价值的提升。探路者被纳入 2022—2023 年度中国消费品市场高质量发展优秀品牌推荐名录，这标志着其产品和品牌价值在市场中获得了高度认可。

探路者在 2022—2024 年通过持续的产品创新、技术研发和市场拓展，不仅在传统的户外装备领域保持了其领先地位，同时在新兴科技领域也取得了显著的进展。通过这一系列战略举措，探路者成功地实现了产品多样化，提升了企业的整体竞争力和品牌影响力。

第三，社会责任、品牌形象与可持续发展。探路者在 2022—2024 年，通过一系列活动和项目，展现了其在社会责任、品牌形象建设以及可持续发展方面的积极努力和显著成就。

①促进航天事业的发展。探路者在支持中国航天事业方面表现出持续的承诺和重大贡献。多年来，探路者一直为中国航天员提供专门定制的舱内服装，与中国航天 · 太空创想品牌合作，于 2022 年推出了一系列联名产品。这些产品将航天尖端科技融入大众可使用的产品中，引领了“太空 × 机能”新风潮，使大众能够体验到航天科技的魅力。此外，探路者公司还专门研发和定制了“神舟十二号”“神舟十三号”“神舟十四号”等任务的航天员太空服，为中国航天员的太空任务提供了重要的技术和物资支持。尤其值得

一提的是，2023 年 5 月 30 日探路者公司为“神舟十六号”任务的成功完成提供了关键支持，再次彰显了其对国家重大科技项目的支持和贡献。通过这些活动，探路者不仅加强了自身在高科技领域的品牌形象，也展示了其对国家科技进步和航天事业的坚定支持。这些努力使探路者在户外装备行业中独树一帜，同时也为公众提供了接触和认识航天科技的机会。

②促进体育运动发展。2019 年探路者与中国西藏登山队的合作，以及 2023 年成为世界中学生冬季运动会中国代表团及单板滑雪项目的装备赞助商，都体现了探路者对体育事业的支持。探路者为 2022—2023 年跨年横穿塔克拉玛干沙漠探险活动、2023 年国家登山健身步道联赛总决赛提供全套服装装备，进一步推动了户外运动和探险活动的发展。在北京冬奥会和冬残奥会期间，探路者为相关项目提供了耐低温运动服装的技术核心、体育装备关键技术以及运动创伤机理和防护面料等相关产品原料和技术的研发基础，为奥运会运动员提供了坚实的后勤保障。此外，探路者研发的奥棉科技滑雪服符合国家对滑雪服的高标准要求，其采用纳米中空纤维作为保暖原料，既确保衣物轻便、保暖，又充分展示了其科技优势。

③环境保护与科学考察支持。为中国南极考察队提供极寒天气装备，连续 15 年保障中国科学考察队员的安全。举办探梦可可西里生态保护之旅及装备捐赠活动，体现了对环境保护的关注。社区支持与发展：作为 2023 年中关村论坛的服装合作伙伴，探路者为工作人员和志愿者提供了定制服装，体现了探路者对知识分享和科技交流的支持。探路者的活动和项目反映了其对可持续发展的承诺：环境友好型产品。为极端环境探险和科考任务提供装备，体现了在产品研发上的环境友好型设计理念。支持可持续发展的活动。

对生态保护之旅和科学考察等相关活动的支持，表明了探路者在促进环境保护和科学研究方面的努力。社区与社会的积极参与。通过支持体育、科技论坛和环境保护项目，探路者推动了社区的可持续发展和社会的进步。

综上所述，探路者在2022—2024年通过其项目和活动，不仅展示了其产品的高性能和创新，还积极履行社会责任，推动品牌形象的积极建设，同时致力于可持续发展的实践，为社会和环境的可持续发展作出了贡献。探路者“跨界融合能力—动态适配—战略选择”典型证据示例如表5－21所示。

表5－21　探路者“跨界融合能力—动态适配—战略选择”典型证据示例

聚合构念	二级主题	一阶概念	典型证据援引
跨界融合能力	结构耦合	组织架构	探路者在2021年大幅优化调整组织架构，公司成本控制效果明显（N4） 探路者的销售渠道主要由线上、线下两部分组成：线上主要通过在天猫、京东等第三方平台开设线上店铺，以及直播带货、小程序等方式销售；线下采用连锁经营的模式在全国建立网点，由直营店、加盟店、联营店三部分组成（P4） 探路者于2021年确定“芯片业务＋户外业务”双主业发展战略后，相继收购了北京芯能、G2 Touch公司，旨在布局下一代显示技术Mini/Micro LED技术和触控IC技术，芯片业务的定位是致力于成为高品质显示领域的IC领军者（S1） “两条腿走路”的双主业发展战略和方式，有助公司打破业务空间的“天花板”，提升公司盈利水平（S1）

续表

聚合构念	二级主题	一阶概念	典型证据援引
跨界融合能力			"户外业务 + 芯片业务"的双主业发展模式完成后，除了原有的服装、鞋品、装备等上百个户外产品品种以外，探路者又开展了一系列在驱动芯片设计、研发、芯片封装产品等领域的新业务
	资源协同	尝试户外文化的跨界	2021年，探路者与公益环保组织猫盟联名，打造了数款以野生动物为主题的产品。同时，还与服装品牌 Teenie Weenie 合作推出露营系列联名款产品。探路者还与中国青年报、星球研究所等推出联名产品，以在更广的范围内寻找户外运动的文化认同。由此，户外用品的文化边界被拓宽了，使用场景更广了，目标人群的范围也扩大了，企业得以寻找更多的潜在用户（M1）
		教育合作与企业创新	2024年6月29日，清华大学经济管理学院的学生参观探路者户外业务总部，这标志着探路者在企业创新和教育合作领域开始发力，这也成为其培育未来创新人才的一种方式（N4）
动态适配	场景适配	市场环境的适应	探路者提出泛户外概念恰逢其时，该概念可以贴近年轻人的精致休闲风格，逐渐深度捆绑目标群体，并传达出新的多元素潮流趋势。探路者深知品牌价值的传达，不能只以单一的输出为核心，而应从用户需求出发，追随用户情感，激发消费需求（M2） 探路者作为科技部国家重点研发计划"科技冬奥"重点专项"冬季运动与训练比赛高性能服装研发关键技术"项目的联合实施方，参与了"冬季运动耐低温保障服装关键技术研究与制备应

续表

聚合构念	二级主题	一阶概念	典型证据援引
动态适配	主导逻辑适配	战略合作伙伴关系	用”等多项重要课题任务，助力北京冬奥会和冬残奥会（S1） 探路者参与起草国家标准和行业标准 26 项。国内的冲锋衣、皮肤衣、户外登山鞋和滑雪服标准，都是由探路者主笔或联合修订（S1，P4） 探路者主笔起草了《专业运动服装 - 滑雪服》（GB/T 41176—2021）国家标准，进一步体现了其的研发实力和科技领军地位。该国标从 2022 年 7 月 1 日起正式实施（P4，S1） 探路者十多类服装装备为“神舟十二号”“神舟十三号”“神舟十四号”“神舟十五号”“神舟十六号”航天员遨游太空保驾护航，其还参与了相关航天服标准制定（S1） 2021 年 4 月，探路者与百胜软件再次携手，构建“从用户触达到工厂生产的全链条智能决策交易系统”暨探路者数字化 2.0 系统。本次合作的项目不仅利用了百胜软件 E3 + 企业中台产品进行开发，还基于百胜软件 DATAMAX 数据中台产品解决了复杂的多品类商品管理问题（P4，M2）
战略选择	“户外业务 + 芯片业务”双主业发展战略	市场拓展	除了原有的服装、鞋品、装备等上百个户外产品品种以外，探路者还开展了一系列在驱动芯片设计、研发、芯片封装产品等领域的新业务（S1）。探路者深度融合品牌主张与品牌力，以户外运动为基础，构建积极健康的生活社交圈，建立起良性的交互。借助刘昊然的明星效应进一步拓展年轻的消费群体，成功打破户外运动与时尚潮流的

续表

聚合构念	二级主题	一阶概念	典型证据援引
战略选择		产品多样化与创新	界限，赋予品牌在专业领域之外的新感知（S1）。 ISPO 奖项的连续获得：自 2014 年起，探路者在 10 年内共获得了 84 项 ISPO 奖项，显示了其产品在国际上的高度认可。特别是在 2025 年春夏、2025 年、2026 年秋冬的 ISPO 流行趋势大奖评选中，探路者有 7 款面料分别获得了五佳产品、十佳产品和精选产品的荣誉，这进一步证明了其在户外装备和功能性纺织品领域的创新力和领导地位（P4，S1） 探路者被纳入 2022—2023 年度中国消费品市场高质量发展优秀品牌推荐名录，这标志着其产品和品牌价值得到了市场的高度认可（M2，S1） 探路者冰淇淋防晒衣荣获亚洲户外装备大奖优秀奖，证实了探路者在户外装备创新设计和技术应用方面的卓越成就（M2） 2024 年 1 月，探路者发布 HIMX 系列中国梯冲锋衣为户外探险者提供更专业的装备，以面对世界各地极端严酷的环境挑战（S1） 2023 年 5 月，探路者在中关村“与创新同行，服务国家战略”成果发布会上，发布自主研发的极地仿生科技平台 2.0 和多款 AM MiniLED 显示驱动芯片产品（P4） 对中国航天的支持：自 2016 年起，探路者为中国航天员提供定制舱内服装，展现了其在高性能产品研发方面的实力。2023 年 5 月 30 日，探路者继续对中国载人航天事业进行支持，助力神舟十

续表

聚合构念	二级主题	一阶概念	典型证据援引
战略选择		社会责任、品牌形象与可持续发展	六号载人飞船发射成功，连续 8 年为中国航天事业贡献力量（S1） 2019 年，探路者与中国西藏登山队签约，成为其指定户外专业装备供应商，体现了探路者对登山运动的支持（S1） 2023 年 2 月，探路者成为世界中学生冬季运动会中国代表团及单板滑雪项目的装备赞助商，为中国代表团提供全套服装装备（S1，P4） 探路者为 2022—2023 年跨年横穿塔克拉玛干沙漠探险活动的探险队员提供了全套服装装备，确保了队员在极端环境下的安全（S1，P4） 2023 年，探路者为第 39 次中国南极考察队提供了多款极寒天气装备，保证了考察队员的安全。2023 年 11 月，第 40 次中国南极考察队出航，探路者连续 15 年为其贴身护航（S1，P4） 作为 2023 年中关村论坛的服装合作伙伴，探路者为工作人员和志愿者提供定制服装，助力论坛顺利进行（S1，P4） 2023 年 7 月 22 日，探路者为探梦可可西里生态保护之旅活动捐赠装备（S1，P4） 2023 年 12 月 24 日，探路者助力国家登山健身步道联赛总决赛（S1，P4）

资料来源：作者整理得到。

5.4.4 基于层次分析法（AHP）的探路者第二次跨界融合的绩效评价

本书采用层次分析法（AHP）评价跨界融合战略绩效，近年来该方法被广泛用于确定指标权重。该方法将定量分析方法和定性分析方法相结合，先用专家经验判断指标的相对重要程度，再计算权重，比较适合解决难以用定量方法应对的问题。运用层次分析法解决问题，大体可以分为以下步骤（见图5-2）。

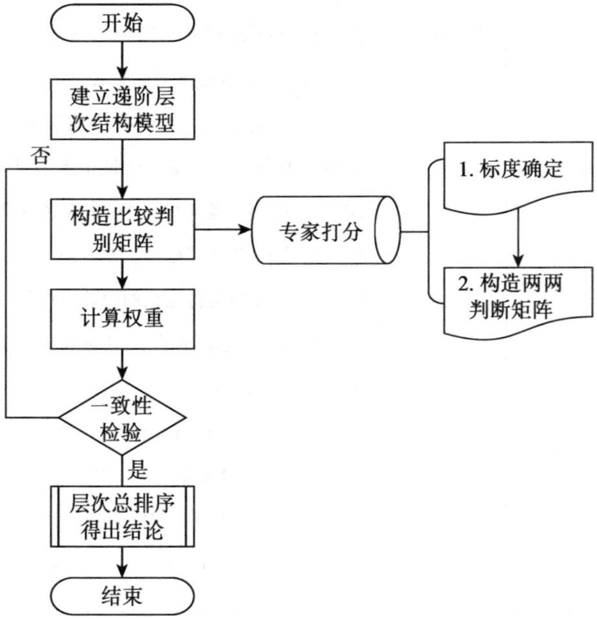

图5-2 层次分析法步骤

第一，建立递阶层次结构模型，具体如下：

①基于绩效棱柱模型确定目标层和准则层。绩效棱柱模型是一

种绩效评价方法，以利益相关者为划分对象，以利益相关者满意为出发点，以利益相关者贡献为落脚点，中间包括企业战略、业务流程、组织能力，如图5-3所示。

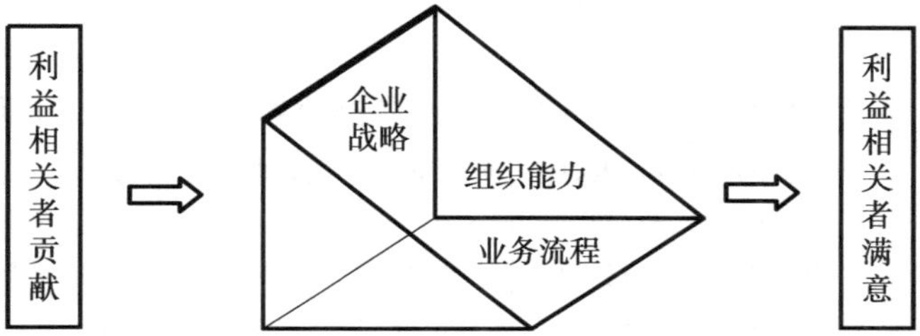

图5-3　绩效棱柱模型

绩效棱柱模型在本书的作用是基于公司的利益相关者构建评价体系的一级指标，针对探路者的具体情况以及参考相关文献，最终选取了6个群体作为目标层，分别是股东、债权人、供应商、客户、员工、政府，即目标层，将棱柱的五维度设为二级指标，即准则层。

②选择评价指标来确定指标层。基于公司为满足利益相关者的需求所需制定的战略、流程和应具备的能力，再结合利益相关者针对五个维度的具体理解和相关指标的反应程度，参考专家意见，查阅相关资料和文献，选取权重较大、影响较大的指标纳入本书绩效评价体系框架。鉴于绩效棱柱模型中涉及较多的非财务数据，而非财务数据的权重确定和绩效打分都存在较多的主观因素，为避免较多主观因素造成的数据误差太大，因此本书通过参考相关的文献，最终确定只在每个准则层下选取一个指标，选取的结果如表5-22所示。

表 5 - 22　　构建指标层指标

选取的指标	股东	债权人	供应商	客户	员工	政府
利益相关者满意	净资产收益率	现金流动负债比率	货款支付及时率	客户满意度	员工满意度	企业缴纳税金情况
企业战略	销售收入增长率	应付账款支付的及时性	优质供应商保持率	应收账款周转率	核心人才占比	社会责任承担
业务流程	市场拓展规模	收款的及时性	采购达成率	产品合格率	培训经费投入比	环保执行力度
组织能力	总资产周转率	监管部门信息反馈	合同执行成功率	售后服务能力	科研创新能力	公益参与度
利益相关者贡献	资产负债率	延迟还款时间	供应商产品质量	商品购买次数	工作完成合格度	政策性支持

资料来源：作者整理得到。

③建立递阶层次结构模型。递阶层次结构模型如图 5 - 4 所示。

第二，构造比较判别矩阵。层次分析法通过专家打分，确定各个指标之间的相对重要程度。此步骤包括两部分内容，分别是判断指标重要程度的标度确定，以及根据专家打分构造判断矩阵。

①标度确定。多位专家将各个指标进行相互比较后，使用一个判断值来表示相对重要程度，本案例使用 1—9 分标度法（最低为 1 分，最高为 9 分），取值说明如表 5 - 23 所示。

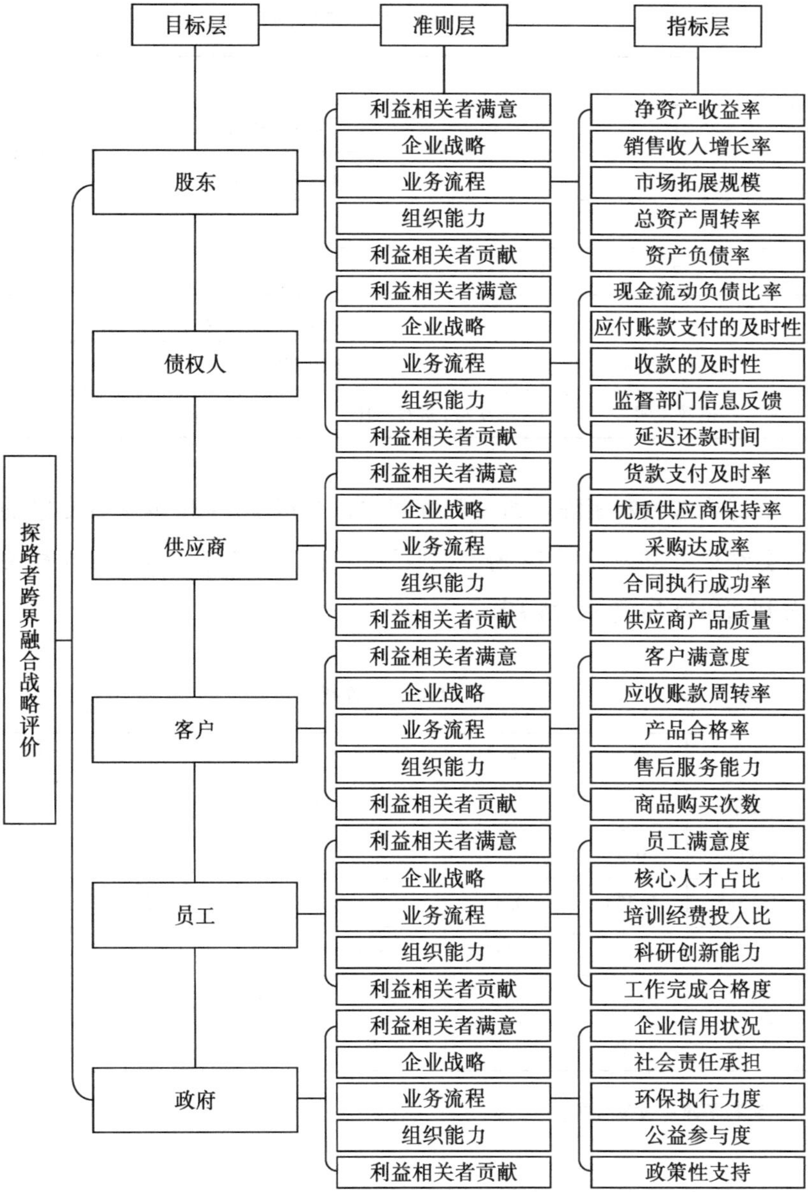

图5－4　递阶层次结构模型

表 5 – 23　　相对重要值等级

标度	含义
1	i 比 j 同样重要
3	i 比 j 稍微重要
5	i 比 j 明显重要
7	i 比 j 绝对重要
9	i 比 j 极端重要
2，4，6，8	对中间值进行比较
倒数说明	i 与 j 进行对比，若得到判断值 $i=2$，则 $j=1/2$

②构造判断矩阵。通过调查问卷，获得了 14 位本领域专家的打分结果（共发放了 14 份，回收了 14 份），最终构造的利益相关者判断矩阵如表 5 – 24 所示。

表 5 – 24　　利益相关者判断矩阵

指标	股东	债权人	供应商	客户	员工	政府
股东	1	2	3	2	4	4
债权人	0.5	1	2	3	4	2
供应商	0.333	0.5	1	3	2	4
客户	0.5	0.333	0.333	1	3	4
员工	0.25	0.25	0.5	0.333	1	3
政府	0.25	0.5	0.25	0.25	0.333	1

资料来源：问卷调查。

表 5 – 24 显示，债权人相比于股东来说，为 0.5 分；相反，股东相比于债权人来说，为 2 分。供应商相比于股东来说不太重要，

为0.3分；相反，股东相比于供应商来说比较重要，为3分。其余指标对相对重要程度的解读也类似。

通过上述调查问卷，得出该层次的矩阵，如表5-25所示。

表5-25 绩效棱柱五方面判断矩阵

指标	利益相关者满意	企业战略	业务流程	组织能力	利益相关者贡献
利益相关者满意	1	2	3	2	3
企业战略	0.5	1	2	0.5	4
业务流程	0.333	0.5	1	2	3
组织能力	0.5	2	0.5	1	2
利益相关者贡献	0.333	0.25	0.333	0.5	1

资料来源：作者分析计算得到。

第三，计算权重和一致性检验。采用SPSSPRO进行权重的计算。

①目标层—利益相关者。利益相关者AHP层次分析结果如表5-26所示。

表5-26 利益相关者AHP层次分析结果

指标	特征向量	权重值（%）	最大特征根	CI值
股东	2.402	33.235	6.609	0.122
债权人	1.698	23.501		
供应商	1.26	17.434		
客户	0.935	12.933		
员工	0.561	7.766		
政府	0.371	5.132		

资料来源：作者分析计算得到。

表 5－26 列示了股东、债权人、供应商、客户、员工的比重。同时，一致性检验结果最大特征值 $\alpha_{max}=6.609$，CI＝0.122，RI＝1.25，CR＝0.097＜0.1，可判定为通过。

②准则层—绩效棱柱五方面。通过层次分析法计算得到的结果如表 5－27 所示。

表 5－27　　绩效棱柱五方面 AHP 层次分析结果

指标	特征向量	权重值（%）	最大特征根	CI 值
利益相关者满意	2.048	36.426	5.442	0.11
企业战略	1.149	20.434		
业务流程	1	17.789		
组织能力	1	17.789		
利益相关者贡献	0.425	7.563		

资料来源：作者计算得到。

由此得出五个维度的比重，同时一致性检验结果显示，最大特征值 $\alpha_{max}=5.442$，CI＝0.11，RI＝1.11，CR＝0.099＜0.1，可判定为通过。

探路者跨界融合战略评价如图 5－5 所示。

第四，确定评价方案具体如下：

①基于功效系数法的探路者绩效综合得分。上文根据所列步骤确定了绩效评价体系的指标权重，本部分采用功效系数法计算绩效评价的综合评价分数。功效系数法就是将定量指标的实际值与期待值和最低值进行计算，最后采用功效系数公式测算出最终的分数。期待值和最低值的选取均根据国务院国资委发布的《企业绩效评价标准值（2020）》中的相关数据进行。该数据是根据我国各行业中各大企业的财务水平，规定了各个行业中绩效评估标准的优秀

目标层	准则层	指标层	权重
股东33.235%	利益相关者满意36.426%	净资产收益率	0.12109332
	企业战略20.434%	销售收入增长率	0.06790932
	业务流程17.789%	市场拓展规模	0.05913396
	组织能力17.789%	总资产周转率	0.05913396
	利益相关者贡献7.563%	资产负债率	0.02512944
债权人23.501%	利益相关者满意36.426%	现金流动负债比率	0.0856105
	企业战略20.434%	应付账款支付的及时性	0.0480105
	业务流程17.789%	收款的及时性	0.0418065
	组织能力17.789%	监督部门信息反馈	0.0418065
	利益相关者贡献7.563%	延迟还款时间	0.017766
供应商17.434%	利益相关者满意36.426%	货款支付及时率	0.06349749
	企业战略20.434%	优质供应商保持率	0.03560949
	业务流程17.789%	采购达成率	0.03100797
	组织能力17.789%	合同执行成功率	0.03100797
	利益相关者贡献7.563%	供应商产品质量	0.01317708
客户12.933%	利益相关者满意36.426%	客户满意度	0.04710399
	企业战略20.434%	应收账款周转率	0.02641599
	业务流程17.789%	产品合格率	0.02300247
	组织能力17.789%	售后服务能力	0.02300247
	利益相关者贡献7.563%	商品购买次数	0.00977508
员工7.766%	利益相关者满意36.426%	员工满意度	0.02830611
	企业战略20.434%	核心人才占比	0.01587411
	业务流程17.789%	培训经费投入比	0.01382283
	组织能力17.789%	科研创新能力	0.01382283
	利益相关者贡献7.563%	工作完成合格度	0.00587412
政府5.132%	利益相关者满意36.426%	企业信用状况	0.01868859
	企业战略20.434%	社会责任承担	0.01048059
	业务流程17.789%	环保执行力度	0.00912627
	组织能力17.789%	公益参与度	0.00912627
	利益相关者贡献7.563%	政策性支持	0.00387828

图 5 – 5　探路者跨界融合战略评价

资料来源：作者计算得出。

值、良好值、平均值、较低值以及较差值的具体数值。鉴于探路者属于纺织、服装类企业，本书是选取该标准值中的纺织、服装及日用品批发零售行业。本书将数据中的优秀值作为期待值，较差值作为最低值，运用功效函数的计算公式对上文中罗列的定量指标进行测算，得到最终评价分数。

本书以探路者2021年的财务数据以及内部资料作为计算依据，并参照《企业绩效评价标准（2020)》的相关数据进行计算，其计算公式为：

$$评价分数 = \frac{实际值 - 最低值}{期待值 - 最低值} \times 40 + 60 \qquad (5-11)$$

例如，探路者净资产收益率的报表数值为2.55，而《企业绩效评价标准（2020)》中资产收益率的最低值是-1.6，期待值是其优秀值，为11.7，则代入公式计算得出资产收益率的评价分数是72.48。由于篇幅有限，其他的定量指标计算过程不再一一罗列。

通过查询国泰安数据库，找出定量指标，通过功效系数法计算相应结果，结合前文层次分析法得出的权重，具体结果如表5-28所示。

表5-28　　　　绩效评价综合得分

目标层	准则层	指标层	权重	得分	权重×分数
股东	利益相关者满意	净资产收益率	0.12109332	72.48	8.776843834
	企业战略	销售收入增长率	0.06790932	83.322	5.658340361
	业务流程	市场拓展规模	0.05913396	80	4.7307168
	组织能力	总资产周转率	0.05913396	66.032	3.904733647
	利益相关者贡献	资产负债率	0.02512944	84	2.11087296

续表

目标层	准则层	指标层	权重	得分	权重×分数
债权人	利益相关者满意	现金流动负债比率	0.0856105	77.48	6.63310154
	企业战略	应付账款支付的及时性	0.0480105	65	3.1206825
	业务流程	收款的及时性	0.0418065	73	3.0518745
	组织能力	监管部门信息反馈	0.0418065	69	2.8846485
	利益相关者贡献	延迟还款时间	0.017766	76	1.350216
供应商	利益相关者满意	货款支付及时率	0.06349749	70	4.4448243
	企业战略	优质供应商保持率	0.03560949	59	2.10095991
	业务流程	采购达成率	0.03100797	63.2	1.959703704
	组织能力	合同执行成功率	0.03100797	52	1.61241444
	利益相关者贡献	供应商产品质量	0.01317708	71	0.93557268
客户	利益相关者满意	客户满意度	0.04710399	80	3.7683192
	企业战略	应收账款周转率	0.02641599	62.62	1.654169294
	业务流程	产品合格率	0.02300247	75	1.72518525
	组织能力	售后服务能力	0.02300247	73	1.67918031
	利益相关者贡献	商品购买次数	0.00977508	66	0.64515528
员工	利益相关者满意	员工满意度	0.02830611	79	2.23618269
	企业战略	核心人才占比	0.01587411	81	1.28580291
	业务流程	培训经费投入比	0.01382283	73	1.00906659
	组织能力	科研创新能力	0.01382283	85	1.17494055
	利益相关者贡献	工作完成合格度	0.00587412	79	0.46405548
政府	利益相关者满意	企业信用状况	0.01868859	74	1.38295566
	企业战略	社会责任承担	0.01048059	82	0.85940838
	业务流程	环保执行力度	0.00912627	76	0.69359652
	组织能力	公益参与度	0.00912627	81	0.73922787
	利益相关者贡献	政策性支持	0.00387828	65	0.2520882

资料来源：作者计算得到。

②定性指标评价标准。通过相关文献研究发现，定性指标一般

情况下是由相关专业人士通过自身学识、能力、经验等对考核指标作出的主观判断。本书定性指标的评价分数是由体育行业相关公司通过问卷调查的形式对该公司的相关评价指标进行打分，最后选取回收105份问卷数据中的众数作为该指标的评价分数。在问卷设置打分中，参考相关文献，选择如表5－29列示的定性指标评价等级的打分标准。其中，A级的绩效评价是优秀，E级的绩效评价是较差。

表5－29　定性指标评价等级

评分级别	A	B	C	D	E
得分区间	[100－80)	[80－60)	[60－40)	[40－20)	[20－0)

③小结。根据每个指标的得分，得出探路者的总得分为72.845，属于B级（良好）。这说明其采取跨界融合战略产生了较为乐观的效果，股东、债权人、供应商的整体得分比其他利益相关者得分高，说明探路者与股东、债权者、供应商三者都有较好的沟通和稳定的合作，达到了长期稳定状态，但是从客户、员工以及政府的整体得分来看，公司运营还存在较大的问题，因此，探路者虽然整体情况属于上升趋势，但仍存在一定的问题需要解决。

④分析及建议。针对探路者在跨界融合中遇到的问题，可以从多个角度进行深入分析，并提出具有针对性的改进措施。以下是基于客户、员工以及政府三个主要利益相关者的评价，进行的分析和改进建议。

首先，客户视角。问题分析：可能存在某个产品或服务未能满足客户期望的问题。客户服务可能存在不足，如响应速度慢，解决问题能力弱。跨界产品的市场定位可能不明确或不符合目标客户群的需求。改进措施：一是加强市场调研。定期进行市场调研，深入了解客户需求和偏好的变化，及时调整产品特性。二是优化客户服务。建立更高效的客户服务体系，提高服务响应速度和问题解决能力。三是明晰市场定位。明确跨界产品的市场定位，确保营销信息和产品特性符合目标客户群的期望。

其次，员工视角。问题分析：员工可能对跨界融合的理解不足，抵触新的工作方式和文化。缺乏足够的培训支持，导致员工难以适应新的技术或工作流程。内部沟通可能存在障碍，导致信息不畅和团队合作效率低下。改进措施：一是加强内部培训。为员工提供具有针对性的跨界技能和知识培训，增强其跨界工作的能力和信心。二是改善内部沟通机制。优化内部沟通机制，如定期举行跨部门会议，使用高效的沟通工具等。三是文化整合活动。举办企业文化融合活动，如团建、工作坊等，加强不同背景员工之间的理解和协作。

最后，政府视角。问题分析：可能存在合规性问题，如未能完全遵守特定行业的法规要求。对政府政策变化的响应不够及时，导致面临政策风险。社会责任表现不佳，影响政府及公众的评价。改进措施：一是加强法律法规合规性。建立专门的合规团队，负责监控和确保所有业务活动符合相关法律法规。二是密切关注政策变动。设立政策监测机制，及时调整公司策略以应对政策变化。三是提升社会责任感。加大对社会责任项目的投入，如环保、公益活动等，从而提升企业形象和社会评价。

通过上述措施的实施，可以有效地解决探路者在跨界融合中遇到的问题，从而提升整体的融合绩效，增强公司的竞争力和市场地位。

5.4.5 跨界融合的讨论

本书采用纵向单案例研究的方法，以探路者作为案例企业，基于“能力建构—动态适配—战略选择”的视角，分析了两次跨界融合在探路者的实施过程和实现机理及路径。本书的主要研究结论如下。

第一，在技术不断迭代与升级的背景下，企业可充分利用这些技术变革来构建适应环境的动态能力。在传统技术向新兴技术过渡的关键时期，随着产业发展，涌现了大量的新业态和新模式。这些变化主要得益于互联网和数字技术的广泛应用，这些技术不仅重新定义了商业模式和管理决策，也重新塑造了生产组织流程和产品与服务的提供方式，同时促使制造业企业实现了从以产品为中心到以服务为中心的根本转变。这个转变反映了制造业企业通过不断的技术创新和能力提升，以及根据不同的生产和服务场景进行动态适配的过程。

表 5-30 按照时间顺序概述了技术引入与技术层面的发展及企业能力的变化。这个过程不仅体现了探路者如何适应和引领技术发展的趋势，也显示了其在不断变化的市场中如何通过技术和服务创新来维持和增强其竞争力。

表 5-30　　技术引入与技术层面的发展及企业能力的变化

序号	时间	技术引入与技术层面	企业能力
1	1999—2004 年	基础的计算机技术和简单的在线工具，初步建立信息化基础	专注于传统制造能力和初级市场拓展

续表

序号	时间	技术引入与技术层面	企业能力
2	2005—2009 年	引入 ERP 系统和更复杂的数据管理工具，开始实现生产自动化	提升供应链管理和生产调度的效率，初步实现数据驱动的决策
3	2010—2014 年	大数据、云计算的引入，积极利用社交媒体和电子商务平台	加强市场和客户数据分析，优化产品设计和市场定位
4	2015—2019 年	物联网和人工智能技术的应用，推动智能制造和产品的智能化	提供个性化和高附加值的服务，如远程监控、预测性维护等
5	2020—2024 年	5G、区块链技术的应用，提高操作效率和数据安全	构建全方位服务生态系统，向综合解决方案提供者转变

资料来源：作者整理得到。

第二，在当前的工业环境中，数字技术的快速发展正推动传统制造业向更智能、更互联的方向转变。这种转变不仅涉及生产方式的变革，还涉及企业如何通过新的价值主张和生态系统赋能来创造和捕捉价值。以下是这种转变中的几个关键方面：

①数字技术和工业互联网平台。工业互联网平台利用先进的数字技术（如大数据、云计算、物联网、人工智能等）来集成和优化制造资源。这些平台能够实时收集和分析来自生产线的大量数据，从而实现更高效、更灵活的生产，这是数据驱动型生产方式的核心。通过这种方式，企业能够实现更精细的生产控制，预测维护，以及产品质量的持续改进。

②企业间的竞合关系。随着数字化转型的深入，企业之间的关

系也在发生变化。传统的竞争关系逐渐转向“竞合”（即竞争与合作并存）的关系。企业不再是单打独斗，而是通过构建合作网络，共享资源和能力，共同开发新技术和市场。在这种模式下，企业可以通过合作加速创新，降低风险，提高市场响应速度。

③新价值主张和生态赋能。在数字化的推动下，制造企业的价值创造方式也在发生转变，即从依赖单一的产品或服务销售转向提供综合解决方案和赋能生态系统。这种新的价值主张强调不仅要提供物理产品，还要提供与之相关的数据服务、平台支持和系统解决方案。

④链接、赋能和依附的价值创造新路径。在这个新的价值创造路径中，链接、赋能和依附是三个核心特征。链接：通过数字技术连接不同的设备、系统和企业，实现信息的无缝流动和资源的最优配置。赋能：通过共享技术、知识和数据，赋能合作伙伴和客户，增强整个生态系统的创新能力和竞争力。依附：企业的产品和服务越来越依赖于生态系统中的其他参与者。

这种基于数字技术的新价值创造路径不仅改变了制造业的运作模式，也为企业带来了新的增长机会和竞争优势。通过精确地理解市场需求和快速地适应技术变革，企业可以在这个新的生态系统中找到自己的位置并成功转型。

第三，探路者两次跨界融合和其对企业外部环境变化的适应，反映了企业在面对动态竞争环境时，必须进行深刻的战略和组织变革，具体如下：

①商业模式的创新。在一个快速变化的环境中，制造企业的首要任务是重新思考并定义其商业模式。新的商业模式需要围绕创造和提供新价值主张展开。这通常意味着不仅包括产品和服务的创

新，还包括客户关系、收入来源，以及价值链的重新配置。例如，从单一的产品提供商转变为提供综合解决方案的服务商。这种变革虽然起始于组织内部优化过程，但其最终目的是更好地适应和影响外部环境。

②决策与生产流程的重构。为了适应新的商业模式和外部环境，制造业企业必须重新构建管理决策和生产流程。这包括采用数据驱动的决策方式，利用大数据和人工智能技术提高决策的速度和精准度。同时，生产流程也需要向更加灵活和模块化的方向发展，以快速响应市场变化和满足个性化需求。这些变革有助于企业减少资源浪费，提高操作效率，并增强市场竞争力。

③生态圈的构建与赋能。随着制造业向服务和解决方案提供商的转变，企业越来越依赖于广泛的产业生态圈。在这个生态圈中，核心企业可构建非线性的连接网络，该网络不仅能够连接各种资源、技术和知识，还能够通过赋能其他参与者，推动整个生态圈的结构性优化。这种生态圈策略不仅有助于企业获取更多的创新和协同效应，也使企业能够在更广泛的系统中创造和捕获价值。

第四，虽然跨界融合能带来创新和增长的机会，但同时也伴随着诸多风险。以下详细介绍跨界融合的主要风险以及相应的防范措施：

①文化融合风险。风险描述：跨界融合通常涉及不同企业文化的结合。如果企业文化差异较大，可能导致内部沟通不畅、员工抵触变革等问题。防范措施：在融合前进行详细的文化评估，以识别潜在的文化冲突，并设计适配策略；采用渐进式的方法让员工逐步适应新的企业文化，如通过交流会、团队建设等活动增强团队凝聚力。

②技术整合风险。风险描述：不同行业的技术标准和操作流程可能不同，技术整合不当可能导致操作效率低下，甚至技术故障。防范措施：在融合前进行深入的技术评估，以确保不同技术平台的兼容性；聘请跨界技术专家指导整合过程，以确保技术整合的顺利进行。

③市场适应风险。风险描述：跨界产品可能难以满足新市场的需求，导致市场接受度低。防范措施：在产品开发前进行充分的市场研究，了解目标市场的具体需求和偏好；在产品开发过程中引入潜在用户，获取反馈并及时调整产品设计。

④法律与合规风险。风险描述：跨界经营可能涉及多个行业的法律法规，容易引发合规问题。防范措施：聘请专业的法律顾问，提前了解和准备应对不同行业的法规要求；设立合规监控机制，确保企业运营始终符合相关法律法规要求。

⑤管理复杂性增加。风险描述：跨界融合增加了管理的复杂性，可能导致决策效率下降和管理成本上升。防范措施：设计清晰、有效的组织架构和管理流程，以确保管理的高效性；对管理团队进行跨界管理培训，提升其跨领域决策和协调能力。

通过上述措施，可以有效地降低跨界融合的风险，帮助企业在保持竞争优势的同时，实现稳健的增长。

第 6 章

数字生态系统的构建与价值共创

数字平台生态系统是建立在行为主体与系统内外其他行动主体相互依赖的基础上，其不仅需要通过有效地设计价值创造过程以开发并传递独特且新颖的价值，还需要培育价值共创环境以吸引参与者进入，汇集来自平台赞助商和第三方等互补者的资源，促进参与者间的价值合作（塞卡尼奥里等，2012；帕尼科、森纳莫，2022）。

本书融合了“数字技术发展”“价值共创逻辑”以及“价值创造路径”三个关键方面，构建了一个全面的“价值共创”框架。在这一框架中，价值创造的路径被细分为以下四个核心阶段。

第一，关键核心技术的突破：强调技术革新在推动企业持续成长和竞争力提升中的基础作用。

第二，组织身份的塑造：指出建立鲜明的企业文化和品牌形象对于增强内部凝聚力和外部市场影响力的重要性。

第三，资源的有效编排：讨论如何高效配置和利用企业内外部资源，以支撑企业战略的实施和业务的扩展。

第四，数字平台生态系统的构建：通过建立开放和互联的数字平台，促进资源共享，强化平台与各方合作伙伴的协同效应，以实现价值最大化。

本章进一步探讨价值共创的演进过程，从交互式价值共创

（直接与消费者或合作伙伴互动），到赋能式价值共创（提供资源和平台以增强他人的创造能力），再到开放式价值共创（创建一个开放的创新环境，鼓励外部创新的参与）。这一演变过程不仅展示了企业如何通过不断整合新的技术和适应市场变化来推动创新，也强调了在现代商业环境中，与广泛的利益相关者进行深入合作的重要性。

6.1 积累技术和品牌资源阶段（1999—2011 年）

6.1.1 数字技术发展

1999—2011 年，互联网基础设施逐渐成熟、智能手机开始兴起以及社交媒体平台初步形成，这些都是构建当时数字生态系统的关键因素。

（1）互联网的普及和宽带技术的发展

1999—2010 年，全球互联网用户数量激增。据统计，2000 年全球互联网用户约为 3.67 亿人，到 2010 年这一数字增长至近 20 亿人。宽带技术的普及使得高速互联网成为可能，极大地推动了在线内容消费和数字服务的增长。

（2）搜索引擎和信息聚合

谷歌在 1998 年成立后，迅速成为全球最主要的搜索引擎，对信息检索和网络内容的组织方式产生了重大影响。它通过算法优化，提供了更加相关性和个性化的搜索结果，极大地改善了用户体验。

（3）电子商务平台的兴起

亚马逊和 eBay 等电子商务平台在这一时期实现了显著的增长。亚马逊从书籍销售扩展到了全品类零售，而 eBay 则巩固了其在线拍卖和 C2C 市场中的地位。这些平台的发展不仅改变了消费者的购物习惯，也推动了全球电商的兴起。

（4）社交媒体平台的初步形成

Facebook 于 2004 年上线后，迅速成为全球最大的社交网络平台之一。Twitter 和 LinkedIn 也在这一时期成立，这些社交媒体平台改变了人们的交流方式和信息分享渠道。

（5）移动技术的革命

2007 年，苹果推出了第一代 iPhone，标志着智能手机时代的开始。智能手机的普及使得移动互联网成为可能，为移动应用和服务创造了巨大市场。这一变化促使许多公司开始转向移动优先策略。

（6）内容分发网络（CDN）和云计算服务的兴起

随着在线内容消费规模的增加，对于更快的内容传输需求也相应增加。Akamai 等 CDN 服务商提供了解决方案，优化了全球数据传输。同时，云计算服务，如 Amazon Web Services 的推出，为企业提供了弹性的计算资源，降低了 IT 成本，并促进了创新。

（7）数据安全和隐私问题的关注

随着数字平台的兴起，数据安全和隐私问题逐渐成为公众和政策制定者关注的焦点。这一时期内，多项法律和规章开始实施，旨在保护个人信息和增强网络安全。

（8）广告技术的发展

数字广告平台，尤其是基于程序化购买和行为定向的广告技术，在这一时期得到了极大的发展。这改变了广告行业的运作方式，使广告推送更加个性化和精准化。

这一时期的技术进步和市场变化为之后的数字经济的发展奠定了坚实的基础，并对社会的各个方面产生了深远的影响。

6.1.2 产品主导逻辑

（1）产品主导逻辑概念

产品主导逻辑（Product - Dominant Logic，PDL）是一个营销和商业战略理论，强调产品的中心地位在价值创造和交换过程中的重要性。这一概念与服务主导逻辑（Service - Dominant Logic，SDL）形成对比，后者更强调服务、关系和顾客参与在价值创造中的作用。

（2）产品主导逻辑特点

产品主导逻辑的主要特点包括：①产品中心性。将产品本身的设计、功能和质量作为价值提供的核心。②标准化生产。侧重于大规模生产和效率，以及通过标准化产品满足市场的广泛需求。③价值预设。认为产品的价值是由企业在生产过程中预先定义和嵌入的。④交易焦点。注重产品销售的交易过程，把产品视为价值交换的媒介。⑤消费者为被动接受者。在这一逻辑下，消费者通常被视为价值的接受者，而非共创者。

（3）产品主导逻辑核心内容

产品主导逻辑的核心内容包括：①产品开发。企业投入大量资源用于研发，以确保产品在技术和功能上的优越性。②价值传递。通过有效的供应链管理和分销策略，确保产品能够高效、广泛地达到消费者手中。③市场定位。通过市场研究确定产品的目标市场和消费者群体，采取相应的营销策略以最大化覆盖和影响消费者群体。④品牌管理。构建强大的品牌来支持产品销售，通过广告和促销活动增强品牌知名度和形象。

（4）产品主导逻辑局限

尽管产品主导逻辑在很多情况下是有效的，但它也存在以下局限：①忽视服务和体验的重要性。在当前的消费环境中，顾客体验和附加服务越来越成为区分企业的关键因素。②缺乏顾客参与。充分利用顾客在产品开发和改进中的潜在贡献。③创新局限。重产品功能和质量可能导致企业忽视业务模式和市场创新的可能性。④可持续性问题。产品主导逻辑可能导致过度消费和资源浪费，与当前推崇的可持续发展理念相悖。

（5）探路者产品主导逻辑的轨迹

探路者成立于1999年，最初是一家专注于户外装备与运动产品的公司。在其发展的早期阶段，探路者采取了典型的产品主导逻辑。然而，随着市场环境的变化和企业战略的调整，探路者逐渐向服务主导逻辑转变。

第一，初期阶段：产品主导逻辑（1999—2004年）。探路者最初专注于设计和生产高质量的户外装备，如帐篷、背包和户外服装等。企业的核心竞争力在于其产品的功能性和耐用性，这一时期的主要目标是通过生产优质的产品来满足户外运动爱好者的需求。其特点表现在注重产品的耐用性和实用性，以及能够适应各种户外环境；大规模生产以降低成本，提高市场竞争力；通过广告和促销活动来推广其产品的优越性和品牌形象。

第二，转变阶段：向服务主导逻辑的探索（2005—2008年）。

随着市场竞争的加剧和消费者需求的多样化，探路者开始意识到仅靠产品优势难以持续保持市场领导地位。其开始增加服务元素，如提供定制服务、增加顾客参与等。其特点表现在引入顾客反馈机制，以调整和改进产品设计；提供如产品保养、修理服务等后续服务，增强顾客满意度和忠诚度；针对不同的户外活动类型和消费者需求，开发更加专业化的产品线。

第三，成熟阶段：服务主导逻辑的完全实施（2009—2011年）。到了2009年，探路者已经从一家以产品为中心的公司转变为一家重视服务和顾客体验的公司。其在提供高质量产品的同时，还增加了多样化的服务和顾客互动，如组织户外活动、提供专业培训等。其特点表现在销售产品，提供完整的户外运动解决方案，包括活动策划、路线指导等；通过会员制度、定期的顾客活动和反馈收集，建立和维护长期顾客关系；搭建线上和线下的户外运动爱好者社区，增强品牌的黏性和影响力。

通过这一转变，探路者不仅增强了其市场竞争力，还更好地满足了消费者对于产品以外服务的需求，从而在复杂多变的市场环境中保持持续的成长和创新。这一过程在现代商业环境中也适用，即企业需要不断调整和优化其业务模式以适应市场和消费者需求的变化。

6.1.3 价值创造的路径

（1）关键核心技术突破

第一，产品标准化与技术工艺创新（2001年）。探路者在2001年制定了国内首个旅行帐篷技术工艺标准，这一标准后来被认定为行业标准。这标志着探路者不仅在产品设计上走在了行业前列，还在技术规范和质量控制上起到了标杆作用。通过这一举措，探路者确立了其在户外用品领域的技术先导地位，推动了整个行业的技术进步和标准化。

第二，研发中心的建设与创新成果（2008 年）。2008 年，探路者建设了国内户外用品业规模最大、创新能力最强的研发中心。这个研发中心不仅加速了新产品的开发，也提升了产品的技术含量和创新性。同年，探路者设计的三项产品荣获“红星奖”，这是国内最具权威性的工业设计大奖，充分证明了探路者在产品设计和技术创新方面的卓越能力。

第三，产品线的多元化扩展。从 1999 年起，探路者开始将产品线从单一的户外帐篷扩展到睡袋、背包等其他户外露营用品，到了 21 世纪第一个十年中期和后期，探路者的产品线进一步拓展至户外服装和鞋品。这一扩展不仅增强了其市场竞争力，也满足了消费者对一站式购买户外装备的需求。此后，探路者产品涵盖了户外服装、户外功能鞋和户外装备三大系列，包括冲锋衣、滑雪装、速干服、登山鞋、徒步鞋等。

第四，建立行业领先的研发基地（2010 年）。2010 年，探路者再次升级其研发设施，建立了当时国内户外行业最大规模的研发中心。这一设施的建立进一步强化了探路者在户外装备研发领域的领先地位，为其持续的技术创新和产品优化提供了强大的支持。

综上所述，探路者在 1999—2011 年通过不断的技术创新和研发投入，不仅提升了自身产品的技术水平和市场竞争力，同时推动了整个中国户外用品行业的发展。通过建立行业标准、扩展产品线、增强研发能力和获得设计奖项，探路者成功地将自身定位为行业的技术先锋和市场领导者。这些成就不仅展示了其技术实力，也反映了其对市场需求和行业趋势的深刻理解。

（2）组织身份——多维度身份建构者

1999—2010 年，探路者通过其多元化的商业合作和社会贡献，成功塑造了一个多维度的组织身份，体现了价值共创的战略方向。

第一，行业标准制定者。探路者通过制定帐篷生产企业标准，不仅提升了自身产品的质量和技术水平，同时也推动了整个户外用品行业的标准化和规范化。这种行为展示了探路者作为行业领导者的身份，其在引领行业发展，提高整个行业的技术和质量标准方面作出了贡献。

第二，国家与国际活动的合作伙伴。探路者成为北京 2008 年奥运会的特许生产商，以及中国南北极考察队的独家合作伙伴，这些合作都显著提升了其品牌的知名度和影响力。上述合作不仅为探路者提供了展示其产品质量和技术的舞台，也彰显了其作为国家活动支持者的重要角色，增强了品牌的公信力和市场认可度。

第三，社会责任的承担者。2008 年汶川地震后，探路者被授予“抗震救灾先进集体”称号，这体现了其在积极承担社会责任。通过对灾区的支持和救援，探路者不仅展示了企业的社会价值，也构建了与社会和消费者的深厚联系。

第四，科技探索的支持者。探路者为“神舟七号”航天任务的相关人员提供户外服装及装备，显示了其在支持国家航天事业中的积极角色。这种合作不仅强化了探路者技术创新者的形象，也体现了其产品的高标准和高质量。

综上所述，探路者在 1999—2010 年通过与不同领域合作、积极参与社会公益活动以及推动行业标准制定，成功塑造了一个多维度的组织身份。这些活动不仅帮助探路者在国内外市场中建立了强大的品牌影响力，也促进了其业务的持续增长和行业地位的稳固。通过这样的策略，探路者实现了与消费者、社会以及合作伙伴的价值共创，增强了企业的核心竞争力并丰富了其品牌价值。

（3）资源编排—资源建构

在价值共创的过程中，资源编排（Resource Orchestration）是一个关键概念，它涉及如何有效地管理、配置和利用组织内部和外部的资源，以创造最大的价值。这个过程不是资源的简单管理，而是更加动态和创造性地利用资源来达到组织的战略目标。资源编排使企业能够更有效地利用手头的资源，创造出更大的市场价值和竞争优势。这种策略的实施有助于企业在复杂多变的市场环境中保持灵活性和应变能力，同时促进持续的增长和创新。

探路者作为户外用品行业的领先企业，在1999—2010年通过一系列战略的实践，有效地推动了其业务和品牌的发展。这些战略可以从内部建构和外部链接两个方面进行分析和整理。

第一，内部建构，具体如下：

①技术与产品创新。探路者在2008年建立了当时国内规模最大的户外用品研发中心，这显著提升了其产品创新能力，并巩固了其技术领导地位。产品线的多元化：探路者产品从基本的户外装备，如帐篷、睡袋扩展到户外服装及鞋品，满足了不同消费者的需求，这体现了其在产品开发上的广泛覆盖。

②市场多样化与消费者需求的满足。探路者通过不断的产品创新，如极地仿生科技平台1.0的建立，以及产品线的多样化，有效地回应了市场和消费者的多变需求。这种对市场需求的敏感性和快速响应加强了其在竞争激烈的市场中的地位。

③品牌建设。通过参与国际和国内重要事件（如奥运会），探路者不仅增强了品牌的可见度，还通过高性能的产品验证，提升了品牌形象。

第二，外部链接，具体如下：

①行业标准的制定与话语权的获取。探路者在 2001 年制定了国内首个旅行帐篷技术工艺标准，该标准后来被认定为行业标准，通过这种方式，探路者不仅确立了其技术先导地位，也影响了整个行业的发展方向。承担行业标准制定者的角色，增强了探路者在国际相关领域的话语权，为其吸引外部生态伙伴资源奠定了基础。

②战略合作伙伴的选择。探路者与中国南北极考察队达成独家合作及成为 2008 年北京奥运会特许生产商，展示了其在选择战略合作伙伴方面的灵活性和远见。这些合作不仅提升了其品牌的知名度，也为其产品提供了高性能验证的平台。

通过内部建构和外部链接战略的实施，探路者在技术创新、市场多样化、品牌建设和行业标准制定等方面发挥了关键作用。这些战略不仅加强了其在技术和市场中的领导地位，也为其长期发展打下了坚实的基础。

（4）基于明星产品的数字平台生态系统

探路者成立于 1999 年，是中国户外运动装备行业的先行者之一。在其发展的初期，探路者便致力于构建一个以户外运动装备为核心的平台生态系统，此平台不仅改善了 B 端商家和 C 端消费者的体验，还推动了整个户外运动文化的普及和发展。

第一，能力构建，具体如下：

①平台核心能力的建设。探路者在成立之初，就明确了其业务模式——以自主研发和设计为核心，再结合销售。公司投入大量资

源在产品开发和技术创新上，如开发适合中国人体型的户外服装，以及适应中国各类户外环境的装备。此外，探路者还建立了严格的质量控制系统，以确保产品的高标准和高性能。

②价值链整合能力。探路者在扩展其业务时，不局限于自身的生产和销售，还积极整合上下游资源。例如，与供应商建立长期合作关系，优化供应链管理，降低成本，提高效率。同时，探路者还与多家户外活动组织机构和旅行社合作，共同推广户外运动，扩大市场需求。

③技术创新能力。探路者投入资源进行户外产品的技术研发，如使用新型材料和技术改进户外装备的功能性和舒适性。这一点在其产品中得到了体现，如采用防水透气材料的服装，以及轻便且耐用的登山包等。

④环境感知能力。探路者在市场研究方面展现了其敏锐的商业嗅觉，即能够及时捕捉户外运动市场的发展趋势和消费者需求的变化。这使得其能够快速响应市场，调整产品线和营销策略。

⑤机会把握与创造转化。探路者通过参与和支持户外运动活动，如登山、徒步等，不仅增强了品牌的知名度和影响力，还推动了户外运动文化的发展。通过这些活动，探路者能够直接与消费者互动、收集反馈，用以进一步优化产品和服务。

通过上述措施，探路者不仅促进了其业务的增长，还帮助形成了一个健康的户外运动生态系统，增强了 B 端商家和 C 端消费者的体验，推动了整个行业的发展。这种以平台为核心，积极整合各方资源，共同创造价值的模式，是探路者在市场中获得成功的关键因素之一。

第二，围绕明星产品的高度相关型参与者整合。探路者公司在

1999—2010 年围绕其明星产品——专业户外装备，成功整合了供应商、分销商、消费者和其他合作伙伴，详细分析如下：

①供应商整合。探路者通过与供应商建立紧密的合作关系，实现了供应链的整合。其不仅选择了能够提供高质量原材料的供应商，而且与他们合作开发新材料和技术，以确保产品的创新性和性能。这种合作模式使探路者能够快速地将市场和技术趋势转化为产品优势，提高了产品在专业户外市场的竞争力。

②分销商整合。探路者构建了一个多渠道的销售和分销网络，这包括专卖店、多品牌商店以及在线销售平台。其与这些分销商建立了密切的合作关系，不仅为其提供销售支持和培训，也确保了产品展示和推广的一致性。这样的整合策略增强了品牌的市场覆盖范围和消费者的购买便利性，同时保证了市场信息的快速反馈。

③消费者整合。探路者非常重视与消费者的互动。通过客户服务团队和社区活动，其不仅能够收集消费者的反馈和需求，还能够根据这些信息对产品进行迭代。此外，公司通过线上论坛和线下活动增强了与消费者的联系，使消费者能够参与到产品开发和测试过程中，这种参与感和社区归属感极大地增强了消费者的品牌忠诚度。

④其他合作伙伴整合。探路者还与户外运动活动组织者和知名运动员建立合作关系，通过赞助和合作推广其产品。这些合作不仅提高了品牌的可见度，还通过展示产品在实际使用中的表现，增加了人们对产品的信任。此外，这种合作也为探路者带来了来自专业领域的反馈，用以进一步指导产品的优化和创新。

通过上述的整合策略，探路者成功地围绕其明星产品建立了一个高度相关型参与者的网络。这种整合不仅优化了供应链管理，加强了市场推广，还深化了与消费者的联系，最终使其在竞争激烈的户外装备市场中取得了显著的成功。

第三，主导平台的偏利价值分配。偏利价值分配是指在重叠的利基市场中价值创造和分配权利偏向特定行为主体。在1999—2011年，探路者通过其明星产品和品牌策略成功地构建了一个价值共创的生态系统。这个生态系统中的价值创造和分配权利在很大程度上偏向了探路者这一行为主体，但该系统也创造了一种互利的环境，使所有参与者均能从中受益。以下是这一生态系统的具体构建方式：

①技术与产品创新。探路者不断创新其产品技术，如开发新型的防水透气材料和轻量化装备，这些技术创新成为其价值创造的核心。探路者通过专利保护这些技术，确保了技术创新的独家利益，同时这些创新技术也提升了产品的市场竞争力，吸引了大量的消费者。

②供应链管理。探路者通过与供应商建立长期合作关系，确保了高质量原材料的供应，并通过整合供应链提高了生产效率。供应商因为能够稳定供应大量订单而获得了可观的经济利益，同时受益于探路者的技术发展和市场扩张。

③分销网络。探路者构建了全球化的分销网络，包括专卖店、多品牌商店和电子商务平台。通过这些渠道，探路者能够将其产品快速、有效地分销至全球市场，而分销商则通过销售探路者的高品质产品获得利润。

④市场营销与品牌建设。通过高效的市场营销策略和活动赞助，探路者成功地塑造了品牌形象，并吸引了大量品牌忠实客户。这些营销活动不仅增加了探路者的销售额，也提升了品牌的市场份

额，使探路者能够在价值分配中占据主导地位。

⑤消费者参与。探路者鼓励消费者反馈和参与产品测试，其会通过社区论坛和户外活动与消费者互动。这种策略不仅增强了消费者对品牌的忠诚度，也使得消费者能够直接影响产品开发和改进，从而在价值创造过程中拥有一定的发言权。

⑥环境与社会责任。探路者还注重其环境影响和社会责任，通过采用环保材料和支持环保项目来提升其品牌形象。这些行为不仅吸引了更多注重可持续发展的消费者，也提升了公众对品牌的整体评价。

通过上述方式，探路者构建了一个以自身为中心，各方均能获益的价值共创生态系统。在这个系统中，探路者通过控制核心技术、强化供应链合作、扩展分销网络、开展市场营销、促进消费者参与以及承担社会责任等方式，实现了价值的最大化，并在整个生态系统中占据了主导地位。同时，其他参与者，如供应商、分销商和消费者也从中获取了相应的利益，共同推动了探路者品牌的持续增长和成功的取得。

（5）交互式价值共创

第一，定义与特点。交互式价值共创是一种商业策略，其中公司和客户或其他利益相关者通过互动和合作的方式共同创造价值。这种价值共创模式强调了参与各方之间的互动和对话，其认为价值不是仅由企业创造，而是在企业与客户及其他利益相关者的互动过程中共同创造的。其特点包括：①双向或多向交流。在交互式价值共创中，信息和意见的交流是双向的，甚至是多向的，涉及多个利益相关者。②协作与参与。在这个模式中，消费者或其他利益相关者不是被动的价值接收者，而是积极参与到产品或服务的开发、改进和创新过程中。这种参与可以通过社交媒体、在线论坛、共创工作坊、直接反馈等多种形式实现。③个性化和定制化。交互式价值共创使企业能够更好地理解消费者的具体需求和偏好，从而提供更加个性化和定制化的产品或服务。④建立长期关系。这种模式强调与客户建立持久的关系，通过持续的交互和合作，企业能够维护并深化与消费者的关系，增强消费者的忠诚度和品牌亲和力。⑤利益共享。在交互式价值共创中，创造的价值不仅被企业所享有，而且被所有参与者共享。这可能表现在利润分享、改进的产品或服务体验，以及增强的社会影响力等方面。

第二，与其他利益相关者的联系。在1999—2010年，探路者的业务和市场策略不仅反映了其产品创新的能力，还体现了其与消费者及其他合作伙伴的深度互动和合作。

①与专业机构合作。探路者与中国南北极考察队的独家合作是一个典型的交互式价值共创的例子。通过这种合作，探路者能够直接从极端环境中得到关于其产品性能的反馈，这种一手的数据和经验使探路者能够根据专业需求优化和创新其产品。这不仅提高了产品的市场竞争力，也增强了品牌的专业形象。

②市场研究与消费者参与。探路者通过不断的市场研究，了解户外市场的变化和消费者的需求。采用包括在线调查、社交媒体互动和客户反馈机制在内的市场研究策略，能够使探路者捕捉消费者的真实需求和未来趋势，并据此调整产品线和营销策略。

③技术创新与共创平台。探路者建立的极地仿生科技平台1.0是一个技术创新的实例，它可能涉及与科研机构、技术开发者以及消费者的合作。通过这个平台，探路者不仅可以解决特定的技术难题，也可以引入消费者和其他利益相关者的创意和解决方案，共同

推动产品的技术进步。

④体验营销和活动参与。作为户外品牌，探路者组织或赞助了各种户外活动和冒险体验，这不仅是推广其产品的方式，也是与消费者互动、了解他们真实使用感受的机会。这种直接参与和体验的反馈对产品的持续改进至关重要。

⑤响应社会大事件的支持。例如，探路者为2008年北京奥运会和“神舟七号”航天任务提供了专业装备的支持，展示了其产品的高标准和高质量。这种大事件不仅增强了品牌的公众形象，也让探路者得到了来自顶级运动员和航天员的直接反馈，这对产品的改进和创新非常有价值。

通过上述措施，探路者不仅提升了自身产品的竞争力和市场适应性，也构建了与消费者和其他合作伙伴之间的互信和共赢关系，成功实现了交互式价值共创。

6.2 价值延伸阶段（2012—2021年）

探路者在价值延伸阶段从户外体育生产商向“户外+体育+旅游综合服务提供商”升级，向产业链下游延伸。

6.2.1 数字技术发展

2012—2021年，数字技术经历了巨大的变革和发展。以下是这一时期一些关键的技术趋势和发展。

（1）智能手机和移动互联网的普及

2012—2021年，智能手机变得更加普及，功能变得更加强大，几乎成为全球大多数人的日常设备。移动互联网的网络速度和可靠性有了显著提升，尤其是4G和5G网络的推出，极大地推动了移动应用的创新和多样化。

（2）云计算的兴起

云计算成为企业和个人存储和处理数据的重要方式。Amazon Web Services、Microsoft Azure和Google Cloud Platform等云服务商快速发展，它们提供了弹性高、可扩展和成本效率高的解决方案，使各种规模的企业都能利用先进的计算能力。

（3）大数据和人工智能

随着数据的爆炸式增长，大数据处理和分析软件成为必不可少的工具，因为其可帮助企业从海量数据中提取有效信息。同时，人工智能（AI）和机器学习技术的进步使得从图像识别到自然语言处理的应用变得可能，AI开始在各行各业中发挥重要作用。

（4）物联网（IoT）

物联网技术的发展使得从家庭自动化到工业物联网（IIoT）的应用越来越普及。使用智能设备和智能家居产品，如智能灯泡、智能冰箱等成为常态，而工业界则利用IoT提高生产效率和安全性。

（5）增强现实（AR）和虚拟现实（VR）

尽管这一时期VR和AR的发展较为缓慢，但这些技术在游戏、训练模拟和远程工作等领域仍显示出巨大的潜力。特别是随着硬件设备的改进和更多内容的出现，其应用场景逐渐增多。

（6）社交媒体和数字营销

社交媒体的影响力持续扩大，成为人们日常生活的一部分。企业利用社交媒体进行品牌营销和客户服务已成常态。同时，数据驱动的数字营销策略成为主流，企业越来越依赖数据分析来优化广告投放效果。

（7）网络安全

随着数字技术的普及，网络安全问题也日益突出。数据泄露、网络攻击等安全事件频发，推动了网络安全技术的快速发展。企业和政府机构加大了对网络安全防护的投入，以保护敏感数据和基础设施。

（8）加密货币和区块链

比特币和其他加密货币的兴起引发了公众对区块链技术的广泛关注。尽管面临波动和监管方面的挑战，加密货币和区块链技术仍在金融服务、供应链管理等领域展示出一定的潜力。

这一时期的数字技术发展不仅深刻地改变了人们生活的方方面面，也重新定义了商业模式和行业生态。随着数字技术的进一步发展，未来几年将继续见证这些技术带来的变革。

6.2.2 服务主导逻辑

（1）服务主导逻辑的概念

服务主导逻辑（Service - Dominant Logic，SDL）是一个在 21 世纪初由 Vargo 和 Lusch 提出的营销理论框架，主要强调价值创造过程中服务的核心作用。此理论观点与传统的产品主导逻辑（Goods - Dominant Logic，GDL）形成对比，后者更多强调产品的交换和所有权转移。

服务主导逻辑将服务视为经济活动的基本单位，认为服务是一种通过使用专业知识和技能为他人带来利益的过程。在 SDL 视角下，所有交易都被视为服务的交换，即使交易涉及有形产品。其关键的概念是，价值是由使用者在使用过程中实现的，而不是由生产者在生产过程中嵌入产品中的。

（2）服务主导逻辑的特点

①顾客参与和价值共创。顾客不再被视为被动的价值接收者，而是价值共创的主动参与者。他们通过与供应商的互动，共同参与产品和服务的创造过程。

②价值主要在使用中实现。价值不是由供应商单方面创造的，而是在顾客使用产品或服务过程中实现的。

③知识和技能的重要性。知识和技能是服务交换的基础，企业需要不断地学习和适应以满足客户需求。

④关系的重要性。强调建立和维护长期客户关系的重要性，而非只进行单次交易。

（3）服务主导逻辑的核心内容

Vargo 和 Lusch 提出了几个服务主导逻辑的基本原则（FPs）：

FP1：服务是经济活动的基本单位。

FP6：顾客是价值共创的共同创造者。

FP9：所有社会和经济行为都是服务的交换。

FP10：价值总是独特的、现象学的，并由服务的受益者决定。

（4）服务主导逻辑的局限

尽管服务主导逻辑提供了对现代经济活动的深刻洞见，但它也有以下局限：实践应用的复杂性。转向完全基于服务的逻辑可能对以产品为中心的传统企业构成挑战，因为这要求它们作出重大的策略和文化转变。度量标准的缺乏。在服务主导逻辑下，度量价值共创的效果和效益比较困难，因为价值的实现在很大程度上是主观的和现象学的。教育和培训的需求。在实践前需要对企业管理者和员工进行重新培训，以理解实施服务主导的逻辑。过度依赖顾客参与。过度依赖顾客参与可能导致对顾客负担的增加，并不是所有顾客都愿意或有能力参与价值共创过程。

（5）探路者服务主导逻辑的关键点

探路者在2012—2021年的服务主导逻辑体现在以下几个关键方面：

①以终为始的互联网战略思维。探路者采用了前瞻性的战略规划，以最终目标为导向，系统地在人才、业务和组织三个维度上进行平台化战略转型。这种思维方式帮助其更好地适应了市场变化，通过整合资源和优化结构增强了竞争力。

②企业文化与经营理念。“自我成长、利他经营”反映了探路者的企业文化，强调通过个人成长带动企业发展，并推崇基于共赢的合作模式。这种文化理念不仅提升了内部团队的凝聚力，也加强了与外部合作伙伴的关系。

③技术创新与合作开发。探路者与供应商、高等院校、科研院所及国外大公司合作，共同研发新材料和新产品，如TiEFDRY技术。此外，探路者还积极参与户外用品标准的制定，如冲锋衣的标准，这显示了其在行业标准化建设中扮演了积极角色。

④产品多样化与专利技术。从最初的帐篷到现在的全品类户外装备，探路者不断扩展产品线，并获得了多项专利技术，这不仅增强了其市场竞争力，也形成了难以模仿的独特发展基因。

⑤数字化转型。通过建设户外大数据平台，探路者利用数据驱动创新，这表明公司在适应数字经济的趋势上具有前瞻性。数字化转型不仅优化了产品和服务，也促进了业务模式的创新。

⑥调整业务结构。从2017年开始，探路者逐步退出了非核心的旅行服务业务，表明了其聚焦主业、优化资源配置的决策方向。

⑦加强电商和新零售渠道。通过加强电商体系运营和探索新零售渠道模式，探路者实现了线上、线下的立体式发展，这不仅扩大了销售渠道，也提升了品牌知名度和美誉度。

服务主导逻辑为理解和塑造当代市场提供了一个强有力的理论框架，尤其强调了服务、价值共创和顾客参与的重要性。然而，其应用和实施需要克服一系列实践和理论上的挑战。

6.2.3　价值创造的路径

（1）关键核心技术突破

探路者公司自2012年以来，通过一系列关键技术的突破和战略布局，逐步确立了其在户外装备行业的领导地位。以下是探路者在这段时间内主要的技术创新和突破：

第一，极地仿生科技平台1.0。2012年，探路者推出了灵感来源于自然生物的极地仿生科技平台1.0。这一平台整合了户外三防（防水、防风、防尘）等多项面料科技，能够为户外运动装备提供更好的户外性能和耐用性。

第二，智能穿戴设备。探路者不仅在传统户外装备领域进行创新，还在智能穿戴设备领域迈出了重要步伐。例如，推出智能蓝牙手环标志着其在户外智能领域进行了探索和发展。

第三，CNAS评审认证。2013年，探路者研发中心实验室成功通过了中国合格评定国家认可委员会（CNAS）的评审认证，这一认证的通过显示了探路者的产品质量和研发能力得到了国际认可。

第四，TiEF 和 SAFree 技术系列。探路者开发的 TiEF 面料技术和 SAFree 功能性大底科技，为户外运动装备提供了更高的性能和舒适性。尤其是 TiEF 面料，其环保创新方面在行业中具有明显的优势。

第五，奥棉科技。探路者还研发了行业领先的奥棉科技，进一步提升户外装备在防水和抗冷方面的性能。

第六，参与制定国家和行业标准。探路者积极参与国家和行业标准的制定，包括针织摇粒绒、野营帐篷等，这不仅提升了公司技术的标准化水平，也加强了其在行业中的影响力。

第七，防疫类产品研发。2020 年面对新冠疫情的挑战，探路者迅速调整策略，研发并生产了防护型渔夫帽和非医用防护服等防疫产品。特别是 TiEF PRO－X2 冲锋衣中的 TPE 膜材，不仅具有防水、透湿功能，还能有效阻隔病毒。

通过这些关键技术的突破，探路者不仅在户外装备行业获得了多个奖项，还持续提升其产品的技术含量和市场竞争力，确保了在行业中的领先地位。

（2）组织身份——互联互通、共享共赢的业务生态系统赋能者

探路者在 2012—2021 年，其组织身份和业务模式经历了显著的转变和发展。这一时期，探路者不仅在其核心业务——户外用品制造和销售领域保持了创新和拓展，还通过多元化的策略进入了新的市场和业务领域，实现了价值的共创。

第一，多元化发展和非主营业务投资。探路者对近 30 家非主营相关业务的投资，标志着其从单一的户外用品供应商转变为多元化的生活方式品牌。这种策略不仅扩展了其业务范围，也提高了品牌的市场覆盖率和影响力。

第二，业务协同与生态圈构建。探路者将户外用品、旅行服务、体育产业三大事业群相互结合，形成了强大的协同效应。通过这种跨业务的整合，其能够更有效地利用用户数据，进行资源共享和跨界合作，从而提升整体的市场竞争力。

第三，技术创新与研发合作。探路者与供应商、高校和科研机构合作，共同开发新材料和新技术，如 TiEFDRY 技术。这种合作不仅加强了产品竞争力，也提升了探路者在户外装备领域的技术领导地位。

第四，社会责任与国家项目支持。探路者的合作不仅包括商业领域，还包括对中国航天事业和西藏登山队的支持。这些合作提升了探路者的社会责任感和品牌形象，同时强化了其作为高性能产品供应商的身份。

第五，数字化和新零售策略。探路者加强了电子商务体系的运营，并探索了新零售渠道模式，如“探秘者硬货”小程序。这显示了其在传统和数字零售领域的整合能力，以及对市场趋势的快速响应能力。

第六，品牌形象与文化传播。通过赞助“攀登者”等文化项目，探路者不仅加深了品牌在公众心中的认知，也强化了其作为专业户外装备提供商的形象。同时，探路者的企业文化和经营理念，如“自我成长、利他经营”，也在内外部传播中得到了体现和强化。

探路者在 2012—2021 年的组织身份由单一户外产品供应商转变为多元化生活方式平台。探路者不仅在产品和技术上进行了创新和发展，而且在品牌建设、社会责任和市场策略上也展现了其多维度的竞争优势。通过这种多元化和综合性的发展策略，探路者成功地构建了一个互联互通、共享共赢的业务生态系统。

（3）资源编排——资源外拓

探路者在2011—2012年的资源编排策略涵盖了扩展研发设施、促进行业合作以及转型为一个平台化的组织结构。这些步骤不仅强化了探路者的内部创新能力，还通过外部合作增强了市场竞争力。

第一，研发实验基地的建设与改造，主要内容如下：

①资源构建。2011年，探路者在北京昌平区新建了一个更大规模的研发实验基地，占地面积约为2800平方米。这个基地能够提供先进的实验资源，包括研发实验室和试验设备，为产品创新提供了重要支撑。

②赋能服务。通过这个基地，探路者能够加快新产品的研发和测试，缩短产品上市周期，同时提高产品的创新性和质量，从而更好地满足市场需求。

第二，CNAS评审认证，主要内容如下：

①资源构建：2013年，探路者研发中心实验室成功通过了CNAS评审认证。这一认证不仅是对其实验室标准和能力的一种认可，也是对外部利益相关者，如合作伙伴和客户，展示其产品质量和研发能力的重要手段。

②赋能服务。CNAS认证加强了探路者在行业内的信誉和品牌形象，使其能够吸引更多的合作伙伴和客户，同时提升了市场竞争力。

第三，平台化组织建设和事业群划分，主要内容如下：

①资源构建。探路者通过建立平台化组织，推动员工自主面对市场实现自组织、自管理、自适应。同时，公司成立了户外、旅行、体育三大事业群，这种结构上的安排使各事业群能够专注于自己的领域。

②赋能服务。这种组织结构的转变使公司能够更灵活地应对市

场变化，促进内部创新和外部合作。事业群的划分让资源共享和协同工作成为了可能，从而增强了公司整体的市场响应速度和服务能力。

第四，外部链接，主要内容如下：

①资源构建。探路者通过与其他企业和机构进行合作，如收购和战略合作，建立了强大的外部链接。

②赋能服务。这些合作关系使探路者可以利用外部资源来增强自身的服务和产品供应链，比如，通过并购提高其在特定领域的服务能力或市场覆盖率。

探路者在 2011—2012 年通过新建研发基地、获得 CNAS 认证、推行平台化组织结构转型，以及加强外部合作，有效地构建了资源并将其转化为赋能服务，这不仅增强了其内部的创新能力，也提高了对外部市场的适应性和竞争力。这种策略的实施，为其后续的发展奠定了坚实的基础。

（4）数字平台生态系统——基于第一次跨界融合的数字平台生态系统

第一，数字消费者行为的变化，主要内容如下：

①增强议价能力。随着电子商务平台的普及，消费者可以轻松获取并比较不同产品的价格信息，这增强了他们的议价能力。由于消费者更倾向于寻找性价比最高的产品，因此品牌在定价策略上必须更加透明和具有竞争力。

②社交媒体和在线评价的影响。消费者决策越来越多地受到社交媒体和在线购物平台上的用户评价的影响。这些评价为消费者提供了来自其他购买者的第一手信息，帮助他们在更全面的信息基础上作出购买决策。

③线上、线下互补消费模式。虽然电子商务的普及使得消费者的购物行为逐渐转向线上，但线下体验仍然在某些方面不可被替代，如试穿试用、即时购买等。因此，探路者需要整合线上、线下资源，提供无缝的购物体验。

④社交媒体的重要性。社交媒体不仅是信息传播的渠道，更成为影响消费者购买决策的重要平台。消费者在社交媒体上分享的产品使用体验信息可以影响其他潜在购买者的决策，因此探路者需在社交媒体上积极互动，塑造正面品牌形象。

第二，探路者的战略调整，主要内容如下：

①多品牌运营。探路者采用多品牌战略，旨在覆盖更广泛的消费者群体和市场细分，每个品牌针对特定的户外活动或消费者偏好设计产品，以增强产品的针对性和竞争力。

②户外平台整合。通过整合各种户外活动平台，探路者能够提供一站式服务，简化消费者的搜索和购买过程，提高用户体验。这包括线上预订活动、装备购买和相关信息服务的整合。

③户外垂直电商运营。探路者构建了专门的户外垂直电商平台，专注于户外运动装备和相关产品的销售。这一战略不仅强化了品牌的专业形象，也利用专业知识和用户数据提供了更加个性化的购物体验。

第三，户外大数据平台的建设与应用。探路者投资建立了一个户外大数据平台，用以收集和分析来自各种资源的数据，包括用户行为数据、产品使用数据、市场趋势等。该平台可以帮助其更好地理解消费者需求，预测市场变化，从而在竞争中保持领先。

①PaaS 和 IaaS 的引入与利用。探路者可以采用 PaaS（平台即服务）来为开发者提供一个在线平台，支持他们开发、运行和管

理应用程序。这样可以加快新应用的部署和市场响应时间。IaaS（基础设施即服务）的使用可以让探路者不必投资于物理硬件，而是通过云服务提供商获得存储、网络和计算能力。这样可以降低成本，提高灵活性和可扩展性。这些服务可以支持快速的业务扩展和灵活的资源管理，特别是在需求波动大的户外用品和旅行服务领域。

②SAP系统的升级与应用。探路者升级其SAP系统，使其更加适应现代业务的需求，如集成电子商务、供应链管理和客户关系管理等功能。升级后的SAP系统可以更好地支持公司的主营业务，如自动化财务报告、优化库存管理和提高订单处理效率。通过SAP系统，探路者能够实现数据的实时分析和决策，从而提高操作效率和响应市场变化的能力。

③业务板块间的协同。通过对户外用品、旅行服务、体育产业三大事业群的整合，探路者可以实现用户数据的共享和资源的优化配置。探路者还进行了跨界合作和新业务模式的开发，如与环保组织合作推广可持续旅行，与健康品牌合作开发运动装备等。

通过上述措施，探路者不仅可以提升自身的信息化水平，也能在户外用品和旅行服务领域更好地满足消费者需求，实现持续的业务增长和品牌影响力的提升。

（5）赋能式价值共创

赋能式价值共创是一个现代商业概念，它强调在供应商、客户和其他利益相关者之间通过互动和合作来共同创造和增加价值。这种方法不是关注产品或服务的交易，而是通过赋予参与者资源、工具和能力，使他们能够在创造价值的过程中发挥更积极的作用。在这种模式下，价值的创造变得更加动态和可互动，这涉及多方的积极参与。

第一，赋能式价值共创的关键特点，主要内容如下：

①参与性。消费者、用户或客户不再是被动的接受者，而是变成了价值创造过程的主动参与者。企业提供平台、工具和机会，让客户能够参与到产品设计、服务改进和创新过程中。

②合作。赋能式价值共创需要不同的参与者（包括供应商、客户、合作伙伴等）共同工作，通过分享知识、资源和技能，共同解决问题，创造新的价值。

③赋能。企业通过提供必要的资源、教育和支持，使所有利益相关者能够更有效地贡献其能力和创意。这种赋能不仅包括物理层面，还包括信息、技能和技术层面的支持。

④持续地互动。价值共创是一个持续的过程，涉及定期的交流和反馈循环。探路者需要与客户和其他利益相关者保持开放和持续地沟通，以适应不断变化的需求和市场条件。

⑤共享的价值。在这种模式下创造的价值是共享的，不仅企业能从中受益，客户和其他利益相关者也能明显感受到他们的参与带来的正面影响。

赋能式价值共创的目标是通过多方参与和合作，促进更高层次的创新和满足客户的需求，最终实现所有参与者的利益最大化。这种模式适用于那些希望加深客户参与度、加强市场竞争力和持续创新的企业。

第二，探路者公司深耕核心技术优势，主要内容如下：

①仿生科技的引入和应用。探路者的研发中心自主研发了“极地仿生科技”，这种技术以“取之自然，用之自然”的理念为基础，汲取自然生物在形态、结构、特质、功能等方面的优秀进化

特征。这种科技的引入不仅推动了产品的研发和设计创新，而且极大地提高了户外运动装备的安全性和舒适性。主要的技术成果包括：TiEF（面料科技）。这是一种先进的纺织技术，能够提供极高的耐用性和舒适性，适合各种极端气候条件。SAFree（功能大底科技）。专为户外鞋类设计，能够提供优异的抓地力和稳定性，以确保户外活动的安全性。

②奥棉科技和面料创新。探路者在户外运动服装领域也取得了技术突破，特别是在高防水和高抗冷的新型面料开发方面处于行业领先地位。奥棉科技的研发，使得探路者的产品在保暖性、透气性以及轻便性方面都有了显著提升。

③参与国家和行业标准的制定。探路者不仅在产品创新方面表现突出，还积极参与国家和行业标准的制定、修订工作。例如，其参与了“针织摇粒绒”“野营帐篷”等国家标准的起草，并正在参与“冲锋衣”的标准制定。这不仅提升了探路者的行业地位，还推动了整个户外装备行业的标准化和质量的提升。

④应对新冠疫情的产品创新。面对 2020 年新冠疫情的挑战，探路者快速调整策略，研发并生产了防护型渔夫帽和非医用防护服等防疫类产品。特别是 TiEF PRO－X2 冲锋衣面料中的 TPE 膜材，不仅具备防水、透湿的功能，还能有效阻隔病毒，从而为防疫贡献了重要的技术力量。

第三，技术协同优化。探路者公司在 2012—2021 年采取了一系列策略来进行技术协同优化，这些策略不仅提高了技术的应用效率和实用性，也提高了客户满意度和市场竞争力。

①全程参与开发策略。探路者实施了能让客户从技术论证到技术落地全程参与的开发策略。这种策略主要包括以下几个步骤：首

先，通过市场调研和直接与客户的交流，收集客户需求和痛点，确保技术开发的初衷是为了解决实际问题。其次，邀请客户参与产品的设计和开发流程，利用他们的实际经验和反馈来调整产品设计。再次，在开发初期阶段就开始制作产品原型，并在实际的使用场景中进行测试，这样可以及时发现问题并进行调整。最后，根据测试结果和客户反馈进行产品迭代，不断优化直至满足客户需求。

②技术嵌入与场景测试。将原有技术嵌入特定的使用场景中，并与客户共同测试技术的稳定性和效果，是探路者技术协同优化的一个重要方面。

创建或选择与产品使用环境相似的场景，这可以是实验室环境中的模拟测试或是自然环境中的场景测试。邀请客户参与到场景测试中，不仅可以增加测试的真实性，还可以获得客户对产品性能的直接反馈。根据场景测试的结果，可对技术进行必要的调整和优化，以确保技术在实际使用中能够达到预期的效果。产品上市后，继续跟踪产品的表现并收集客户反馈，以便进一步优化产品。

③内部与外部协作。探路者也强化了内部研发团队与市场部门的协作，以及与外部科研机构和技术专家的合作，共同推动技术的研发和应用。

通过这些策略的实施，探路者不仅提升了自身的技术创新能力，还通过与客户的深度合作，确保了技术解决方案的实用性和市场的接受度，从而在竞争激烈的户外装备市场中保持了领先地位。这种客户参与和技术嵌入的双向优化策略，有效地提升了产品的市场适应性和客户满意度。

6.3　实现价值网络升级阶段（2022年至今）

6.3.1　数字技术发展

2021年以来，全球经济和商业环境迅速变化，特别是数字化转型的加速推进使许多行业的竞争格局发生了显著变化。探路者作为一家在户外运动装备行业拥有显著市场份额的企业，在这一时期面临着三大挑战：同业竞争者的激增、跨界竞争者的涌入、进入新的领域。这些新兴的数字竞争者不仅在技术和创新方面具有优势，而且在市场策略和消费者接触点上也显示出极高的灵活性和效率。

（1）同业竞争者的激增

在户外运动行业的高端市场，探路者长期以来一直与其他全球知名品牌，如北面（The North Face）和哥伦比亚（Columbia）等竞争。然而，2021年以后，随着数字技术的普及和应用，越来越多的新兴品牌通过网络营销、社交媒体推广以及电子商务平台快速崛起，这些新品牌往往具备更快的市场响应速度和较低的运营成本。例如，一些品牌利用虚拟现实（VR）技术和增强现实（AR）技术提供虚拟试穿体验，吸引技术崇拜者和年轻消费者。

（2）跨界竞争者的涌入

除了同行业内的竞争加剧外，探路者还面临着来自非传统行业的竞争者。随着技术的发展，一些科技公司开始进入户外运动和健康设备领域，这些公司通常拥有强大的技术背景和资金支持，能够快速开发出集成高科技功能的产品，如智能穿戴设备和健康监测工具，这直接威胁了探路者在高端市场的地位。

（3）新进入的芯片制造赛道

对于探路者而言，新进入芯片制造领域将面临全新的挑战。芯片制造是一个高技术门槛和资本密集型的行业，竞争非常激烈。传统的大型芯片制造商，如英特尔（Intel）和台积电（TSMC）已经在这个市场占据了主导地位，而新的竞争者只能利用最新的制造技术和设计创新来争取市场份额。探路者在这个领域需要面对来自全球的技术和资本竞争，这需要巨大的研发投入和快速的技术迭代能力。

综上所述，数字竞争者的增加对探路者来说是一把双刃剑。一方面，这迫使探路者必须加快技术创新和市场适应性，提高运营效率，优化客户体验。另一方面，这也为探路者提供了学习和借鉴新技术、探索新业务模式的机会，比如通过建立数字化平台来增强与消费者的互动，或者通过技术合作开拓新的业务领域。总之，面对日益激烈的竞争，探路者需要不断地调整和优化其商业策略和技术路线，以维持其在行业中的竞争力。

6.3.2　服务科学逻辑

服务科学逻辑（Service – Dominant Logic，SDL）是一种理解和解释市场和业务活动的框架，它强调服务而非产品是经济交换的基础。这一概念由 Stephen Vargo 和 Robert Lusch 在 2004 年提出，并在此后逐渐成为传统产品主导逻辑（Goods – Dominant Logic，GDL）的重要补充并对其造成了一定挑战。

第一，服务科学逻辑核心概念。服务科学逻辑的核心观点是，服务是经济活动的基本元素，所有的交易本质上都是服务的交换。与传统的产品主导逻辑不同，服务科学逻辑认为价值的创造并不是来源于物理商品的交易，而是通过提供和交换服务来实现的。

第二，服务科学逻辑基本原则，主要内容如下：

①以服务为基础。所有的产品都是服务的载体。即使是实体商品，其价值也在于它所提供的服务（如使用、便利性等）。

②价值共创。消费者不再是被动的价值接受者，而是与供应商共同参与价值创造的活动者。这种互动通常在服务的提供和消费中实现。

③资源整合。企业和消费者都被视为资源整合者，他们通过整合各自的资源（如技能、知识、物理资源等）来共同创造价值。

④关系的重要性。长期的、互惠的客户关系比单次交易更为重要。维持良好的客户关系有助于持续的价值共创。

第三，服务科学逻辑应用领域。服务科学逻辑广泛应用于各行业和各领域，尤其是服务业，如金融服务、教育、卫生保健和咨询等。在这些领域中，服务科学逻辑帮助企业重新定位其角色，使其从单纯的产品或服务提供者转变为价值共创的参与者。

第四，服务科学逻辑面临的挑战和批评。尽管服务科学逻辑提供了一个新的视角来理解市场和业务活动，但它也面临一些挑战和批评：一是实施难度大。在实际业务中实施服务科学逻辑可能面临许多挑战，如需改变企业内部结构、文化和策略。二是测量和评估存在的问题。共创价值的性质使得对其效果的测量和评估变得更加复杂。三是过度依赖客户参与。过度依赖客户参与价值创造可能导致对客户的过度索取，从而影响客户体验。

综上所述，服务科学逻辑为理解和设计商业模式提供了一种新的方法，特别是在服务经济日益占主导地位的今天。通过强调服务的本质、价值的共创和长期关系的建立，它促进了对传统商业实践的重新思考。然而，如何在不同的组织和市场环境中有效地应用这一逻辑，仍是企业和学者需要继续探索的问题。

6.3.3 价值创造的路径

（1）关键核心技术突破

探路者作为户外服装和装备市场中的领先企业，其2022—2024年在多个关键技术领域取得了显著的突破，这些技术不仅服务了冬季运动和航天领域，还提升了整个户外装备行业的标准和性能。以下是探路者在这一时期内的几项关键核心技术突破：

①高性能材料技术。探路者在高性能纤维材料的研发上取得了重大进展，特别是在耐低温、防水、透气以及保暖材料的改进上。例如，其使用了新型纳米纤维技术，可以在提供更好的保温性能的同时保持轻便。在滑雪服装的研发中，探路者采用了先进的复合材料，这些材料能在极端寒冷的环境下提供优异的保护性和舒适性，同时保持衣物的轻便和灵活性。

②智能穿戴技术。探路者开发了集成智能传感器的服装，这些传感器能够监测穿戴者的生理状态，如体温、心率和运动强度，以提供即时的健康监测和环境适应性调整。这种技术在航天领域中的应用，能够确保宇航员在极端条件下的安全，同时该技术也能为户外运动爱好者提供高科技的健康监测解决方案。

③可持续发展技术。探路者重视可持续性发展，推动使用可回

收材料和生态友好型的生产过程。其开发的新型生态材料减少了生产过程中的环境影响，并提高了材料的循环利用率。此外，探路者在服装的整个生命周期中实施了低碳策略，涉及原材料采购、生产、产品的最终回收环节。

④标准化和国际合作。探路者不仅参与国内标准的制定，还积极与国际标准化组织合作，推动其技术标准的国际化。这不仅提升了产品的国际竞争力，也促进了全球户外装备行业的技术交流和标准统一。通过国际合作，探路者的产品已经开始进入更广泛的国际市场，能够提供符合多地区标准和需求的产品。

⑤增强现实（AR）和虚拟现实（VR）技术的应用。探路者也探索通过使用AR和VR技术来提升用户体验。例如，在产品设计和测试阶段，通过VR技术模拟不同的户外环境和极端天气条件，以测试产品的性能。此外，AR应用允许用户在购买前，通过AR技术在虚拟环境中试穿和体验产品，从而提高了购物的互动性和满意度。

这些技术突破不仅加强了探路者在户外装备领域的市场领先地位，也为相关行业如航天和冬季运动提供了更高标准和更安全的装备，同时推动了整个行业向更高效、智能和可持续的方向发展。

（2）组织身份——技术生态的建构者

探路者自2022年以来，作为一家技术生态建构者，不仅在户外装备行业中展现了其深厚的技术研发能力，同时逐步构建了一个涵盖多个领域的广泛生态系统。在技术和生态方面的价值共创主要表现在以下几个方面。

第一，技术领域的价值共创，具体如下：

①国家标准的制定与修订。探路者在国家标准的制定与修订中

发挥了重要作用，尤其是在冲锋衣、皮肤衣、户外登山鞋和滑雪服等产品的国家标准制定中。通过制定《专业运动服装－滑雪服》（GB/T 41176－2021）国家标准，探路者不仅提升了行业标准，也体现了其在专业运动服装领域的研发实力和科技领导地位。

②航天与极地探索装备供应。探路者为中国航天与极地探索任务提供了专业装备，涉及神舟十二号至神舟十六号航天员的航天服和南极考察队的极寒天气装备，这些合作体现了探路者在高性能产品研发方面的能力。

③科技平台与产品研发。探路者发布的“极地仿生科技平台2.0”以及AM MiniLED显示驱动芯片产品，标志着其从传统户外装备制造商向高科技产品开发者的转型，涉及芯片设计、研发和封装等高新技术领域。

第二，生态方面的价值共创，具体如下：

①品牌与市场扩展。探路者通过与明星（如刘昊然）合作，成功吸引了年轻消费群体，打破了户外运动与时尚潮流之间的界限。此外，探路者成为了中国西藏登山队的指定供应商，进一步加强了其在专业户外装备市场的地位。

②社会责任与环境保护。探路者不仅为探险活动，如塔克拉玛干沙漠探险和可可西里生态保护之旅提供装备支持，还通过装备捐赠等活动积极参与生态保护和社会责任项目。

③支持体育与科学研究。作为多个体育和科研活动，如世界中学生冬季运动会和中国南极考察队的装备供应商，探路者提升了品牌的社会价值和影响力。

探路者作为一个技术生态建构者，不仅在产品创新和技术领先方面取得了显著成就，同时也通过参与社会责任项目、科研活动和体育赛事等，构建了一个积极健康的品牌生态系统，实现了技术和生态方面的价值共创。

（3）资源编排——资源联动

第一，技术生态建构者的组织身份要求探路者必须联结其他利益相关者共同挖掘场景需求，而在此过程中面临的首要问题是哪些价值主体能够且为何与探路者达成技术生态合作伙伴关系。首先，探路者应从重点关注的领域筛选多家企业作为战略合作伙伴以此为构建技术生态积累伙伴资源。其次，探路者应吸引更多生态伙伴进入技术生态。

探路者在资源编排方面的联动策略主要体现在以下几个方面：一是战略合作伙伴的选择与集成。探路者在构建技术生态时，精心筛选与其业务目标和技术方向相匹配的关键领域企业作为战略合作伙伴。通过与这些企业建立合作关系，探路者不仅能够共享资源和技术，还能利用合作伙伴的专业能力和市场渠道来加速产品的研发和市场推广。二是标准制定的前瞻性参与。探路者应提前参与国家和行业标准的起草和修订工作，如主笔起草《专业运动服装－滑雪服》（GB/T 41176－2021）国家标准，以此确立技术标准和引领行业发展趋势。这种前瞻性参与不仅彰显了探路者的技术实力，还有助于塑造行业规范，引导行业生态的形成和发展。三是技术展示与行业领导。探路者通过为国家重大项目如航天任务提供技术支持和产品供应，展现了其在高技术领域的研发能力和生产水平。例如，其为神舟十二号至神舟十六号的航天任务提供服装装备，并参与航天服标准的制定，这不仅提升了探路者品牌的国际影响力，也强化了其在相关技术领域的领导地位。四是国际化与市场扩展。通过在国际相关领域中的活跃参与和技术展示，探路者增强了其全球市场的竞争力。这种策略有助于吸引更多国际合作伙伴的关注和参与，为探路者打开更广阔的市场和合作机会。

第二，在积累生态伙伴资源后，企业面临如何将这些资源转化为生态服务能力的问题。探路者在资源编排方面的联动主要表现在以下几个关键领域：

①技术平台的整合应用。探路者依托其拥有完全自主知识产权的 TiEF 科技平台，集成和优化了技术资源，以此支持产品研发和设计的创新。通过这个平台，探路者能够有效匹配和应用最新的科技成果，确保产品能够满足不同户外活动的复杂需求。

②跨界合作与生态扩展。探路者通过与不同行业的合作伙伴建立联盟，如材料供应商、研发机构和销售渠道等，共同开发新产品和技术，以延伸和强化其生态服务能力。这种跨界合作不仅扩大了生态系统的边界，还增强了资源的多样性和创新能力。

③行业标准的制定与推动。探路者参与制定了多项户外产品的国家和行业标准，通过这一过程，探路者不仅提升了自身的技术影响力，也为整个行业的技术进步和标准化作出了贡献。这种标准制定的参与有助于其在技术发展和市场需求之间建立更加紧密的联系。

④顾客导向的创新机制。探路者紧扣消费者需求，通过收集和分析消费者反馈，不断调整和优化产品。这种以用户为中心的创新机制确保了探路者在设计和功能上能够持续领先，同时也促进了其与消费者之间的互动和信任建设。

⑤品牌与市场策略的协同。探路者利用其在行业中的领先地位，通过品牌建设和市场拓展活动，推广其技术和产品。探路者的市场战略紧密结合产品研发环节，使得市场活动和产品创新能够相互支持，从而增加产品的市场接受度和消费者满意度。

通过这些战略的实施，探路者能够有效地将其丰富的生态资源转化为强大的生态服务能力，不仅加强了公司的市场竞争力，还促进了整个户外装备行业的健康和可持续发展。

第三，通过强调不同技术以及不同价值主体间的协调，探路者展现了其在显示领域芯片业务的战略思维和执行力。以下是探路者进行技术协调和资源整合的几个关键点：

①技术整合与创新。通过收购北京芯能和 G2 Touch，探路者不仅扩展了其产品线，还整合了这两家公司的技术优势。由于北京芯能的 Mini/Micro LED 显示驱动 IC 设计与 G2 Touch 的触控 IC 设计能够互补，因此这次收购增强了探路者在显示技术领域的综合竞争力。此外，探路者还在 Mini LED 和 OLED 领域进行了技术创新，如主动式驱动技术、灯驱合一封装技术，以及独特的悬浮功能技术，取得了显著成果。

②市场与客户资源的协同。探路者在市场策略上采取头部企业战略，与顶级显示制造商如 TCL、海信、长虹等建立了合作关系，这有助于提升品牌信誉和市场占有率。同时，G2 Touch 已成为 BOE 等重要客户的供应商，这些合作关系有助于探路者产品的市场渗透和销量的增加。

③供应链优化。探路者与以色列 TowerJazz 的合作，不仅确保了技术上的高标准，还帮助探路者掌握关键的制造能力。未来还会将部分供应链转移到国内，有助于降低成本和提高供应链的响应速度，同时符合全球供应链多元化的趋势。

④产品多样化与定制化。探路者针对不同市场需求开发了多样化的产品线。例如，在触控 IC 领域，探路者不仅覆盖了笔记本电脑市场，还扩展了 OLED 手机、平板电脑以及车载显示市场。这种

产品多样化策略有助于探路者抓住更多市场机会，并通过定制化服务更好地满足客户需求。

⑤研发投入与人才培养。探路者通过持续的研发投入，保持技术领先地位。同时，通过吸引和培养顶尖人才，持续推出创新产品，保持其在竞争激烈的市场中的优势。

通过上述措施，探路者不仅强化了自身在高品质显示领域的市场地位，还提升了其产品的技术含量和市场竞争力，展示了其在资源编排和技术协调方面的高效策略。

（4）平台生态系统——基于第二次跨界融合的数字平台生态系统

第一，探路者与生态伙伴在技术赋能关系上的进步。探路者在2022—2024 年，将与生态伙伴的合作从传统的技术赋能扩展到更为深入的业务链条联通。这种进步不仅体现在技术层面的合作，更通过共同研发、相互整合的方式，强化了从生产到应用的全过程协同。探路者通过与伙伴共同开发新技术、新产品，实现了在户外用品、高科技产品以及智能设备等多个领域的场景联通，从而提升了产品的市场竞争力和创新速度。例如，通过与科研机构和国际企业，如美国戈尔公司和意大利 Vibram 公司合作，探路者不断引入和吸收新技术，推动户外用品和高科技产品的创新。TiEF 仿生平台的建立，加强了产品的技术含量和市场竞争力，加速从研发到市场的转化过程。

第二，物联网的构建与应用。在物联网方面，探路者与生态伙伴的合作更加紧密，共同构建了一个覆盖生产、供应链、销售等多环节的物联网系统。这个系统不仅优化了内部操作流程，提高了生产效率，还通过数据的实时收集与分析，提高了市场响应速度和服务质量。例如，通过智能传感器和数据分析，探路者能够实时监控生产线的状态，预测设备维护需求，以及根据市场变化动态调整生产计划。此外，物联网技术还被应用于产品的使用阶段，探路者通过收集用户反馈和使用数据，为产品迭代和定制提供了依据。

数字化供应链管理方面，主要表现为：核心工厂与委外工厂的协同。探路者整合其核心工厂和委外工厂的生产能力，通过数字化工具如 ERP 系统和供应链管理平台，实现生产调度和资源配置的优化。智能库存管理。通过实施先进的库存管理系统，探路者能够减少库存积压，快速响应市场变化，提高库存周转率。

全渠道销售与市场拓展方面，主要表现为：线上线下融合。探路者通过在主流电商平台建立全渠道销售体系，以及优化线下销售渠道，实现销售的多元化和覆盖更广泛的消费群体。国际市场扩展。依托技术合作伙伴和国际业务网络，探路者积极拓展国际市场，特别是在户外用品和高科技产品领域。

第三，智能平台的搭建与全周期服务。探路者特别注重智能平台的构建，这不仅是技术上的升级，更是服务模式的革新。通过与百胜软件合作，探路者建立了一个包括库存管理、研发设计、供应链管理等在内的全面数字化平台。这个平台不仅整合了企业内部的关键业务流程，还通过开放 API 接口，允许生态伙伴接入和协同工作，实现了资源共享和能力互补。例如，通过这个平台，探路者能够与供应商实时共享库存数据，优化库存水平，减少过剩或缺货的风险。同时，平台还可以对客户定制需求进行快速响应，使从需求收集到产品设计、生产、交付的全过程都更加高效。

第四，企业管理与数字化转型。通过 E3 + 企业中台与 DATA-MAX 数据中台这两大平台的实施，探路者实现了业务流程的自动化和数据驱动决策，改善了企业管理效率和响应市场变化的能力。

综上所述，探路者在2022—2024年，通过技术和业务的深度融合，构建了一个跨界的数字平台生态系统。这一系统不仅提高了企业自身的运营效率和市场竞争力，还通过全周期服务增强了与生态伙伴的合作，共同推动了行业的数字化转型。

（5）价值共创——开放式价值共创

第一，开放式价值共创的定义。开放式价值共创（Open Innovation and Co - Creation）是一种现代商业战略，它强调通过与外部合作伙伴（包括供应商、客户、学术机构、竞争对手甚至公众）的合作来创新和创造价值。这种模式背离了传统的封闭式创新，即所有研发过程和创新活动都是在公司内部独立完成。开放式价值共创认为，有效的创新可以通过组织边界之外的资源、技能和想法来实现。

第二，开放式价值共创的关键特点具体如下：

①外部知识的利用。企业不仅依赖内部资源进行创新，还积极寻求外部知识和技术，通过与外部组织的合作，引入新的思想和方法。

②双向知识流动。知识和资源的流动不仅从外部流入企业内部，企业也可将内部知识和技术分享给外部合作伙伴，以促进共同的创新和发展。

③共同开发新产品或服务。通过与外部合作伙伴共同研发新产品或服务，各方可以共享风险与成本，并利用各自的优势。

④客户参与。产品开发过程可让客户直接参与，以确保产品能更好地满足市场需求，这通常通过各种形式的客户反馈和参与实现。

⑤网络合作。构建包含不同的组织和个人，如科研机构、初创

企业、大学等的创新网络，从而形成技术和知识共享的生态系统。

第三，开放式价值共创的好处。通过集成外部和内部的创新资源，企业可以更高效地开发新技术和产品，共享研发成本和风险，减少重复投资，提高对市场和技术变化的快速响应能力；通过独特的合作关系构建竞争优势，紧密结合客户需求和反馈，提高产品市场适应性和成功率。

开放式价值共创是建立在对全球化和技术快速发展的今天，单靠公司内部的资源和能力已难以满足快速创新的需求的认识上。通过这种开放的合作模式，企业能够更有效地整合全球资源和智力，共同推动技术进步和商业成功。

第四，探路者在开放式价值共创中的开放网链构建路径，具体如下：

①品牌与产品聚焦策略。探路者明确了未来的业务聚焦点，即回归户外核心属性，专注于冲锋衣、登山鞋、徒步鞋等关键产品。这种聚焦不仅有助于提升产品的专业性和技术含量，还能更好地满足目标消费者的需求。通过创建爆款产品（如冲锋衣），探路者可集中资源进行专项开发，以期得到市场的广泛认可和消费者的高度关注。

②技术合作与自主研发。探路者与国际知名企业（如美国戈尔公司、意大利 Vibram 公司）合作，引入顶尖的材料技术，提高产品的功能性和舒适性。同时，探路者也投资于自主技术的研发，如 TiEF 仿生平台，这不仅增强了企业的技术自主权，也提高了产品的竞争力。

③供应链优化。通过集约化成本管理和成衣加工优化，探路者能有效降低生产成本，同时确保产品的时尚感和功能性，精准定位

价格带，满足不同消费者群体的需求。

④生态系统整合。探路者不仅在技术层面与合作伙伴合作，还在业务链条中实现场景联通，与合作伙伴共同开发和优化产品，如将北斗芯片植入防寒服和羽绒服，以提供精准定位服务，满足专业户外爱好者的需求。进一步地，探路者与中国南北极科学考察队合作，将极限环境下的科学考察技术应用于产品中，提高产品的实用性和可靠性。

⑤科研与技术积累。探路者积极承接国家级重大科研项目，与科研院所、高等院校合作，不断进行技术创新和产品迭代。这些合作不仅提高了探路者的技术水平，也为探路者带来了丰富的科研成果和技术积累。

⑥低碳理念与社会责任。探路者积极推广低碳理念，通过技术创新和产品设计减少环境影响，从而实现可持续发展。同时，探路者通过提供高质量的户外装备，努力提升户外活动的安全性和舒适性，以增强消费者的户外体验。

综上所述，探路者通过聚焦核心产品、加强技术合作与自主研发、优化供应链、整合生态系统、进行科研和技术积累以及推广低碳理念，成功构建了一个开放且高效的网链，不仅提升了自身的核心竞争力，也为消费者和股东创造了更大的价值。

第五，企业在多个方面为利益相关者共同创造价值的策略。具体如下：

①为消费者创造价值。品牌认同与民族自豪感。随着国内经济的发展，消费者对国内品牌的认可度不断提高，企业通过强化民族品牌的形象来吸引消费者。产品创新与技术升级。通过与国际知名企业合作（如美国戈尔公司、意大利 Vibram 公司）和自主研发

（如 TiEF 仿生平台），企业在产品设计和功能性方面保持领先。市场敏感性与快速反应。企业能够迅速对市场变化作出反应，聚焦核心品类，并创造爆款产品，如冲锋衣。扩展产品线和应用场景。从露营帐篷到全面的产品矩阵的转变，可满足市场需求和文化推广方面的要求，如建立露营文化场景。

②为经销商、渠道商创造价值。供应链优化与生产能力。企业通过自有的核心工厂与委外工厂的合作，可以确保产品的按时交付和品质控制。全渠道销售和营销支持。企业在线上、线下都有强大的销售网络，并通过与电商代运营公司合作，使用新型营销方式如直播，提升销售效率。门店扩展与盈利模式优化。企业不断优化门店开设的策略，提高开店成功率，以及通过直营和加盟模式扩大市场覆盖面。

③与政府、企业、科研机构共同创造价值。参与国家级项目和任务。企业产品在多个国家级的重大任务中得到应用，如航天、南北极科学考察等，这不仅提升了品牌形象，也验证了产品的高标准和可靠性。技术合作与知识共享。通过与全球领先的技术供应商和科研机构合作，企业能够在技术上保持创新和领先。品牌故事与文化传播。通过丰富的品牌故事和参与各类科研、科学考察活动，企业增强了品牌的吸引力和市场竞争力。

综上所述，企业通过多元化的战略和积极的市场行动，在创造价值的同时，也增强了自身的市场竞争力和品牌影响力。这种多方位的价值创造策略是企业持续成长和成功的关键因素。

基于上述分析，本文归纳出了关键核心技术突破助推价值共创演进过程模型，如图 6－1 所示。

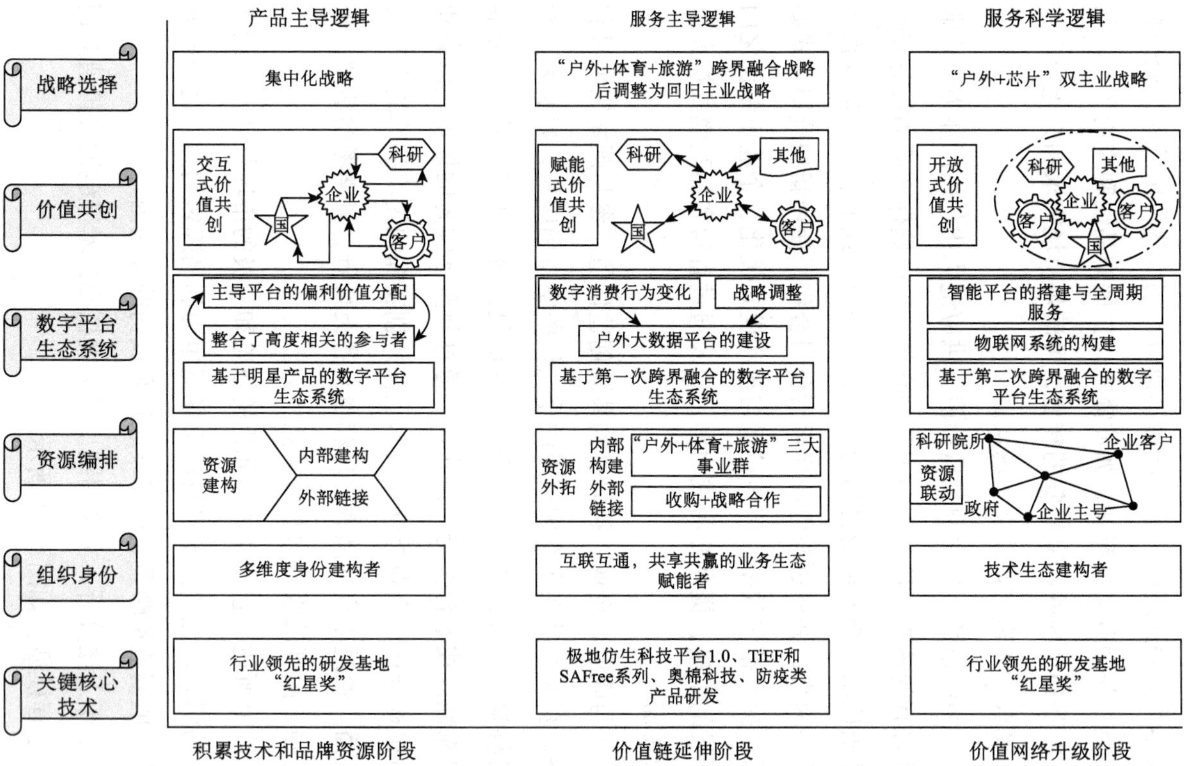

图 6－1　关键核心技术突破助推价值共创演进过程模型

6.4　结论与讨论

6.4.1　研究结论

本文运用结构化数据分析方法探讨了探路者跨界融合和关键核心技术突破对价值共创的助推过程。

第一，发展历程变迁：产品主导逻辑——服务主导逻辑——服务科学主导逻辑。探路者的发展经历了从产品主导逻辑，到服务主导逻辑，再到服务科学主导逻辑的演变，反映了其在适应市场和技术变化中的战略调整和业务模式创新。以下是对这一变迁过程的详细总结：

①产品主导逻辑。在初期，探路者主要集中在产品开发和销售，以产品为核心的业务模式主导了公司的运营。这一阶段，探路者的重点在于如何提高产品质量和生产效率，建立以实物产品为交易的核心，追求产品的技术优势和市场占有率。然而，随着市场竞争的加剧和客户需求的多样化，单纯依靠产品优势已难以维持公司的竞争力。

②服务主导逻辑。为了更好地满足客户需求和提高市场竞争力，探路者开始转向服务主导逻辑，将服务作为增值的重要手段。在这一阶段，探路者不仅提供物理产品，还增加了与之相关的服务，如售后支持、定制化解决方案和客户咨询等。服务主导逻辑强调与客户的互动和关系管理，通过提供综合的解决方案来提升客户

满意度和忠诚度。探路者的核心竞争力逐渐从制造转向了服务提供。

③服务科学主导逻辑。随着信息技术和数据科学的飞速发展，探路者进一步采用服务科学主导逻辑。这一阶段，探路者不仅关注服务的提供，还通过技术创新来整合资源、优化服务流程和提高服务质量。服务科学主导逻辑涵盖了技术、管理和工程等多个领域，通过科学的方法和技术手段，提升服务的效率和效果，从而实现个性化和智能化的服务。此外，探路者开始重视跨界融合，通过与其他行业的企业合作，创造新的服务模式和业务机会。

综上所述，探路者从产品主导逻辑到服务主导逻辑，再到服务科学主导逻辑的变迁，体现了其在适应市场和科技变革的过程中不断寻求新的增长点和竞争优势。这一变迁不仅提升了探路者的市场地位，也增强了其创新能力和未来发展的可持续性。在此过程中，探路者应持续关注客户需求的变化，优化内部管理，加强技术研发和人才培养，以保持其在动态市场环境中的领先地位。

第二，组织身份转换：行业标准建构者—行业发展赋能者—技术生态建构者。探路者在其发展过程中经历了组织身份的显著转换，由行业标准建构者转变为行业发展赋能者，最终成为技术生态建构者。

①行业标准建构者。在初期，探路者作为行业内的领先企业之一，扮演了行业标准建构者的角色。探路者通过推动行业标准制定，不仅为自己的产品和服务设定了高标准，还推动了整个行业产品的质量和性能向上提升。这一阶段，探路者通过技术创新和质量控制，确立了行业内的领导地位，并对行业的长远发展产生了深远的影响。

②行业发展赋能者。后来随着市场和技术环境的变化，探路者逐渐转变为行业发展赋能者。在这一阶段，探路者不仅关注自身的产品和服务，还开始关注如何通过提供培训、技术支持、合作研发等方式帮助整个行业成长和进步。探路者通过开放的创新平台和合作网络，对合作伙伴和行业新进入者进行赋能，促进了整个行业生态的繁荣和技术革新。

③技术生态建构者。最后，探路者成了一个技术生态建构者。在这一阶段，探路者的角色不再局限于单一行业内，而是拓展到更广泛的技术和业务领域。探路者通过构建包括多个行业、多种技术和多方合作伙伴的综合生态系统，促进了跨行业和跨领域的创新合作。这一生态系统不仅增强了探路者自身的竞争力，也推动了整个社会的技术进步和经济的转型。

综上所述，探路者的组织身份转换反映了其在不断变化的市场环境中的适应性和前瞻性战略。从行业标准建构者到行业发展赋能者，再到技术生态建构者，每一步的转变都体现了其对市场需求和技术趋势的深刻理解和快速响应。通过这些转变，探路者不仅提升了自身的影响力，还促进了整个行业和社会的持续发展和创新。在未来，探路者需要继续加强技术研发和战略合作，以保持在不断演化的市场中的领先地位。

第三，资源编排适配：资源建构—资源外拓—资源联动。探路者在其组织身份的演变过程中，不仅表现在身份的转变上，还体现在对资源的编排和适配上。具体来说，探路者的资源编排适配可以概括为三个阶段：资源建构、资源外拓和资源联动。这三个阶段分别对应了其在不同发展阶段的战略重心和实际操作。

①资源建构。在早期，作为行业标准建构者，探路者主要聚焦

于内部资源的建设和优化。这包括技术研发、生产设施的建设、人才队伍的培养等核心资源的集中配置。通过强化这些内部资源，探路者能够提高其产品和服务的质量与创新水平，从而在行业中确立领导地位。这一阶段的资源建构是为了支撑探路者的成长和扩展市场。

②资源外拓。随着探路者向行业发展赋能者的转变，探路者开始注重资源的外拓，即向外部寻求和整合更多的资源以支持其服务和解决方案的多样化。这包括与其他企业、高校和研究机构进行合作，以及通过并购等方式获取新的技术和市场资源。资源外拓使探路者能够拓展其业务范围和市场影响力，同时为行业的整体发展提供动力和支持。

③资源联动。进入技术生态建构者阶段，探路者的资源编排策略进一步演进为资源联动。在这一阶段，探路者不仅继续加强与外部资源的合作，还开始致力于不同资源之间的有效联动，旨在构建一个互联互通的技术和业务生态系统。这包括跨行业合作、平台建设和数据共享等多方面的资源整合，以实现技术创新和商业模式的升级。资源联动的目的是通过高效的资源整合和协同，推动整个生态系统的优化和可持续发展。

综上所述，探路者的资源编排适配策略是其成功的重要因素之一。从资源建构的基础打造，到资源外拓的战略扩张，再到资源联动的生态构建，每一步都精准应对了市场和技术的变化，支持了公司战略目标的实现。这种前瞻性的资源管理和优化策略，不仅加强了探路者的市场地位，也为其长期发展提供了强大的动力和广阔的视野。在未来的发展中，探路者需要持续关注资源配置的优化和创新，以应对不断变化的全球市场和技术环境。探路者的资源编排适配策略从资源建构到资源外拓，再到资源联动，展示了其在不断变化的市场环境中如何有效地调整和优化资源配置。每一阶段的资源策略都是为了更好地支持公司的组织身份和战略目标，同时推动行业和社会的进步。这种具有灵活性和前瞻性的资源管理方式是探路者能够持续保持行业领导地位的关键因素之一。在未来，探路者需要继续探索新的资源整合方式和合作模式，以适应快速变化的技术和市场环境。

第四，平台生态系统构建：基于明星产品的数字平台—基于第一次跨界融合的数字平台生态—基于第二次跨界融合的数字生态系统。具体如下：

①基于明星产品的数字平台。在初期，探路者依托其明星产品，构建了第一个数字平台。这一阶段的关键在于利用已有的成功产品作为核心，通过数字化手段提升产品的用户体验和市场竞争力。这个数字平台主要集中在提高产品功能、优化用户体验和增强用户互动等方面，目的是通过技术的力量推动单一产品的市场表现和客户满意度。

②基于第一次跨界融合的数字平台生态。随着技术的进步和市场需求的扩展，探路者转向构建基于物联网体系的数字平台生态。探路者在 2014 年开始实施"户外产品 + 旅游 + 大体育"的协同发展战略。通过投资、收购和入股等方式，探路者进入旅游业，尤其是通过投资增持了新加坡旅游网站 Asiatravel 的股份，显著扩展了其业务范围。旅行事业群的成立和平台化策略旨在打造一个连接资源和用户的生态系统，形成一个内部市场化和资源共享的环境。在这一阶段，探路者并没有集中在单一产品上，而是将多个产品和服务通过物联网技术进行连接和整合，形成了一个相互支持的平台生

态系统。这种整合不仅提高了资源的利用效率，也为用户提供了更加丰富和便捷的服务，同时增强了产品之间的协同效应。

③基于第二次跨界融合的数字生态系统。进一步地，探路者开始构建一个基于“户外 + 芯片”跨界融合的数字生态系统。这一阶段，探路者通过与不同行业的合作伙伴合作，打破行业界限，整合更广泛的资源和技术，形成了一个多元化的服务和产品组合。2021 年，探路者进一步扩大其数字化战略，与百胜软件合作，开发了一套全链条智能决策交易系统，即探路者数字化 2.0 系统。这个系统整合了从用户触达到工厂生产的多个业务模块，实现了电商订单的高效转换、智能分货、库存管理、自助式财务结算和智能决策辅助等功能。此外，探路者提出了“无痕露营”等可持续发展理念，并针对年轻群体推广“泛户外”活动。这个数字生态系统不仅包括传统的物联网设备和服务，还融入了人工智能、大数据分析、云计算等先进技术，实现了更高级别的智能化和自动化，提供了全面的解决方案以满足更广泛的市场需求。

综上所述，探路者平台生态系统的构建和迭代显示了其战略的逐步深化和技术应用的广泛扩展。从依赖单一明星产品的数字化转型，到物联网技术的全方位应用，再到跨界合作的生态系统构建，每一步都是对前一步的扩展和深化。这种逐步演进的策略不仅增强了探路者的市场竞争力，也为用户提供了更加丰富和高效的服务，最终推动了整个行业的创新和发展。在未来，探路者需要继续探索新技术和新模式，以保证其即使面对不断变化的技术和市场需求，也能保持领导地位。

第五，价值共创演变：交互式价值共创—赋能式价值共创—开放式价值共创。探路者在其发展历程中，通过不断演变的价值共创模式，实现了与客户、合作伙伴以及更广泛利益相关者的深入合作与共赢。这一过程从交互式价值共创开始，经历了赋能式价值共创，最终发展为开放式价值共创。

①交互式价值共创。在早期，探路者采用的是交互式价值共创模式。这一模式主要基于与客户的直接交互，通过收集和分析客户反馈来优化产品和服务。这种方式强调的是双方的互动，即探路者通过与客户的直接沟通了解需求，然后调整其产品和服务以更好地满足这些需求。这种模式有效地提高了客户满意度，并帮助探路者建立了忠实的客户基础。

②赋能式价值共创。随着公司的成长和市场环境的变化，探路者逐渐转向赋能式价值共创模式。在这一阶段，探路者不仅要满足客户的需求，更要通过提供工具、资源和知识来赋能客户，使客户能够更有效地使用产品或服务，从而实现更大的价值创造。例如，通过培训、支持服务和定制解决方案，探路者帮助客户提升了其业务运营的效率和效果。这种模式强调的是通过增强客户能力来实现深层次的价值共创。

③开放式价值共创。最终，探路者采用了开放式价值共创模式。这一模式的出现标志着对外合作和资源共享的全面开放，探路者通过构建开放的平台和生态系统，邀请更广泛的合作伙伴和开发者参与。在这个生态系统中，不同的参与者可以贡献自己的资源和能力，共同开发新的产品和服务，从而实现资源的最优配置和创新的最高水平。这种模式不仅加速了产品和服务的创新，也为所有参与者创造了更多的商业机会和价值。

综上所述，探路者的价值共创模式的演进从交互式向赋能式、开放式转变，这反映了探路者对市场动态的敏感性和适应性。这一过程不仅加深了探路者与客户的关系，也极大地拓宽了探路者的市场范围和影响力。由于每一次演进都是对之前模式的扩展和深化，因此共创的价值会更加多元化和持久化。在未来，探路者需要继续推动开放和秉持合作的精神，以保持其在激烈竞争的市场中的领先地位。

第六，价值共创中面临的风险。在价值共创的过程中，虽然各方都期待通过合作实现更大的价值和利益，但也存在以下风险和问题：

①信息不对称。在价值共创中，不同的参与者可能对关键信息的访问权限存在差异，这会导致决策效率低下或结果不理想。

②利益冲突。各方在合作过程中可能会出现利益不一致的情况，如预期的收益分配不公，可能引发合作关系的破裂。

③知识产权的保护与分享。在开放式创新和合作中，如何在合理保护知识产权的同时，确保知识的有效分享是一个重大挑战。

④资源投入与回报不匹配。参与者可能对所投入的资源（如时间、资金、技术）与所获得的回报感到不满，尤其是当共创项目未能达到预期效果时。

⑤管理和协调复杂性。随着合作伙伴数量的增加，管理和协调任务将变得更加复杂，这可能导致效率低下和误解。

6.4.2 对策

（1）建立透明的沟通机制

设立定期的沟通会议和共享的信息平台，确保所有参与者都能及时获取关键信息，减少信息不对称。建立透明的沟通机制是构建和维护所有成功平台生态系统的关键。透明沟通可以提高信任、增强合作伙伴间的合作，并确保所有项目参与者都能够对共同目标作出有效贡献。

第一，设立定期的沟通会议，具体如下：

①设定会议频率。根据项目的需求和阶段，设定适当的会议频率，例如每周、每月或每季度。对于关键阶段或紧急情况，可以临时召开会议。

②明确会议目标和议程。每次会议前提前发送会议议程，明确会议的目标和讨论的重点，确保所有参与者都能有针对性地准备和参与。

③参与者多样化。确保会议参与者包括所有关键的利益相关者，如项目管理团队、技术专家、政府代表、投资者和关键客户等。

④采用混合会议模式。结合线上和线下相结合的会议方式，确保地理位置因素不会影响会议的参与。

⑤保存会议记录。会议结束后，应及时整理并分发会议纪要，记录决策过程和责任分配，以供日后参考。

第二，建立共享的信息平台，具体如下：

①选择合适的平台。根据团队的具体需要选择合适的信息共享平台，如 Slack，Microsoft Teams，Google Workspace 等，这些平台可以提供实时通信、文件共享和协作工具。

②设定访问权限。根据不同的角色和责任分配合适的访问权限，既要确保信息的安全，又要保证信息的可获取性。

③信息分类和标签。在信息平台上建立清晰的文件管理系统，使用恰当的分类和标签，使得资料易于搜索和阅读。

④定期更新和通报。设定固定的时间点对项目进展、重要变更

和其他关键信息进行更新和通报。

第三，培训与支持。具体如下：

①培训参与者。对所有平台用户进行必要的培训，确保他们能有效使用沟通和信息共享工具。

②提供技术支持。设立技术支持小组，以解决使用平台过程中可能遇到的技术问题。

第四，建立反馈和改进机制。具体如下：

①定期收集反馈。通过问卷调查、一对一访谈等方式，定期从参与者那里收集对沟通机制的反馈。

②持续改进。根据收集到的反馈，定期评估和优化沟通策略和工具，从而确保沟通机制能够满足项目的需求和参与者的期望。

通过上述详细的步骤，可以建立一个有效的透明沟通机制，确保所有参与者都处在同一个理解和信息水平上，从而推动项目的成功和生态系统的健康发展。

（2）明确合作协议

在合作初期就需要明确各方的责任、权利和利益，合同中应详细记录这些内容，以防未来出现争议，合作协议的内容如表6－1所示。

表6－1　合作协议的内容

步骤序号	步骤名称	描述	关键活动
1	初步讨论和确定合作意向	初始化合作讨论，确定合作的基本框架和目标	召集关键利益相关者会议 确定合作范围和目标 交换意见，初步解决冲突

续表

步骤序号	步骤名称	描述	关键活动
2	明确各方的责任、权利和利益	细化各方的具体责任、享有的权利以及分配的利益	定义各方责任和义务 明确权利，如知识产权使用 具体说明利益分配方式
3	起草合作协议	根据讨论结果起草合作协议，确保合同的法律效力	聘请法律顾问 草拟合同 允许各方审查并提出修改意见
4	合同的审批和签署	完成合同的最终审查、审批和签署过程	各方进行内部审批 组织正式签署仪式 保存合同副本
5	监督和合同执行	监督合作协议的执行，并根据需要进行调整	建立监督机制 定期召开评审会议 必要时调整合同条款

资料来源：作者整理得到。

通过这种结构化的方式，每一步的目标和活动都被清晰地规划和记录，这有助于确保合作的顺利进行和减少未来可能出现的争议。

（3）知识产权共享协议

建立知识产权共享协议是指制定明确的知识产权政策和规则，确保在保护原创性的同时，促进知识的合理流通和应用（见表6-2）。

表6-2　　　　建立知识产权共享协议的过程

步骤序号	步骤名称	描述	关键活动
1	确定共享目标和范围	定义共享知识产权的目的和界定范围	明确共享目的 界定共享的知识产权类型

续表

步骤序号	步骤名称	描述	关键活动
2	制定知识产权政策	设定管理知识产权使用和保护的政策框架	制定政策框架 确定权利归属和使用权限
3	草拟共享协议	起草详细的共享协议，包含所有关键条款	选择法律顾问 草拟和审查共享条款 设定保护措施
4	协议审批和签署	完成协议的内部审批，与合作方协商并正式签署	进行内部和合作方审批 协商修改 签署协议
5	实施和监督	实施协议并监督其执行，确保合规性	建立监督机制 定期评估 调整和更新协议
6	教育和培训	提供必要的培训和增强知识产权意识	组织知识产权法律培训 普及知识产权意识

资料来源：作者整理得到。

表6－2将整个建立知识产权共享协议的过程分解成6个主要步骤，每个步骤都包括了具体的关键活动，可以作为实际操作的指南。这样的结构有助于组织系统地处理和管理知识产权共享相关的事宜。

（4）实行风险和收益共享机制

实行风险和收益共享机制是指通过建立风险共担和收益共享的机制，确保所有参与者都能公平地承担风险和享受成果，以增强合作的吸引力和稳定性。实现风险和收益共享机制的步骤如表6－3所示。

表6-3　　实现风险和收益共享机制的步骤

步骤序号	步骤名称	描述	关键活动	输出
1	确认合作伙伴及项目目标	选择合适的伙伴并设定项目目标	选择合作伙伴 设定共同目标	合作伙伴列表 项目目标文档
2	分析和评估风险	识别和分类项目潜在风险	进行风险评估 风险分级	风险评估报告
3	设定风险共担机制	公平地分配风险给各方	风险分配 制订风险管理计划	风险分配方案 风险管理计划
4	制定收益共享机制	基于贡献和风险确定收益分配	确定收益分配模式 透明的财务管理	收益分配协议 财务管理政策
5	签订合作协议	详细列出所有合作条款	明确合作条款 法律审查	合作协议
6	实施监督和评估	监控项目进展和风险，定期评估	建立监控系统 定期评估和调整	监控报告 评估报告
7	增强合作透明度和信任	通过沟通和共同解决问题增强信任	定期沟通 共同解决问题	会议纪要 问题解决档案

资料来源：作者整理得到。

表6-3清晰地列示了建立风险和收益共享机制的整个过程，从确认合作伙伴到增强合作透明度和信任，每个步骤都详细列出了关键活动和预期的输出。这种系统化的方法有助于确保实施的有效性和合作的成功。

（5）采用灵活的管理策略

采用灵活的管理策略是指针对不同的合作伙伴和项目特点，采用灵活多样的管理方法，如采用项目经理制度、设立专门的协调小组等，以提高管理效率和适应性。

采用灵活的管理策略是确保不同合作伙伴和项目能够有效协同

的关键。表6-4列示的管理策略能够帮助组织或团队根据不同情况选择合适的管理方法。

表6-4 灵活的管理策略

策略	描述	适用情况	实施步骤
项目经理制度	指定专职或兼职的项目经理来负责项目的日常管理和决策	大型或长期项目 需要专业管理的复杂项目	选定合适的项目经理 定义项目经理的职责和权限 定期评估项目经理的表现
设立专门的协调小组	成立一个跨部门或跨组织的小组，专门负责项目的协调和沟通	跨部门或跨组织合作项目 需要频繁沟通和调整的项目	确定小组成员和领导者 明确小组的职责和工作流程 定期检查小组的工作效果
弹性工作安排	根据项目需求和合作伙伴的工作习惯灵活调整工作时间和地点	有远程工作需求的项目 合作伙伴位于不同时区	设立核心工作时间 使用云端协作工具 定期评估工作安排的有效性
动态任务分配	根据项目进展和团队成员的能力灵活分配任务	项目需求变化快 团队成员具有多样化技能	设立一个透明的任务管理系统 定期审查任务分配 提供必要的培训和支持
迭代和灵活反馈机制	采用敏捷方法，快速迭代项目成果，并及时收集反馈进行调整	创新项目 项目成果不确定	定期进行项目迭代和评审 建立快速反馈渠道 根据反馈调整项目方向
定制化沟通策略	根据合作伙伴的偏好和项目的特点定制沟通策略	多文化或多语言合作项目 合作伙伴沟通方式多样	了解合作伙伴的沟通偏好 使用多种沟通工具和方式 定期评估沟通效果

资料来源：作者整理得到。

这些策略可以根据实际项目特点和合作伙伴的需要灵活地采用或组合，从而提高管理效率和项目适应性。通过这种灵活多样的管理方法，可以更好地应对不确定性和复杂性，从而确保项目顺利进行。

（6）定期评估与反馈

实施定期评估与反馈是项目管理中一个至关重要的环节。这不仅有助于及时发现和解决问题，还能增强团队间的信任与理解。表 6 –5 列示了有效实施定期评估与反馈的步骤。

表 6 –5　　　　实施定期评估与反馈的步骤

步骤序号	步骤名称	描述	关键活动	注意事项
1	设定评估标准	明确评估的目标、标准和关键绩效指标（KPIs）	确定评估频率 制定评估模板 同意评估标准	确保所有参与者对评估标准有共同的理解和接受
2	选择评估工具	根据项目特点选择合适的评估工具和方法	调查问卷 项目审查会议 性能跟踪软件	选择能够有效收集数据并简化处理流程的工具
3	进行定期评估	在项目的关键阶段或周期性地进行评估	收集数据 分析结果 准备评估报告	定期评估要按计划执行，避免延误
4	提供及时反馈	将评估结果及时反馈给所有相关人员	召开反馈会议 分发评估报告 讨论改进措施	反馈应具体、有建设性、及时
5	制订改进计划	根据评估结果制定具体的改进措施	制订行动计划 分配责任人 设置完成时限	改进措施应具体、可行，并有明确的执行标准和时间表

续表

步骤序号	步骤名称	描述	关键活动	注意事项
6	跟踪改进效果	实施改进措施后，跟踪其效果，并再次评估	监控改进进展 再次评估 调整行动计划	改进是一个持续过程，需要根据实际效果调整策略

资料来源：作者整理得到。

通过这些步骤，可以确保项目在整个执行过程中保持高效和透明，同时加强团队成员之间的沟通与协作。定期评估与反馈不仅帮助项目及时调整方向，解决存在的问题，还促进了参与者之间的信任和理解，从而提高项目成功率。

通过这些对策，可以在一定程度上预防和解决价值共创过程中可能出现的风险和问题，从而促进合作的顺利进行和价值的最大化。

（7）政府和相关利益者的合作至关重要

这种合作可以帮助建立一个健康、可持续的生态系统，使所有参与者都能从中受益。以下是政府和其他利益相关者可以采取的一些策略和行动：

①政府角色。制定支持性政策。政府可以制定促进技术创新、企业合作和知识产权保护的政策。例如，提供税收优惠、财政补贴、研发资金支持等。建立法律框架。制定和维护一个清晰的法律框架，以规范平台经济的操作，保护消费者权益，确保公平竞争，同时保护和激励创新。推动公私合作项目。政府可以作为催化剂，推动公私合作（PPP）项目，以解决公共问题，同时促进技术和创新的应用。提供教育和培训资源。投资于教育和职业培训，帮助劳

动力适应新的技术和业务模式，从而支持经济的转型和升级。

②平台运营商和企业角色。构建开放和协作的平台。提供一个开放、透明的平台环境，鼓励创新和合作，使外部开发者和合作伙伴能够轻松接入并作出贡献。实施合理的利益分配机制。设计合理的利益分配策略，确保所有参与者，尤其是小企业和个体工作者，都能从平台的成功中获得公平的收益。注重用户隐私和数据保护。严格遵守数据保护的相关法律，建立用户信任，通过安全措施保护用户数据不被滥用。持续技术创新和服务改进。不断进行技术创新和优化服务，以满足用户的需求，并保持竞争优势。

③其他利益相关者（如学术机构、行业协会等）。研究与开发新技术。学术机构可以与企业合作，进行技术研发和创新，提供科研支持和技术解决方案。提供市场洞察和专业培训。行业协会可以提供市场趋势分析、专业培训和认证，帮助企业和专业人士适应市场变化和技术进步。倡导最佳实践和标准制定。通过制定行业标准和最佳实践，帮助规范行业操作，提高整个行业的透明度和可信度。

通过这种多方位的合作，政府、企业和其他利益相关者可以共同构建一个健康、高效的平台生态系统，实现“你好，我好，大家好”的局面。这不仅可以促进经济的发展，还可以增强社会的整体福祉。

6.4.3　理论贡献与实践启示

(1) 理论贡献

第一，服务科学主导逻辑的阐释。本书通过探路者的案例，详细描述了企业从产品主导逻辑到服务主导逻辑，最终再到服务科学主导逻辑的转变。这一转变不仅反映了市场和技术的演进，也为服务科学领域提供了一个实际的应用示例，夯实了服务科学理论的实证基础。

第二，组织身份转换的动态模型。本书揭示了组织身份从行业标准建构者到技术生态建构者的转变过程，并提出了身份转换与资源编排之间的相互作用。这为理解企业如何通过组织身份的转变来适应和引领市场提供了新的视角。

第三，价值共创演化的框架。通过分析探路者价值共创的三个阶段，本书构建了一个价值共创演化的理论框架，为研究企业如何通过不同阶段的价值共创策略来促进持续成长和竞争力提升提供了理论支持。

（2）实践启示

第一，战略灵活性的重要性。探路者的案例强调了在快速变化的市场和技术环境中，企业需要保持战略的灵活性和适应性，从而能够及时调整其业务模式和核心竞争策略。

第二，资源编排的战略意义。通过有效的资源编排和适配，企业可以更好地利用内外部资源，支持其战略目标的实现。这要求企业领导者不仅要关注资源的获取和利用，还要注重资源的整合和协同。

第三，开放创新的推动作用。探路者的发展历程展示了开放式创新对于企业持续成长的重要性。企业应鼓励与各方利益相关者的合作，通过共创平台和生态系统，推动创新和价值创造。

6.4.4　研究的局限

（1）案例研究的普遍性问题

由于本书主要基于的是探路者这一单一案例，因此其结论的普遍性可能受到了一定限制。未来研究可以通过引入更多不同背景和行业的企业案例来验证和扩展本书的发现。

（2）动态变化的长期观察缺失

虽然研究提供了关于探路者的详细发展历程，但缺乏对其长期业绩影响的系统性追踪和分析。后续研究可以考虑长期研究，以更全面地评估战略调整和业务模式创新的效果。

（3）理论构建的深度与广度

当前的研究框架虽然为理解企业的价值共创提供了一个有价值的视角，但在理论构建上可能还不够深入。未来研究可以进一步探讨价值共创与企业绩效之间的具体关系，以及不同价值共创策略的条件和效果。

第7章 体育产业价值共创中的体育经纪人

7.1 新质生产力与价值共创的关系

新质生产力与价值共创都是经济学和管理学中非常重要的概念，它们在现代经济体系中都扮演了关键的角色。

7.1.1 新质生产力

新质生产力是指通过技术创新、管理创新以及商业模式创新等方式，形成的能够显著提升生产效率和经济效益的新型生产力。这种生产力往往是基于知识和信息的，与传统的以物质资源为基础的生产力有所不同。新质生产力的特点包括以下几个关键内容。

（1）技术驱动

技术创新是新质生产力的重要来源，通过新技术的应用，可以极大地提高生产效率和产品质量。

第一，技术创新提高生产效率。

①自动化和机械化。通过引入更先进的机器和自动化技术，可

以替代或减少手工操作，提高生产速度和精度。例如，自动化装配线可以加快生产过程，减少因人为操作引起的错误。

②优化生产流程。技术创新能够优化生产流程，减少不必要的步骤或合并流程，从而减少时间消耗和资源浪费。例如，使用精益生产和六西格玛方法可以有效提升生产流程的效率。

③提高资源利用率。新技术可以提高原材料的利用率，减少废料和副产品的产生。例如，通过引入材料科学和工程技术，可以确保原材料在生产过程中得到最大限度的利用。

第二，技术创新提升产品质量。

①精确控制。现代技术允许对生产参数进行精确控制，如温度、压力、化学成分等，确保产品质量的一致性和可靠性。例如，在半导体制造中，极精细的控制技术是保证芯片性能的关键。

②新材料的使用。技术创新常常伴随着新材料的开发，这些新材料可能具有更优越的性能，如更强的耐久性、更轻的重量或更好的环保特性，从而提升产品的质量和性能。

③质量检测技术。先进的质量检测技术，如自动视觉检查系统、非破坏性检测技术等，可以在生产过程中及时发现并排除缺陷，从而确保产品质量。

第三，技术迭代驱动的持续改进。技术创新不仅可提供一次性的生产力和质量的提升，而且通过不断的技术迭代和改进，可推动企业持续进行产品和服务的优化。这种持续的创新循环能够使企业保持竞争优势，适应市场的不断变化。

第四，跨领域的技术融合。随着技术的发展，不同领域的技术开始融合，如信息技术与传统制造业的结合，形成了智能制造、数字化工厂等新兴模式。这些融合不仅提升了生产效率和产品质量，还拓展和带来了新的业务模式和市场机会。

技术创新是推动新质生产力发展的关键因素，它通过提高生产效率、提升产品质量以及驱动持续改进和技术融合，为企业和经济带来深远的影响。

（2）知识密集型

新质生产力通常依赖于高技能的劳动力和复杂的知识体系。

第一，对高技能劳动力的需求。新质生产力通常涉及高度技术化和自动化的生产环境，这类环境要求劳动力具备更高的技能水平。这些技能包括但不限于：操作现代化机械和设备所需的专业知识和技能。高技能劳动者需要能够诊断问题并提出有效的解决方案，特别是在复杂的生产流程中。此外，由于技术不断进步，新的工具和技术层出不穷，劳动力需要不断学习和更新知识以适应这些变化。

第二，复杂知识体系的支持。新质生产力依赖于复杂的知识体系，这是因为现代生产技术和管理方法通常要基于深入的科学研究和技术开发。这些知识体系包括：基础科学研究的理论基础，如物理学、化学、生物学等领域的知识体系。应用科学和工程技术的理论基础，如信息技术、机械工程、材料科学等领域。高效的生产不仅需要技术支持，还需要先进的管理知识，如生产管理、质量控制、供应链管理等。

第三，人才培养和教育体系的角色。为了满足新质生产力对高技能劳动力的需求，教育体系需要提供相应的培训和教育。这包括在高等教育和职业教育中，专注于STEM（科学、技术、工程和数学）领域的课程和专业。为了让劳动力与技术进步保持同步，提供持续的职业培训和继续教育也是非常重要的。新质生产力还依赖于劳动力的创新能力和创造力，这些能力可以推动新技术和新产品的开发，从而为企业和社会创造更大的价值。

新质生产力的发展不仅是技术更新那么简单，它还深深植根于高技能劳动力的培养和复杂知识体系的建立与应用中。这种依赖关系要求社会不仅要注重技术发展，还要重视教育和培训体系的完善，以培养出能够支持未来生产力发展的人才。

（3）灵活性和适应性强

在当前经济和技术迅速变化的环境中，灵活性和适应性成为新质生产力的重要特征。这里的“新质生产力”指的是在现代信息技术、智能化、全球化等背景下，企业所展现出来的一种全新的生产和管理方式。这些特征的含义可以从以下几个方面来探讨。

第一，灵活的生产系统。在新质生产力的背景下，灵活性体现在能够根据市场需求的快速变化调整生产规模和生产方式。例如，通过采用数字化生产系统、自动化设备和高度模块化的生产流程，企业可以在很短的时间内调整或切换生产线，以生产不同的产品。这种生产方式极大提升了企业对市场变动的响应速度和灵活性。

第二，适应性的市场策略。适应性强意味着企业能够迅速识别和适应市场趋势与消费者需求的变化。这通常要求企业拥有高效的市场信息收集和分析系统，如利用大数据和人工智能技术来分析消费者行为和市场动态，从而预测未来的市场趋势。基于这些信息，企业可以快速调整其市场策略，如改变营销手段、调整产品特性等，以更好地满足消费者需求。

第三，敏捷的组织结构。新质生产力还要求企业具有敏捷和灵活的组织结构。这种结构通常比较扁平，简化了决策流程，有利于快速决策和执行。此外，敏捷的组织往往鼓励跨部门合作，通过项目化管理，组织跨功能团队来应对特定的市场机会或挑战。

第四，技术的前瞻性和适应性。新质生产力要求企业在技术应用上具有前瞻性，能够快速采纳和适应新技术。这包括信息技术、自动化技术、网络技术等，这些技术的应用不仅提高了生产效率，也增强了产品的个性化和服务的灵活性。

总体来说，新质生产力中的灵活性和适应性强，体现在企业能够通过先进的技术和管理方式，迅速响应市场和消费需求的变化。这不仅要求企业在技术层面持续创新，还要求其在组织和文化层面建立快速适应环境变化的能力。通过这些方式，企业能够在激烈的市场中保持竞争优势，实现可持续发展。

（4）可持续性

在当今全球化和高度发展的经济环境中，可持续性已成为衡量新质生产力的一个关键维度。以下是关于新质生产力中可持续性特征的关键点。

第一，环境友好的生产过程。可持续性要求企业在生产过程中减少对环境的负面影响。这包括使用清洁能源、减少废物产生、降低碳排放和控制污染物排放等。例如，一些先进的制造业企业采用零排放技术或循环经济模式，将生产过程中产生的废物回收再利用，减少资源消耗和环境污染。

第二，资源的高效利用。资源的可持续使用不仅包括自然资源，还包括人力资源和资本资源。企业需要通过技术创新和管理优化，提高资源使用效率。例如，通过精益生产和自动化技术，减少原材料的浪费和提高劳动生产率。同时，通过研发新材料或新技术，替代对传统资源消耗大的材料和工艺，以实现更加环保和资源节约的生产方式。

第三，社会责任的履行。可持续性还涉及企业对社会责任的承担，包括保护员工权益、提供安全健康的工作环境、支持社区发展等。企业通过负责任的行为，可赢得消费者和社会的信任和支持，这也是企业可持续发展的重要基础。

第四，长期战略规划。注重可持续发展的企业通常具有长远的战略眼光。它们在制定发展战略时，会考虑环境变化、资源状况和社会需求的长期趋势，以确保企业的发展方向和速度与全球可持续发展目标相一致。这种战略规划有助于企业在未来面对资源紧张、环境法规变化等挑战时，能够保持稳定和有序地发展。

新质生产力中的可持续性特征是一个多维度的概念，涵盖了环境保护、资源效率、社会责任和长期战略规划等方面。企业通过实施可持续的生产和经营活动，不仅能够减少对环境的负担，提高资源使用的效率，还能够在社会层面构建良好的企业形象，从而在全球化竞争中获得持久的竞争优势。

7.1.2　价值共创

价值共创是指企业与客户、供应商或其他利益相关者共同参与产品或服务的创造过程，通过互动和合作以实现更大的价值。正如前文所述，其核心要素包括：用户参与。消费者不仅是价值的接受者，也是价值创造的参与者。合作伙伴网络。通过与各种合作伙伴的协作，共同创造更大的市场价值。互动性。企业与消费者之间的互动更加频繁和深入，这种互动有助于更好地满足消费者需求。创新驱动。共创过程往往伴随着创新，在新产品开发、服务方式等方面都可能出现新的方法。

7.1.3 新质生产力与价值共创的关系

（1）相互促进

新质生产力通过提供新的技术和方法，为价值共创提供了工具和平台，反之，价值共创也能激发新的生产力需求和创新。

（2）共同应对挑战

在面对全球化竞争和市场快速变化的情况下，新质生产力和价值共创可以帮助企业更快地适应市场，通过创新和合作来增强竞争力。

（3）推动可持续发展

新质生产力注重可持续性，而价值共创可以通过集合各方智慧和资源，推动环境保护和社会责任的实现。

总之，新质生产力与价值共创是相辅相成的关系。新质生产力为价值共创提供技术和知识支持，而价值共创则为新质生产力提供应用场景和市场需求，二者共同推动企业和社会的持续发展。

7.2 体育产业的新质生产力需要体育经纪人

体育产业作为一个多元化和综合性的行业，涉及运动员管理、赛事组织、市场营销、品牌合作、媒体传播等多个方面。在这个产业中，体育经纪人扮演着至关重要的角色，他们不仅是运动员和商业机会之间的桥梁，也是推动体育产业新质生产力发展的关键力量。

7.2.1　运动员职业发展的推手

体育经纪人负责管理运动员的职业生涯，包括合同谈判、商业赞助、品牌建设等。通过为运动员争取更好的合同和商业机会，经纪人帮助运动员在各领域实现价值最大化，这直接促进了体育产业的经济效益。

7.2.2　市场营销和品牌合作的催化剂

体育经纪人通过与品牌和企业的合作，开发新的市场机会。他们利用运动员的公众形象和影响力与品牌进行合作，推广产品或服务，这不仅增加了运动员的曝光率，也帮助品牌达到特定的市场营销目标。

7.2.3　赛事组织与推广的关键角色

体育经纪人在赛事的组织和推广中也扮演着重要角色。他们协助赛事的策划和执行，确保赛事能够吸引观众和媒体的关注，从而提升赛事的商业价值和观赏性。

7.2.4　媒体关系与传播的桥梁

在媒体高度集中的今天，体育经纪人帮助运动员在媒体面前保持良好的公众形象，管理公关危机，以及通过不同的媒体渠道有效传播信息，增强运动员的公众影响力。

7.2.5 体育产业创新与发展的推动者

随着科技的发展和新媒体的兴起，体育经纪人需要不断创新自己的服务方式，比如利用数据分析来优化运动员的市场策略，或是通过数字媒体平台提升运动员的全球影响力。

总之，体育经纪人通过多方面的工作，在促进跨界融合、价值共创和新质生产力的提升方面起着核心作用。如图 7 – 1 所示，他们的专业服务和创新能力是体育产业新质生产力的重要组成部分，对于推动整个行业的持续增长和发展具有不可替代的作用。

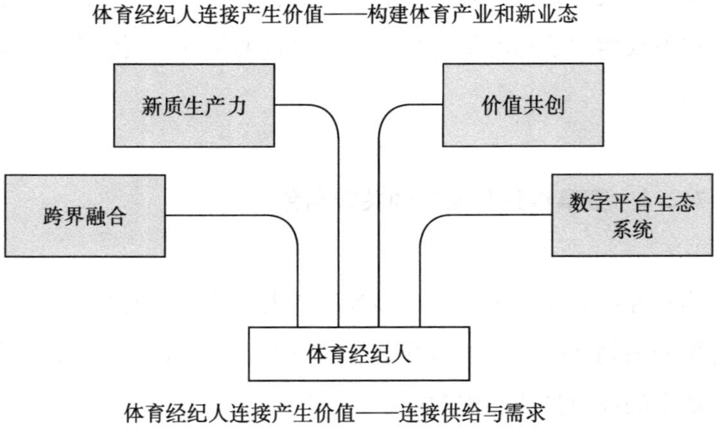

图 7 – 1 体育经纪人的作用

第 8 章

体育经纪人的培养

8.1　国外体育产业和体育经纪人的现状

8.1.1　国外体育产业对经济和社会的影响

（1）国外体育产业可以促进经济增长

体育产业是一个多元化的经济领域，包括职业体育、业余体育、体育设施建设、体育用品制造、体育营销和媒体广播等。这些活动都直接或间接地创造了大量的就业机会，并为经济增长作出了贡献；大型国际体育赛事能够吸引大量的国内外游客，这不仅可增加当地的旅游收入，还可带动酒店、餐饮、交通和零售业的发展；体育产业可以促进基础设施建设。为了举办大型体育赛事，通常需要建设或升级体育场馆、交通设施等基础设施，这些投资进一步促进了地区经济的发展。

（2）国外体育产业对社会的影响

体育赛事能够激发国家自豪感和团结，特别是在国际赛事中取得胜利能增强国民的凝聚力和国家认同感；国际体育活动提供了一个文化交流的平台，促进了不同文化背景的人们的相互理解和尊重；体育产业通过推广体育活动，鼓励公众参与运动，这有助于提高人们的身体素质和生活质量。

8.1.2 国外体育经纪人对经济和社会的影响

（1）体育经纪人对经济的影响

第一，商业收益。体育经纪人通过谈判赞助和广告合同，帮助运动员和体育组织获取财务收入，同时也为相关的广告商和赞助商创造价值。

第二，市场开发。体育经纪人通过市场洞察和战略规划，帮助体育品牌和产品进入新的市场，拓展商业机会。

（2）体育经纪人对社会的影响

第一，职业发展。体育经纪人为运动员提供职业规划和管理，帮助他们在体育生涯中取得成功，并在退役后平稳过渡到其他职业。

第二，榜样作用。经纪人帮助塑造运动员的公众形象，使他们成为年轻人的榜样，通过运动员的影响力传递积极的价值观和生活方式。

总体来说，国外体育产业和体育经纪人都在经济和社会层面产生了广泛的影响。体育产业通过直接和间接的经济活动促进了经济增长，同时增强了社会的凝聚力和公共健康。体育经纪人则通过专业的管理和市场洞察，为运动员和相关组织创造了经济价值，同时也对社会文化和职业发展产生了积极的影响。

8.2　我国体育经纪人培养的适切性分析

8.2.1　我国体育产业的现状及问题

（1）我国体育产业的现状

第一，政策支持。中国政府高度重视体育产业的发展，将其视为推动经济增长和改善国民健康的重要途径。政府出台了多项政策以支持体育产业，包括财政补贴、税收优惠和土地使用政策。此外，国家也鼓励社会资本投资体育产业，促进体育与教育、旅游、文化等其他行业的融合发展。具体有以下几种支持方式：

①财政补贴政策。政府通过直接或间接的财政补贴方式支持体育产业的发展。例如，对于承办国际体育赛事或者大型体育活动的企业和机构，政府可能提供资金支持，帮助其覆盖部分组织成本。此外，对于从事体育科研和新技术开发的企业，政府也可能提供研发补贴。

②税收优惠政策。为了鼓励企业和个人投资体育产业，中国政府实施了多项税收优惠政策。例如，《体育产业发展规划（2016—2025 年）》中提到，对体育产业的关键领域和重点项目给予税收减免。具体措施包括对体育赛事和训练营业务免征增值税，以及对体育设施投资给予固定资产投资抵扣等。

③土地使用政策。政府在土地使用政策上也给予体育产业特别支持。例如，对于建设体育设施的项目，可以优先审批土地使用

权，甚至以低于市场价格的方式提供土地。这一政策极大地降低了体育设施建设的初期成本。

④投资引导和资金支持。政府设立了体育产业投资基金，旨在引导和激励私人资本和社会资本投入体育产业。这些基金通常由政府和私人企业共同出资设立，专门用于支持体育产业项目的开发和运营。

⑤产业融合发展政策。政府鼓励体育产业与教育、旅游、文化、健康等产业相融合。例如，推动校园体育设施向社会开放，利用体育赛事推动旅游业发展，以及通过体育活动推广健康生活方式等。这些政策不仅促进了体育产业自身的发展，也带动了相关产业的增长。

⑥支持体育科技创新。政府支持体育科技的研究与开发，鼓励企业、高校和研究机构在体育科技领域进行创新。这包括智能体育设备、运动性能监测系统、虚拟现实和增强现实技术在体育训练和比赛中的应用等。

这些政策的实施有助于解决体育产业发展中的资金、技术和市场等方面的瓶颈，从而推动中国体育产业的健康和快速发展。

表 8－1 详细列示了 1995—2023 年国务院、国家发改委、国家体育总局出台的一些关于促进体育产业的重要政策文件。

表 8－1　　关于体育产业的国家政策

年份	文件名称	部门	主要内容
1995（影响至今）	全民健身计划纲要	国务院	推广体育活动，提高国民健康水平，通过建设体育设施、组织体育活动等措施，促进全民参与体育

续表

年份	文件名称	部门	主要内容
2014	国家体育总局关于加快发展体育产业促进体育消费的若干意见	国家体育总局	加快体育产业的发展，包括简化体育赛事审批流程、扩大体育产业投资和融资渠道、推动体育场馆设施向社会开放等
2015	关于加快发展体育产业促进体育消费的意见	国务院	进一步明确体育产业的重要性，提出具体措施来加快体育产业的发展和促进体育消费
2016	“健康中国 2030” 规划纲要	国务院	提升国民健康水平，包括发展体育产业和推广体育活动的内容，强调体育的重要作用在于促进全民健康
2016	体育产业发展规划（2016—2025 年）	国家体育总局	明确体育产业的发展目标，到 2025 年体育产业总规模达到 5 万亿元人民币，鼓励社会资本投资体育产业，支持体育与其他行业的融合
2018	关于实施乡村振兴战略的意见	国务院	通过发展乡村体育活动、建设乡村体育设施等措施，促进乡村社区的活力和居民的健康
2019	体育强国建设纲要	国务院	提升体育竞技水平、增强体育产业发展、推广全民健身运动等多方面措施，构建体育强国的整体框架
2020	关于加快发展健康服务业的意见	国务院	提出将体育与健康服务业相结合，推动体育健康产业的发展，包括发展体育健康服务、产品等
2021	“十四五” 体育发展规划	国家体育总局	着重于体育产业的创新发展，提升体育消费，强化体育产业政策支持，推动体育与科技、教育、文化等领域的融合发展
2022	关于推动体育产业高质量发展的指导意见	国家发改委	强调体育产业的高质量发展，提出具体措施，如优化体育市场环境、扩大体育消费、支持体育企业发展等

续表

年份	文件名称	部门	主要内容
2023	关于促进体育消费的若干政策措施	国家体育总局	旨在通过多种措施促进体育消费，如提升体育赛事和活动的吸引力、优化体育服务和产品供给、提高体育消费便利性等

资料来源：根据公开资料整理。

第二，不断壮大的产业规模。根据国家体育总局、国家统计局联合发布的相关数据，2015—2020 年我国体育产业的相关数据如表 8 –2 所示。

表 8 –2　2015—2022 年我国体育产业的相关数据

年份	总规模（亿元）	增加值（亿元）	增加值占当年 GDP 比重（%）
2015	17107	5494	0.79
2016	19011.3	6475	0.87
2017	21987.7	7811	0.94
2018	26579	10078	1.10
2019	29483	11248	1.13
2020	27372	10735	2.53
2021	31175	12245	1.07
2022	33008	13092	1.08

资料来源：国家体育总局、国家统计局。

①不断扩大体育产业规模。体育产业规模从 2015 年的 17107 亿元增长至 2020 年的 27372 亿元，增加值从 2015 年的 5494 亿元增长至 2022 年的 13092 亿元。2015—2022 年，国内生产总值中体育产业增加值所占比重从 0.79% 增长至 1.08%，与同期 GDP 相比，增长速度较快，体育产业在拉动经济增长中发挥着越来越大的

作用。

②优化升级的产业体系与产业结构。我国已基本形成了竞赛表演、体育场馆服务大众等多种业态共存的产业发展格局。应着力在以下几个方面进行优化升级：一是提升线上、线下的互动水平。2020年新冠疫情推动更多企业探索多样化的"互联网+"跨界合作模式，推出了线上健身、线上赛事、线上培训等服务。二是逐步将产业发展初期的资源比较优势转变为品牌竞争优势。越来越多的体育制造企业加大投入以加速转型，智能化、品牌化转型愈加迅速，它们以研发创新、品牌营销、销售优化等方面为突破口，不断提高自身产品附加值，以李宁、安踏、金陵等为代表的一批具有较强竞争力的民族品牌争相涌现。2023年体育产业状况如图8-3所示。

表8-3　2023年全国体育产业状况

体育产业类别名称	总产出		增加值		
	总量（亿元）	构成（%）	总量（亿元）	构成（%）	增速（%）
体育产业	33008	100.0	13092	100.0	6.9
体育服务业	17779	53.9	9180	70.1	7.0
体育管理活动	1143	3.5	599	4.6	16.3
体育竞赛表演活动	388	1.2	145	1.1	11.7
体育健身休闲活动	1921	5.8	962	7.3	7.8
体育场地和设施管理	3046	9.2	1106	8.4	7.2
体育经纪与代理、广告与会展、表演与设计服务	370	1.1	113	0.9	-4.9
体育教育与培训	2338	7.1	1888	14.4	5.2
体育传媒与信息服务	1329	4.0	452	3.5	11.3

续表

体育产业类别名称	总产出		增加值		
	总量（亿元）	构成（%）	总量（亿元）	构成（%）	增速（%）
体育用品及相关产品销售、出租与贸易代理	5397	16.4	3119	23.8	5.6
其他体育服务	1847	5.6	796	6.1	8.7
体育用品及相关产品制作	14259	43.2	3686	28.2	7.3
体育场地设施建设	970	2.9	226	1.7	-4.3

资料来源：国家体育总局、国家统计局。

第三，稳步增长的就业规模和产业法人。全国体育产业法人单位数从2015年的11.6万个增长到2021年的45.2万个，从业人员从363万人增加到718.6万人，一批规模大、实力强、后劲足的体育企业迅速崛起。居民体育消费快速增长，2020年全国居民体育消费总规模1.8万亿元，比2015年增长80%，人均体育消费支出1330.4元，比2014年的926元增长43.7%。国家体育总局推动的40个体育消费试点城市充分发挥了示范引领作用，2021年，40个体育消费试点城市居民体育消费总规模达6362亿元，人均体育消费支出的平均值为2405元，比2020年增长11.7%。

第四，多方面趋向纵深的产业融合和技术融合。科技在体育产业中的应用日益增多，包括智能体育设备、在线健身APP、体育赛事的虚拟现实（VR）观看，以及基于大数据的运动表现分析等。这些技术的应用不仅提升了运动员的训练和比赛表现，也改善了普通消费者的体育体验和参与度。体育产业与其他相关产业的融合进一步加深，催生出体育旅游、体育康养、智能体育、体育传媒等新业态和新模式。在体育科技领域，以5G、VR/AR、大数据、云计算、物联网等为代表的新一代信息技术在体育领域内的应用越来越广泛，体育产业智能化、智慧化水平不断提高。在体育文创领域，以体育纪录片为代表的体育媒体新形式正不断涌现。

第五，不断搭建产业平台盘活体育产业资源。我国产业平台持续壮大，截至2020年9月，国家体育产业示范基地已达到57个，基本覆盖31个省（区、市）。目前有各地方体育产业资源交易平台、京津冀体育产业资源交易平台、长三角体育资源交易平台。产业平台是发挥产业集聚的规模效应和辐射效应的重要路径。

第六，显著提升治理能力。“互联网+政务服务”的应用加快了“放管服”改革在体育领域的进程，大大减轻了体育企业的经营压力。在国家政策号召下，全国各省市积极响应，均提出大力发展体育产业，争相打造体育强省，为我国体育产业发展营造了良好的政策环境（见表8-4）。

表8-4　北京、上海、广东和河南“十四五”规划意见稿

省市	内容
北京市	着力提升体育事业发展水平。增加体育场地设施供给，推动体育设施向社会开放，打造百姓身边的“一刻钟健身圈”。完善全民健身公共服务体系，广泛开展群众性体育活动，持续提高市民身体素质
上海市	到2035年建成文化强国、教育强国、人才强国、体育强国、健康中国，国民素质和社会文明程度达到新高度。推动生活性服务业向高品质和多样化升级，加快发展健康、养老、育幼、文化、旅游、体育、家政、物业等服务业，加强公益性、基础性服务业供给。推进服务业标准化、品牌化建设
广东	到2035年建成文化强省、教育强省、人才强省、体育强省、健康广东和更高水平的平安广东。推动生活性服务业向精细化和高品质升级，加快发展健康、养老、育幼、文旅、体育、家政、物业等服务业

续表

省市	内容
河南	大力发展现代金融、科技服务、创意设计、商务咨询等知识密集型服务业，培育壮大家政、育幼、体育、物业等服务业，打造文化旅游、健康养老万亿级产业，加强公益性、基础性服务业供给。深化友好省州、国际友好城市建设，争取有关国家和国际组织在豫设立常驻办事机构，积极申办国际性会议、展会、体育赛事等重大活动。完善全民健身公共服务体系，广泛开展全民健身运动，增强人民体质，力争迈入体育强省行列

资料来源：公开资料节选。

第七，国际化发展。中国体育产业在国际舞台上的影响力逐渐增强。中国不仅成功举办了奥运会、世界杯等大型国际赛事，还积极推动本土体育品牌走向世界。同时，中国企业也积极参与到了国际体育市场中，通过收购、合作等方式与全球体育产业进行更深入的交流和合作。具体如下：

①成功举办国际体育赛事。中国成功举办了 2008 年北京奥运会，这不仅是一次体育盛会，也是中国向世界展示城市化进程和组织能力的重要窗口。此外，北京还成为第一座既举办夏季奥运会又举办冬季奥运会的城市，2022 年冬奥会的成功举办进一步巩固了这一地位。除了奥运会，中国还成功举办了许多其他国际体育赛事，如上海大师赛、广州亚运会等，这些都大幅提升了中国在国际体育舞台上的知名度和影响力。

②推动本土体育品牌国际化。中国的体育品牌，如李宁、安踏等已经开始在国际市场上扩展影响力。例如，李宁通过与国际知名运动员和团队开展合作，提升了品牌的全球认知度。安踏通过收购国外知名体育品牌（如 FILA）的部分业务，进一步扩大了其在全

球体育装备市场中的份额。

③中国企业的国际体育市场参与。中国企业不仅聚焦于制造业，还通过收购和合作进入国际体育市场。例如，万达集团曾收购了瑞士体育营销公司 Infront Sports & Media，以及拥有大量体育赛事版权的美国传奇影业。此外，中国企业还通过赞助国际体育赛事和团队来提升其品牌的国际影响力。例如，华为赞助了多家欧洲足球俱乐部。

④体育人才和技术的国际交流。中国在体育科技和训练方法上也在逐步走向国际化。中国体育代表团在国际比赛中的出色表现，如奥运会和世界锦标赛，这促进了国际体育技术和经验的交流。中国也越来越多地吸引了国际体育人才来华工作和交流，同时其也派遣本土的体育专家到海外学习和交流。

通过这些努力，中国的体育产业不仅在国内得到了迅速的发展，也在国际上逐渐确立起了重要的地位。未来，随着国际合作的不断深入，中国体育产业的国际影响力有望进一步增强。

（2）我国体育产业面临的问题

从前面的统计数字来看，我国的体育产业有不少可喜之处，但亟待解决的问题也很突出。

第一，体育产业链不完整。中国体育产业的发展相对较晚，许多相关的产业链条还不够完善。例如，体育培训、赛事运营、运动康复等领域与发达国家相比还存在较大差距。这导致体育产业的增值服务不足，限制了整个产业的深度和广度发展。

第二，市场机制作用并未被有效激活，体育市场主体活力不足。我国体育产业还处于初级发展阶段，市场在体育资源配置中的决定性作用不强，体育消费潜力尚未充分释放，产业链条需进一步培育和完善。

市场主体跨界合作不够，培育本土体育行业领军企业不多。没有很好地实施“独角兽”企业培育计划，培育一批专精特新中小企业、“瞪羚”企业和“隐形冠军”企业。同时，金融服务方式需要创新，只有这样才能更好地支持中小微体育企业的发展。此外，我国还没有很好地调动社会力量参与公共体育服务的积极性，需要推动各类体育社会组织实体化、市场化发展。

第三，体育产业发展不平衡，存在地区差异。

①中国体育产业的发展在地区之间存在不平衡。东部沿海地区由于经济条件较好，体育产业发展较快，而中西部地区由于经济基础相对薄弱，体育产业发展相对滞后。这种不平衡限制了全国体育市场的整体发展。

②中国体育发展在多个方面存在不足和不均衡。首先，普通民众的体育参与度较低，体育产品和服务的供应不足，社会普遍更加关注运动员的竞技成绩而非个人的全面发展。其次，学校体育资源分配存在明显的地域和校际差异，导致学生的体质和健康水平普遍较低。

总之，在群众体育方面，资源配置和参与度的不均衡。主要体现在地区差异以及城乡差距上。而在竞技体育领域，我国的发展水平区域差异显著，表现为东部地区较高，中部平稳，西部较低，这种差异在奥运金牌贡献率、经费投入和体育设施数量等方面尤为突出。

第四，体育场地设施要素供给不足。张金桥（2018）提出，目前各地普遍存在体育场地的供给不足与供给过剩、资源要素配置不合理、体育场地布局不合理、城乡区域差距较大、不同系统内体育场地供给失衡等问题。北京大学中国体育产业研究中心执行主任何文义（2020）提出，各级政府需要把推动体育场地设施供给的政策落地，把规划中属于体育的用地、资本及设施归还给体育，只有这样才能保证上万亿的体育消费市场真正盘活。

第五，市场监管不足，管理服务亟待精细化运作。体育市场的快速扩张也带来了一些监管问题。例如，体育赛事的票务市场、体育彩票等领域存在一定程度的不规范操作。此外，假冒伪劣体育用品、非法体育赌博等问题也时有发生，影响了体育市场的健康发展。

随着国家体育产业基地的聚集效应、规模效应与示范效应的逐渐增强，亟待完善相应的管理服务体系。目前，国家体育产业基地的顶层设计已经形成，但管理服务的界限模糊、平台和人才的缺乏束缚限制了国家体育产业基地的良性成长。体育赛事综合服务联动机制值得探索，该机制涉及体育、财政、文化旅游、公安、交通、应急管理、卫生健康、市场监管等部门，能够实现“一站式”服务新模式，提升了赛事管理和服务保障水平。

第六，体育消费文化尚未根深蒂固。虽然近年来中国居民的健康意识提高，体育消费增加，但与西方国家相比，体育消费的比重仍然较低。大部分人群对体育的参与度不高，体育消费习惯尚未形成，这限制了体育市场的潜在规模。

第七，投资回报周期长。体育产业特别是体育设施建设和大型赛事的投资不仅需要巨额资金，而且回报周期较长。这使得一些潜在的投资者和资本对体育产业投资持谨慎态度，从而影响了体育产业的资本流动和发展速度。

第八，专业人才缺乏。尽管近年来体育教育和培训规模有所增加，但与体育产业的快速发展相比，仍然存在专业人才供不应求的问题。这包括高水平的教练员、体育经纪人、体育科技人才等。人才短缺限制了体育产业的专业化和科学化发展。

王达盈（2017）提出，体育产业蓬勃发展彰显了一个国家的综合国力，体育竞技魅力和体育拼搏精神不仅要在体育产业中展现，还要充分发挥它的多功能性，如娱乐、教育、经济等功能，高水平的体育经纪人在其中扮演了重要角色，其不仅掌握了现代化知识而且能够实现价值增值，从而提升行业竞争力。

8.2.2 我国体育经纪人现状及问题

（1）我国体育经纪人现状

①市场规模逐渐增长。

随着体育产业的快速发展，特别是职业体育和电子竞技的兴起，体育经纪人的市场需求在逐渐增加。

著名跳高运动员朱建华于1997年10月在上海成立了希望国际体育经纪有限公司，这是我国首家正式注册的国际体育经纪公司，这标志着我国体育经纪行业迎来了蓬勃发展时期。国内体育经纪人职业资格报考人数总体呈上升趋势，国内的体育经纪公司大概分成三类：第一类，规模很小，占大多数，尚未建立自己的市场体系，不得不在夹缝中生存；第二类背靠巨头，竞争力强，所向披靡；第三类则专注细分目标市场，虽然规模不大，但是专业化程度很高。周卉（2019）提出，截至2020年6月通过我国体育经纪人（三级）等级培训与能力测评考试的人数有4000余人，而“无证上岗”的人员因定位模糊而无法具体统计。

②行业起步阶段。

中国的现代体育产业发展较晚，尤其是职业体育领域。例如，中国足球职业联赛直到 1994 年才正式启动，而其他体育项目大多在 21 世纪初开始逐步职业化。职业体育的发展是体育经纪行业兴起的一个重要基础。

在西方国家，体育经纪人作为一种职业角色已有较长的历史，但在中国，传统观念中对“经纪”这一角色的理解和接受程度较低，这在一定程度上影响了体育经纪行业的早期发展。在中国，关于体育经纪的相关法律和政策发展较慢，缺乏对体育经纪行业的明确规定和有效支持。这种政策和法律上的滞后，限制了行业的规范化和专业化进程。

③尚未形成完善的行业规范和标准。

第一，法律与政策支持不足。中国的体育经纪行业缺乏专门的法律和政策支持。我国体育经纪人法律主要包括三部分。最早出现的是我国在 1995 年 10 月颁布的首部规范经纪人活动的全国性行政法规——《经纪人管理办法》，2004 年 8 月依据《行政许可法》对其作出了部分修改；这是我国体育经纪行业最直接、最基本的法律。虽然国家体育总局等机构出台了相关的指导和规定，但具体到体育经纪人的职业行为、权利义务、责任界定等方面，法律和政策往往不够具体和完善。这导致在实际操作中，很多标准和规范都处于自行解释和执行的状态，容易引发争议和纠纷。

第二，行业标准不明确。目前，我国体育经纪人行业缺乏统一明确的行业标准。这包括对经纪人的资质认证、职业道德、业务操作规程等方面的规定。在没有明确标准的情况下，经纪人的业务操作往往缺乏规范，这不仅影响服务质量，也可能损害运动员和其他合作方的利益。

第三，职业认证体系不完善。与一些成熟的体育市场（如美国、欧洲）相比，中国还没有建立一套完整的体育经纪人职业认证体系。在国外，成为一名合格的体育经纪人通常需要通过专业的考试和认证，而在中国，这一职业的门槛相对较低，缺乏必要的职业资格审核和持续教育要求。

中国与欧美国家在体育经纪人职业规定方面有不少差异，表8－5总结了中国与欧美国家在体育经纪人职业规定方面的主要项目、内容描述、要求以及二者之间的比较。这可以帮助理解中国与欧美国家的制度差异和相似之处。

表8－5　中国与欧美国家在体育经纪人职业规定差异分析

项目	我国相关规定内容描述	要求	与欧美国家的比较
资格审定	本国公民或长期居住者，无不良记录，高中文化程度，有一定经济实力，通过行业考试	必须通过经纪人行业考试	通常欧美国家对经济实力和文化程度的要求更高，独立性原则也更为严格
登记注册	经过考试和资格认定后，必须在相关组织注册，缴纳费用，取得经营许可证	必须注册并取得许可证	在欧美国家，注册过程更为复杂，监管更为严格
保证金	存入定额保证金以保证履约，不履约时扣除保证金，需补足以保住资格	必须存入并在必要时补足保证金	欧美国家同样采用保证金制度，但金额和条件有所不同
合同管理	签订明确权利、义务的委托合同，保障双方权益	必须签订合同	欧美国家对合同的具体要求更详细，法律保护也更全面
仲裁	争议由运动员工会、体育组织仲裁机构或体育法庭调解和仲裁	采用指定的仲裁机构	欧美国家仲裁机构更为独立，程序更加规范

续表

项目	我国相关规定内容描述	要求	与欧美国家的比较
培训	职业资格前培训和执业过程中的年审培训，涵盖法律、产业动向等	必须参加培训	欧美国家对持续教育和专业培训的要求更为严格
佣金支付方式	按比例、按小时或混合收费，标准不一	根据代理事务的不同选择合适的收费方式	欧美国家佣金结构更为复杂，比例和标准有所不同

资料来源：作者整理得到。

通过表8－5可以看出，我国与欧美国家在体育经纪人职业的规定和实践上存在一些差异，尤其在资格审定、注册过程和培训要求上。欧美国家通常有更高的门槛和更严格的监管，同时对持续教育和专业培训的重视程度也较高。这些差异可能与各自的法律环境、市场发展阶段以及对职业道德和能力要求的不同有关。

第四，缺乏有效的监管机构。中国体育经纪行业缺乏一个有效的、专门的监管机构来监督和管理行业内的各种活动。这种缺乏监管的情况可能导致市场混乱，如不正当竞争、合同违约等问题频发，严重时甚至可能涉及经济诈骗和职业不端行为。

第五，行业自律机制不健全。在很多成熟的体育市场中，除了政府监管外，行业内部通常会有强有力的自律机制，如行业协会等。这些机构不仅提供行业标准，还负责对会员的行为进行监督和管理。然而在中国，体育经纪行业的自律机制尚未完全建立，行业协会的影响力和执行力较弱。由于起步晚和相应规范还不完善，中国体育经纪行业的发展面临着多重挑战。这不仅限制了经纪人的职业发展，也影响了运动员的商业利益和职业管理。为了推动行业的健康发展，需要从政策支持、职业教育、法律规范等多方面入手，建立和完善行业规范和标准，提升整个行业的专业水平和服务质量。

④中国体育经纪人行业面临的专业化挑战与家庭作坊现象。

多数体育经纪人缺乏必要的专业知识和实践经验，尤其是在合同谈判、市场营销、法律事务处理等方面的专业能力不足；运动员的经纪团队多是家庭作坊。国内配备专业经纪人的运动员基本仅限于第一梯队，而其中有很大一部分人会将经纪业务交由家人打理。比如，邹市明的妻子、苏炳添的妻子、孙杨的母亲，谷爱凌的母亲等。家庭作坊的专业性并不稳定，但其仍能占主流的原因却不难理解，即一旦涉及经济利益，家人更值得信任。邹市明和盛力世家当年的解约事件就很典型，最终双方对簿公堂，一桩体育经纪的成功案例却变成了反面教材。国内运动员与国外运动员经纪团队的对比如表 8－6 所示。

表 8－6　国内运动员与国外运动员经纪团队的对比

项目	国内运动员	国外运动员
前十名的收入	1.24 亿—0.15 亿元	1.8 亿—0.75 亿美元
代理方	亲属	专业经纪公司
规划期	无或 1—2 年	3 年起
诉求	快速商业变现	合理分约

资料来源：百家号、娱乐资本论。

《福布斯》曾公布了 2021 年全球十大体育明星收入榜单，税前总收入为 10.5 亿美元，而最让国人惊讶的是，这里面的第一名康纳·麦格雷戈（1.8 亿美元），来自一个在中国几乎没有什么热度的赛事 UFC，梅西（1.3 亿美元）只能屈居第二。NBA 球星杜兰特则以 0.75 亿美元位居第十。据娱乐资本论（2022）描述，国内的排名数据，一方面由于没有准确的商业统计，0.15 亿—1.24 亿元的数据只是一个业内估算的结果；另一方面主要跟着奥运会等重大国际赛事走，偶尔会诞生如李娜、林丹、孙杨等永续性运动员，但他们的收入并不稳定，最极端的例子则是曾经年入 2200 万元的孙杨，如今他只能以带货为生。运动员也很少能够意识到自己的体育 IP 价值，而是长期专注于训练和比赛，对于更长远的、其他层面的事情并没有太多规划。因此，他们也就无意与经纪团队合作并认真规划自身未来发展。

（2）我国体育经纪人面临的问题

①体育管理体制没有充分市场化

近年来，尽管运动员走入市场是受到官方鼓励的，但开发权限并不明确，需要平衡个人与集体的关系，且各协会对运动员参与市场活动的约束程度有所区别，这就导致经纪团队或品牌方在为运动员做规划时很难拿捏分寸，不知道可以进行到什么程度。王海峰（2021）提出，我国体育经纪行业长期在一种“政府 + 市场”的运行机制下发展，当前我国体育经纪产业治理依旧存在治理结构不明确、监督管理不到位、治理关系混乱，尚没有实现系统化、科学化、有效化的制度体系等突出问题。其主要后果是体育经纪人资格认证不严谨，资格审查不严格，导致从业者中鱼龙混杂，对行业发展产生不利影响。

②人才结构不完善

虽然市场对体育经纪人的需求在增加，但专业的、有经验的体育经纪人相对较少。

第一，专业知识不足。体育经纪人需要具备对体育行业的深入了解，包括运动员管理、赛事组织、市场营销等多方面的知识。如果行业中的人才普遍缺乏这些专业知识，将难以有效满足市场需求。

第二，经验不足。经验丰富的体育经纪人能够更好地理解运动员的需求，有效地协调各种资源，为运动员谋取最大利益。新入行的经纪人可能因为缺乏实践经验，而难以处理复杂的谈判和进行危机管理。

第三，培训和教育机会有限。如果相关的教育和培训机会不足，那么即使有人对成为体育经纪人感兴趣，也可能因为没有渠道获得必要的知识和技能而放弃。

第四，人才流动性问题。在一些情况下，尽管有经验的体育经纪人存在，但他们可能集中在特定地区或特定的体育项目上，导致其他地区或项目人才短缺。

第五，行业吸引力不足。如果体育经纪行业的待遇、职业发展前景或工作环境不够吸引人，可能导致高潜力人才选择其他行业，从而加剧人才结构的不完善。

解决这些问题需要多方面的努力，包括加强专业教育和培训、提高行业吸引力、增加实习和入门机会等，以吸引和培养更多合格的体育经纪人，满足市场需求。

③行业规范不足

中国体育经纪行业的法律法规相对不完善，缺乏行业标准和统一的职业道德规范。这导致了行业内部混乱，经纪人之间的竞争往往不是基于专业能力，而是通过其他非专业的手段进行。

④监管不足

相较于国际市场，国内对体育经纪人的监管还不够完善，缺乏有效的监管机制来保障运动员和俱乐部的权益。

第一，监管法规不足。国际上许多国家对体育经纪人有明确的法律和规章制度，例如美国的体育经纪人需要通过特定的考试并获得许可证才能从事此职业。而在中国，体育经纪行业的法规相对较少，缺乏专门针对此行业的综合性法律法规，使得行业监管难以实施。

第二，标准化和专业化不足。国际上，体育经纪人通常需要经过专业的培训和认证，才能确保他们具备足够的职业能力和道德标准。在中国，体育经纪人的专业化和标准化水平较低，行业内部缺乏统一的职业标准和认证体系。

第三，透明度问题。在很多发达国家，体育经纪人与运动员之间的合同和收入分配都要求高度透明，且受到严格的监管。中国的体育经纪市场在透明度方面还有待提高，运动员和俱乐部往往难以获得足够的信息来作出最佳决策。

第四，利益冲突的监管。国际市场对体育经纪人的利益冲突有严格的规定和监管措施，以确保他们能公正地代表所有客户的利益。而在中国，对于经纪人的利益冲突问题缺乏有效的监管机制，这可能导致经纪人偏袒某些运动员或俱乐部。

第五，纠纷解决机制。在一些国家，体育经纪行业有专门的纠纷解决机构，可以高效处理运动员与经纪人之间的争议。中国在这方面的机制尚不完善，处理此类纠纷的途径较为有限，可能不利于运动员和俱乐部的权益保护。

⑤市场认知度低，国际化程度低

公众对体育经纪人的职业认知不足，经常被误解为仅仅是“经纪人”或“中介”，而忽视了他们在运动员职业发展中的重要作用。在2016年的体育经纪热潮中，曾有不少公司加入或布局了相关业务，比如，中体经纪、盛力世家、阿里体育、腾讯体育、乐视体育、旭日五环、香蕉体育等，但由于商业模式并未完全跑通，这些公司在此后都缩减了业务规模。另外，我国的体育产业结构还并不成熟，体育服务业贡献的产值较低，更多还是靠体育用品业来撑门面。这些都阻碍了体育经纪人的发展。相比于国际上的成熟体育经纪公司，国内的体育经纪人在国际业务处理、跨文化交流能力以及国际市场的操作经验上还有较大的差距。我国在体育经纪人制度建设上依旧落后于欧美国家。卫禹帆和黄晓春（2016）提出，由于欧美已经形成了相对完善的体育经纪人规章制度，故西方国家在此领域取得了成功。而我国在这个方面还需要进一步探索。尽管我国也有自己的体育经纪人法规体系，如图 8 -1 所示，但可以说体育经纪人专属管理制度还有所缺失，制度不健全会导致依法问责乏力，不能对经纪行为形成有效监督机制，违规现象屡禁不止从而破坏了体育经纪市场的竞争秩序。

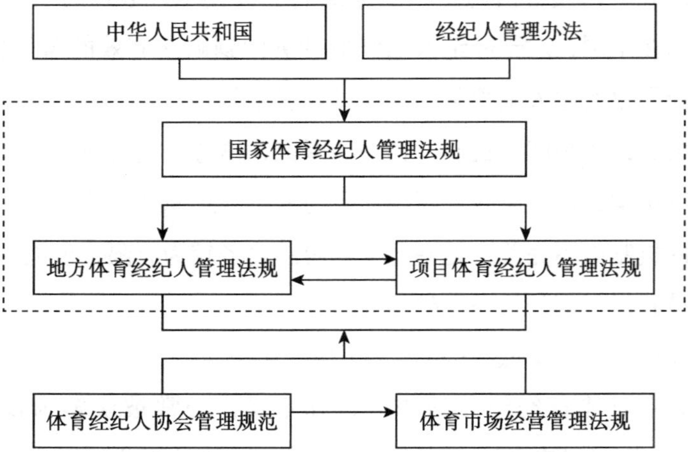

图 8 -1　我国体育经纪人法规体系

⑥收入分配不公

在中国，体育经纪行业的发展相对较晚，但随着体育市场的快速发展，经纪人在运动员职业生涯中扮演着越来越重要的角色。然而，收入分配不公的问题也随之显现，具体体现在以下几个方面。

第一，提成比例过高。在中国，体育经纪人从运动员的商业合同中抽取的提成比例没有统一的标准，一般是由经纪公司和运动员双方协商确定。在一些情况下，经纪人的提成比例远高于国际通常的 10%—20% 的标准，有的甚至达到 30% 以上。这种高额提成严重侵蚀了运动员的应得收入。

第二，合同条款不透明。部分经纪合同缺乏透明度，运动员在签约时可能未能完全理解合同内容，特别是关于收入分配的具体条款。这种不透明的情况使运动员在签约后难以准确知晓自己的真实收益和经纪人的提成。

第三，缺乏专业指导。由于体育经纪行业的监管不够完善，部分经纪人缺乏专业的培训和资质认证。这不仅影响到他们为运动员谈判的能力，也可能导致他们在利益分配上作出不利于运动员的决策。

第四，长期绑定和不公平条款。有些经纪合同包含长期绑定运动员的条款，限制了运动员在合同期内更换代理人的自由。此外，某些合同中可能含有对经纪人极为有利的条款，如保证最低收入，即不论运动员实际收入如何，经纪人都能获得高额提成。

第五，利益冲突。在中国，部分经纪人同时代表多位运动员，可能会在资源分配和商业机会上存在利益冲突。这种情况下，经纪人可能优先考虑自己的利益，而不是平等地考虑所有被代表运动员的利益。

⑦担心利益冲突导致国内运动员和国外运动员与经纪团队的合作周期较短

在中国体育经纪行业，运动员与经纪团队的合作通常采用“1+2”或“2+2”的合作周期模式，即初期合作1年或2年，之后根据双方的合作效果和经济收益决定是否续约2年，如表8-7所示。在签约时，运动员往往需要向经纪团队支付一定数额的保底费，这种做法在一定程度上反映了运动员对经纪团队的业绩有一定的预期。

表8-7　国内运动员和国外运动员与经纪团队的合作情况对比

项目	国内运动员	国外运动员
合约期	先合作1年，视情况决定是否续约2年	3年≤N≤20年
核心能力	商务资源	整体规划
主要工作	接商务订单	IP化全方位包装

资料来源：百家号、娱乐资本论。

然而，这种短期的合作模式和以收益为主要评价标准的做法，可能导致经纪团队为了快速收回成本和实现利润，倾向于利用运动员的短期流量去寻求商务合作，而忽视了将运动员作为长期IP（知识产权）的持续运营和品牌建设。这种短视的策略不仅可能损害运动员的长期利益，还可能影响运动员的职业发展和公众形象。

此外，由于合作周期短，运动员可能会频繁更换经纪团队，这不仅增加了运动员自身在市场上的不稳定性，也增加了品牌方或其他合作对象在沟通和合作中的成本。品牌方由于担心运动员的不稳定性和未来的不确定性，往往也倾向于与运动员签订短期的代言合约，这进一步加剧了市场的短期行为。

为了解决这些问题，体育经纪行业需要从根本上改变评价和激励机制，不应仅关注短期的经济收益，而应更多地考虑运动员的长期发展和品牌建设。经纪团队应当与运动员建立基于信任和长期合作的关系，共同规划运动员的职业生涯和商业布局，真正为运动员的长期利益和持续发展着想。同时，行业内也需要建立更加完善的监管和评价体系，引导经纪团队和品牌方采取更加专业和长远的合作策略。

我国体育赛事商业化与职业化发展仍处于初级发展阶段，具有治理结构不明确、监督管理不到位、治理关系混乱、相关法律和相关管理制度不健全等问题，当利益分配出现矛盾纷争时，体育经纪人成长的痛点暴露无遗。尽管我国体育产业迅猛发展，但无论是从国际标准，还是国内标准，完全符合标准的体育经纪人寥寥无几，经过职业资格认定，尤其是通过国际资格认证的高质量体育经纪人更是少之又少，国内迫切需要提高当前体育经纪人从业者的职业素养。

8.2.3　我国体育经纪人培训的现状及问题

（1）我国体育经纪人培训现状

①体育经纪人培训的两个发展阶段

我国体育经纪人等级培训始于 1990 年左右，现按照培训和考试方式的差异将我国体育经纪人等级培训分为两个阶段。

第一阶段：1999—2015 年。此阶段体育经纪人等级培训尚未确定主管部门，考核方式各不相同。1998 年，上海交通大学成功举办了体育经纪人培训班，而后从 1999 年到 2005 年 8 月，培训热度丝毫未减，平均每年约有 750 人获得职业资格证书。国家体育总局调查数据表明，2010—2015 年，获得体育经纪人从业资格证书的人员达到 1486 人。2006 年北京体育大学成为第一个“吃螃蟹”的大学，创设了第一个体育产业管理专业，中央财经大学、清华大学紧随其后，北京大学、浙江大学等一批国内顶级综合性大学也相继开设该专业，之后国内大学纷纷效法，开启了各自的体育产业人才培养之路。虽然在此阶段涌现出很多培训班，但仍处于摸索阶段，人才培养机制尚不健全。

第二阶段：2017 年至今。经历了两年空档期（2015 年 1 月—2017 年 3 月）后，从 2017 年开始的体育经纪人等级培训主要由国家体育总局选定的社会体育公司作为培训方，统一规定考试大纲、指定学习教材、确定师资队伍，并且由人力中心统一考核。2017 年 3 月恢复体育经纪人等级考试后，国家体育总局正式宣布将体育经纪人等级培训分为三级、二级、一级，针对每个等级分别进行考试，并确定了一批开展体育经纪人等级培训的区域。

②体育经纪人接受培训的内容模块

经调查，第一阶段培训的内容包括两部分：一是，工商部分。包括合同法、税务法、广告法、反不正当竞争法、公司法、合伙企业法和市场营销等；二是，体育部分。主要包括了体育产业、体育法规、体育竞赛市场运行等内容，如表 8 - 8 所示。

表 8 - 8　北京、上海、广州开展体育经纪人等级培训课程内容

培训班	理论课程安排	论坛研讨
北京周末班 + 集中班	体育经纪基础理论、体育经纪业务调研及权利获取、体育经纪法律事务、体育经纪业务实施、体育经纪业务谋划、体育经纪人业务总结	“体育产业与体育经纪”论坛

续表

培训班	理论课程安排	论坛研讨
上海周末班+集中班	以统一教材为蓝本，从体育产业、体育市场、体育项目管理、体育赛事经纪业务、运动员经纪业务、体育产权交易、体育经纪资源、体育法规等方面展开讲授	实训体验及考察
广州集中班	足球青训人才开发、竞赛市场开发、体育经纪人运作与实操、运动项目与信息技术、体育产业与体育市场发展、体育经纪人职业道德与法律法规、体育管理，体育市场营销、体育市场调研、体育无形资产开发、体育经纪业务规划与体育赞助、马拉松赛事组织与市场开发等	体育经纪人实务，实地考察

资料来源：根据公开资料的整理得到。

在第二阶段开展了体育经纪人等级培训与能力测评工作，被遴选的体育机构按照体育经纪人职业技能标准和培训组织规范的要求，独立开展人员培训，同时接受国家体育总局人力中心的技术指导与监督（李楠、陈哲和潘媛媛，2019）。

魏鹏娟（2019）提到，我国体育经纪人接受的培训主要包括理论模块和实务研讨两大模块。理论模块包括体育管理学、体育经纪学和体育市场营销，而在体育法、体育产业运营、职业俱乐部组织管理、体育赛事经营管理和体育产业与媒介关系方面的培训较少；实务研讨模块中，主要以体育经纪业务调研、体育经纪业务总结报告和体育经纪业务策划培训为主，而缺乏体育经纪业务的推广与实施方面的培训。

③我国高等院校培养情况

我国之前没有专门的高等院校开设体育经纪人专业。目前主要有以下几种：高等院校体育教育训练专业学生毕业后的转换行业。

各类高等体育院校开设相关专业。例如，北京体育大学设置的公共事业管理专业——体育管理方向，这个专业专门开设了体育经纪人课程。综合性大学的某个学院培养相关人才。高等院校与国外院校或机构联合培养体育管理、体育人才。

然而，与一些国际上成熟的体育经纪人培训体系相比，我国在体育经纪人的专业教育和系统培养方面还有一定的发展空间。未来随着体育产业的不断发展和专业化、市场化的深入，相关的教育和培训体系预计将会进一步完善。同时，随着体育市场的扩大和多元化发展，对体育经纪人的需求也将持续增长，这也将促使更多的高等院校加强在这一领域的教育和研究。

（2）我国体育经纪人培训的问题

①没有形成系统性的体育经纪人培养体系

目前仅有体育经纪人培训班这一种培养方式，培训机构的单一性和师资力量不足导致培训目的不明确，从而导致了市场上存在一批持有证书却无合适岗位的从业人员。大部分体育经纪人都是临时体育中介代理，由运动员转行或是缺乏体育相关知识的但具备经纪人资格的人员担任。同时具备体育经纪职业资格证书和教师资格证书的教师十分稀少。

②短期培训方式达不到全面系统的学习效果

体育经纪人作为体育领域的专业人才，需要具备体育、经济、管理等多学科的知识，而社会培训机构培训时间短、缺乏系统的理论知识体系、应试的功利性强、重理论轻实践等弊端，严重制约了我国体育经纪人高质量、可持续发展。现实中考试通过率高、市场淘汰率高的现象较为常见，很多拥有职业资格的体育经纪人在业务开展方面不具有优势，大多只是停留在做广告、拉赞助、为企业提高知名度等一些最基本、最原始的经济活动上，很少涉足经纪转会、法律咨询、代理体育赛事的转播与制作等专业要求更高的业务。

③体育经纪人资格要求不高

目前国内体育经纪人资格认证方式主要是通过考试后，获得由工商部门和体育部门联合颁发的《体育经纪资格证书》。对于体育经纪人的基本要求中并没有对体育经纪行为中的重要素质——个人诚信有任何要求，导致人员混杂、秩序混乱，一方面在市场中对运动员和经纪人行业的接受度和认可度不高，另一方面也未能形成体育经纪品牌效应，长期的低质量运作，制约着整个体育产业结构的优化升级。

④培训考试机制不公平

国家体育总局对于体育经纪人的等级培训采用的是测评考试的方法，要求申报体育经纪人的人员需要通过指定机构的培训，方可参加考试，这对通过其他学习方式具备体育经纪人职业资质的人员不公平。没有形成对接高校的学历培养，没有建立高校校际学习课程成绩互认、学分转换机制。

⑤流于形式的后续教育

在取得《体育经纪资格证书》之后，按照规定体育经纪人每年需到授权机构接受培训以完成年检。但实际操作中，一些授权年检机构为了争取培训费用并不会对培训人员进行严格要求，这样便能提高通过率，以争取更多培训费用，这使得能力不达标的人往往也能蒙混过关。这一机制漏洞致使体育经纪行业现有人员良莠不齐，大多数的体育经纪人只是临时进入行业的中介，或者是公关公司、广告公司、传媒公司，而不是真正的专业体育经纪人。

⑥高等院校的培养模式与体育经纪人职业实践衔接不充分

我国有部分综合类和财经类高等院校以及大多数体育类院校相继开设了体育经济与管理等专业，如郑州大学、河南财经政法大学、山西财经大学等。魏鹏娟（2019）提出，由于高校专业设置受诸多方面的条件限制以及申请程序的要求，对于设置实践中具有强烈需求的专业反应较为缓慢，不能迅速与社会环境适配。已开设体育经纪人课程的院校，目前仍处于探索发展阶段，课程设置方式、课程与专业的结合模式、与体育经纪人职业实践的衔接等方面尚需进一步完善。

综上所述，体育经纪产业显示出巨大的市场潜力和强大的发展动力；体育竞赛的国际化、社会化、产业化呼唤体育经纪人在中国体育市场中发挥更积极的作用；我国目前尚未形成比较系统的体育经纪人培养体系。

8.3 欧美发达国家对我国体育经纪人培养的启示

第二次世界大战后，欧美发达国家在职业体育赛事方面进行了大量实践，形成了许多先进的发展经验，这可以为我们的研究提供思路，并对现阶段我国体育经纪人才培养具有借鉴价值。

8.3.1 欧洲专业培养体育经纪人

在欧洲，比利时、西班牙、荷兰、德国、法国等国家均设有培养体育经纪人的高等院校，如法国的贝尔纳大学和荷兰的欧洲体育管理学院，以及为英国培养了众多体育精英的拉夫堡大学。袁利平和高惊生（2017）提出，像德国的克隆体育学院、英国的曼彻斯特大学、美国的杜克大学，课程评估委员会由校董事会、学科专家、教育专家组成，他们是学生体育经纪学科绩点的评价主体，还对高校整体教学工作进行指导和评价，为了使学生进入职场后拥有扎实的知识体系与专业基础，不断促进在校学生灵活、牢固、实用、系统掌握知识。同样出名的还有法国的贝尔纳大学。贝尔纳大学培养体育经纪人的模式较为独特，它不仅与各级市政部门进行合作，包括各级政府、社会和商业性体育部门，如里昂市工商局及企业家中心，还与西班牙、葡萄牙、荷兰、比利时、德国等国家的高等院校进行合作交流。其多层次培养体制如下表 8 –9 所示。

表 8 –9　　　　贝尔纳大学以多层次培养体制

等级	学位	学年	证书层次	学习内容
第一层次	基础教育	第 1 学年 第 2 学年	普通大学教育证书	基础课、辅助课、语言和社会交往课、专业知识。第一学年约为 320 小时，第二学年约 300 小时
第二层次	学士教育 硕士学位	第 3 学年 第 4 学年	专家职称	专业教育课时为 674 小时 专业教育课时再增加 713 小时
第三层次	深度专业教育	第 5 年	更高层次的专业理论证书	教学大纲课时为 40 小时，课程包括：综合分析方法学、运动成绩和社会经济制度的模拟、调研资料的处理方法。选修课时为 60 小时，课程包括：体育运动与成绩、体育运动与社会环境、体育运动中的交往、体育建筑的设计和城市体育设施的管理、体育组织和山地运动项目、山地地形的社会设想与利用
	博士生教育	第 6—9 年		

资料来源：公开的文献资料整理得到。

8.3.2 美国多方位培养体育经纪人

（1）高校专业设置

美国高校未专门设立体育经纪人专业，但是有相关的体育经纪课程。例如，在体育管理、商业管理、营销和法律等专业中，会开设体育经纪课程，授课教师既有大学教授又有经纪公司的资深专家，学生可以在他们的课程中同时学习理论知识和实践经验。

顾建平（2019）提出，美国大学生联合会（NCAA）专门成立了经纪人和业余运动委员会。众多的 NCAA 名校给美国体育产业带来的不仅是“疯狂三月”这样的大学体育盛会，更重要的是这些学校为美国的职业体育联盟输送了杰出的人才。杨旭辉（2020）提出，美国高校设有“体育经纪业务介绍”课程，讲授体育经纪业务的背景和实质内容，以及相关法律法规。教育机构的治理方面，美国高校采用联合治理模式，地方政府、相关教育部门联合校董事会，为系统科学的知识体系设计和教学管理保驾护航。地方政府或州政府建立教师教育问责体系以及评估、评教、考评等管理制度，负责制定课程标准、授课内容、考核标准等。

（2）体育经纪人必备知识和技能

在美国，体育经纪人这一职业在高等教育阶段所学的专业是什么并不重要，重要的是需要具备经纪人必备的知识和技能，如法律知识、经济常识、体育知识、组织管理能力，当然更重要的是在实践中积累的实践能力和良好的社会关系。事实上，美国许多著名的体育经纪人并未接受过专门的经纪人培训，他们中的大多数是通过自身长期的实践经验积累，逐渐赢得良好的信誉，并取得出色的业绩。例如迈克尔·乔丹的经纪人大卫·法尔考，并没有经过专门的经纪人的培养，在大学所学的专业也不是体育经纪而是法律，他在经纪公司工作了17年，积累了大量的人脉和经验，最后创立了自己的经纪公司并成为乔丹的经纪人。法尔考之所以能成为著名的经纪人，依靠的就是长期的工作实践和自身具备的良好素质。

（3）体育经纪人培训和考核

不同于我国对体育经纪人的短期培训和考核，美国没有任何协会或部门组织体育经纪人培训和考核。例如，在NBA中，经纪人只需要拥有属于自己的运动员客户并支付1500美元，就能在NBA球员工会注册成功，从而具有代理球员的资格。而且NBA球员工会也不会为体育经纪人发放体育经纪人资格证书或者资格卡之类的证明文件，只需在确认经纪人的资格之后在网上公布名单。

（4）体育经纪人注册和管理

美国对于人力资源资格的认证十分严格，体育经纪人的注册和管理也不例外。在资格认证方面会详细审查个人或组织的综合素质和信用记录，具体内容包括受教育程度、家庭背景、工作经历等资料，还需要提供个人的征信记录和商业行为记录，体育经纪机构还需出具政府部门的审批或执照。

（5）体育经纪人后续教育

体育经纪人在取得相关资格认证后并不能停下学习的脚步，他们还需要参加规定的继续教育，以保证自身的业务水准和市场竞争力。如果体育经纪人缺席继续教育次数达到州政府所设定的上限，就会自动失去资格。

美国针对希望从事体育经纪工作的人提供了网上培训和院校学习两种途径进行体育经纪相关知识的学习。其中，网上培训体系比较完善，为希望初步学习了解或是深入学习相关知识的人提供了便捷的学习渠道。网上经纪培训的课程主要由七个模块构成，内容如表8－10所示。

表8－10　　美国网上体育经纪人培训课程模块

学习模块类别	开设的课程
模块一	体育经纪业背景
模块二	客户签约
模块三	利益冲突
模块四	再次谈判与更换经纪人
模块五	州、学校、运动员协会规则介绍
模块六	理财顾问
模块七	信誉关系培养

资料来源：公开文献整理得到。

整个培训的费用在799美元左右，培训时间通常持续8周，另外还包括一小时的在线问答，著名体育经纪人在网上与学员进行互动问答。美国体育经纪人网上培训还有一个值得借鉴的优势，即有的网上培训可获得3个大学学分，这就把社会培训与院校培养联系了起来。例如，西俄勒冈大学已经同意网上培训中的“运动员管理课”为学分课，在校学生可以在学校通过自学网上的课程获得相关的知识和学分。

（6）体育经纪人的治理

严格的认证机制可以被视为是保证美国体育经纪人职业素养的第一道关卡，而由市场经济下的天然筛选与淘汰机制所形成的残酷竞争就是第二道关卡。虽然经纪人对运动员的作用十分关键，但是这并不意味着经纪人可以对运动员提出额外的要求或者索取额外的好处。以 NFLPA（National Football League Players Association）为例，它的重要职责之一就是处理运动员和经纪人之间的合同，以及涉及联邦税务、州税务、娱乐税、经纪费用等较复杂的财务问题。如果经纪人有违规行为，NFLPA 会对运动员的合法权益进行维护。历经了一个多世纪的“优胜劣汰”，美国体育经纪行业已经诞生了许多享誉世界的知名机构，如 IMG（国际体育管理集团）、Proserv 体育经纪公司、D&F 集团等。美国体育经纪人治理结构如图 8－2 所示。

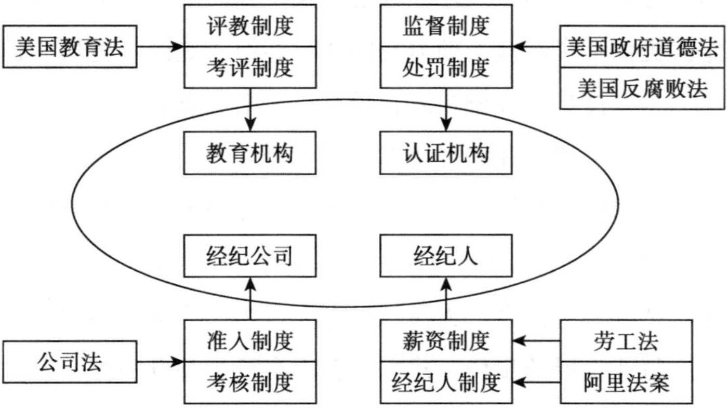

图 8－2　美国体育经纪人治理结构

凭借着出色的业务能力和严格遵守行业准则的规范经营，一些知名的体育经纪公司开始把业务拓展到世界各地，小到为国外运动员提供跨国经纪服务，大到同国外体育企业、组织进行赛事交流和订单预约。这种广泛的业务扩张，一方面创造了收益，为本国增加外汇收入，另一方面也将体育产业融入全球经济，为体育发展扩宽了空间。

8.3.3 对我国体育经纪人培养的启示

第一，体育经纪业的核心竞争力主要在于人才，即体育经纪人。因此，体育经纪人的专业素质和职业道德将直接影响整个体育经纪产业的发展情况。我国应提升行业认知和吸引力：通过媒体和教育活动提高体育经纪职业的社会认知度，吸引更多优秀人才。

第二，我国要多借鉴欧美等体育产业发达国家的成熟经验，引进优秀的专业体育经纪人才，取之所长，弃之所短，为培养我国体育经纪人提供宝贵经验，助力我国体育经纪人更好、更快成长。

第三，发挥高等院校在体育经纪人才培养方面的优势，打造高质量专业人才。建立和完善培训体系：开发专门针对体育经纪人的课程和认证程序，提供全面的职业培训。加强实践和实习机会：与体育俱乐部、经纪公司等合作，为学生和新人提供实际工作的机会。建立持续教育体系：为在职经纪人定期提供进修和课程，帮助他们跟上行业发展的步伐。建立一套以高校为基础的符合我国体育市场的人才培养模式，课程设置方面要兼顾技能专业性、学科交叉性，同时高校可以与用人单位、专业队伍联合办学，发挥各自的优势与特长。从长远来看，有必要增设体育经纪人专业，将体育经纪人的培养融入体育院校人才培养计划。学校还可以和体育俱乐部合作，为学生提供实习基地，便于学生尽早了解体育市场运作模式。

第四，设立体育经纪业仲裁委员会，一方面可以对体育经纪人在实务中遇到的问题进行及时的指导和解决，另一方面可以监督行业运行中的不规范操作行为并及时审查。在此基础上，逐步完善行业各项相关制度，如体育经纪人资格认证与审查制度、合同管理制度、佣金制度、违规处罚和仲裁制度等。

第五，合理提高行业准入条件，规范行业治理现状。针对目前在职的体育经纪人，要组织进行专业性的、具有针对性的培训，以提高他们的职业素养，保持其自身竞争力。在国家市场监督管理总局和国家体育总局的管理下，具体业务方面需要行业协会来进行自治，制定明确的人才培养和考核标准，规范体育经纪人的考核、登记、审批、注册制度，改变目前标准不一、认证不严、考核过松等现状。

8.4　基于ERP模式的教育与体育融合：我国体育经纪人实践能力培养体系构建

8.4.1　中国对体育经纪人的政策支持

中国对体育经纪人的政策支持主要体现在一系列体育相关的政策文件和法律法规中。这些文件涵盖了体育产业发展、人才培养、市场监管等多个方面。以下是一些关键的政策文件和法规。

（1）《体育法》

作为中国体育领域的基本法律，涵盖了体育活动的组织、体育市场的管理等内容，为体育经纪人的职业活动提供了法律基础。

（2）《全民健身计划（2021—2025年）》

该计划旨在推广体育活动，增强人民体质，间接地为体育经纪人创造了更广阔的市场和业务机会。

（3）《体育产业发展“十三五”规划》

该规划明确提出要发展体育市场主体，优化体育市场环境，推动体育产业成为国民经济的重要支柱，为体育经纪人提供了政策背景和市场空间。

（4）《关于加快发展体育产业促进体育消费的若干意见》

该意见是由国务院发布的文件，提出了具体措施来促进体育产业的发展，包括扩大体育消费、改善体育服务、优化发展环境等，为体育经纪人的职业发展提供了直接支持。

（5）《关于实施健康中国行动的意见》

虽然该政策主要关注健康领域，但也对提升体育活动的普及度和参与度有积极影响，间接支持体育经纪人的业务拓展。

（6）体育相关职业资格认证制度

虽然目前中国还没有专门针对体育经纪人的职业资格认证，但相关的体育管理和营销职业资格可以为体育经纪人提供必要的专业背景和认证。

这些政策文件和法规构成了支持体育经纪人职业发展的政策框架，旨在通过促进体育产业的整体发展来提供更多的职业机会和更好的职业环境。随着体育产业的进一步发展和政策的持续完善，体育经纪人的职业前景将会更加广阔。

体育经纪人共设三个等级，分别为国家职业资格三级、国家职业资格二级、国家职业资格一级（最高）。证书统一由国家体育总局人力资源中心颁发。本书认为可以以此为契机发挥高校的模范带头作用，在高校中增设体育经纪人相关专业，并开展线上、线下课程教育，建立合作培训基地，建立健全人才培养体系，为体育经纪业人才输送提供保障，为高校大学生步入社会从事经纪人行业奠定知识储备基础。

8.4.2　体育经纪人实践能力的内涵

体育经纪人才应该培养哪些能力、具备哪些技能，目前没有明确的制度规定。另外，在实务工作中，一方面体育经纪人才供应不足，另一方面高校培养体育经纪人才没有具体标准可参照。这在很大程度上阻碍了体育经纪人社会经济发展作用的进一步发挥。在这一背景下，出台一套适合我国国情的体育经纪人职业能力框架尤为紧迫。

在构建我国体育经纪人职业能力框架时，首先，需要强调体育经纪人才培养的目标，即培养一批熟悉体育经纪运作规律，掌握体育经纪相关法律、经济、品牌管理知识，具备商业分析、市场运作、经营开发、产业管理能力，具有前瞻性国际视野的专业人才队伍。成为一名成功的体育经纪人所需的关键能力和技能如表8－11所示。

表8－11　　体育经纪人需要培养的能力和技能

能力/技能类别	五大核心能力	详细描述
沟通能力	领导能力	需要与运动员、赞助商、体育组织和媒体等多方进行有效的口头和书面沟通
谈判技巧		为运动员谈判合同和商业协议，确保客户利益最大化
商业洞察力，变革、感召激励		了解体育市场动态，识别和抓住商业机会，为运动员职业发展提供指导
危机管理能力		在遇到伤病、舆论问题等危机时，有效管理这些问题，保护客户的利益和形象

续表

能力/技能类别	五大核心能力	详细描述
人际关系管理	领导能力＋其他能力	建立和维护良好的人际关系，与客户建立信任关系以及与行业内外的其他重要人物保持良好的工作关系
适应能力和持续学习		不断学习新知识，适应体育行业的快速变化
市场营销、财务、风险和运营知识	专业能力	掌握市场营销的基本原理和策略，有效推广运动员和吸引赞助商
法律知识		具备体育法、合同法和知识产权法的基本知识，合理处理合同和其他法律文件
组织和管理能力（项目、流程、质量）	运营能力	管理多个客户的职业事务，包括训练、比赛、商业活动等，具有高效的时间管理和组织能力
信息技术＋数据处理＋多语言能力	信息技术能力	对于国际领域的工作，掌握多种语言以及数据处理和分析技能是一个巨大的优势

资料来源：作者整理得到。

其次，规范职业行为，具有较高的职业素养。体育经纪人的主要收入是从委托人手中获取最终经纪交易金额总数一定比例的佣金，通常交易金额总数可观，体育经纪人能拿到的收益较高。因此，国内体育经纪人在从业过程中应十分注重自身职业道德的修炼，坚守遵纪守法的原则，正确处理好国家、客户和自身的关系，维护各方的根本利益。在为委托人服务的过程中应遵守“诚实守信”的商业道德，做到公平、公正、客观地从事体育经纪活动。

最后，作为体育经济发展助推器的体育经纪人，应充分融合并体现互联网思维、大数据技术、业财融合等时代特征对体育经纪人的技能要求。互联网思维。强调速度、开放、分享和用户至上。体育经纪人应该利用互联网平台进行品牌建设、市场推广和粉丝互动，以及熟练运用各种社交媒体工具（如微博、微信、Instagram、Twitter

等），为运动员建立和维护公众形象，增加粉丝互动和参与感。通过网络广告、内容营销等方式推广运动员和赞助商的品牌，提升市场影响力。大数据技术。大数据技术能够帮助体育经纪人更好地理解市场动态、粉丝行为和运动员表现。利用数据分析工具能够评估运动员的表现、市场趋势和粉丝偏好，从而作出更加科学的决策。基于历史数据和实时数据，可预测未来的市场趋势和潜在的商业机会。业财融合。体育经纪人需要具备一定的财务知识，以便更好地管理运动员的财务和商业事务，包括为运动员提供专业的财务规划和投资建议，帮助他们合理管理收入，确保财务安全。在谈判赞助和代言合同时，能够准确评估合同的价值，为运动员争取最大利益。数字法律和伦理。了解与数字内容、版权、隐私保护相关的法律法规。在所有业务活动中维持高标准的职业道德，尤其是在处理敏感数据和信息时。国际视野。随着体育市场的全球化，体育经纪人应具备国际视野，了解不同国家和地区的体育市场特点，能够在国际舞台上帮助运动员抓住最佳机会。人际沟通和谈判技巧。强大的沟通和谈判技能是体育经纪人成功的关键，因为其需要能够在运动员和商业伙伴之间有效地沟通和协调，解决可能出现的任何问题。

通过跨界融合这些技能和知识，体育经纪人不仅可以更有效地服务于运动员，还能推动整个体育经济的发展，实现机会和价值共创。

我国应当构建以五大核心能力为基础的体育经纪人人才培养与评价体系，如图 8－3 所示。同时，整合专业资源，推动体育课程与思政教育的深度融合。可以在专业教育过程中引导学生树立正确的世界观、价值观和人生观。我国需要加速构建一个科学且系统的体育经纪人人才培养框架，以更好地满足行业发展需求。

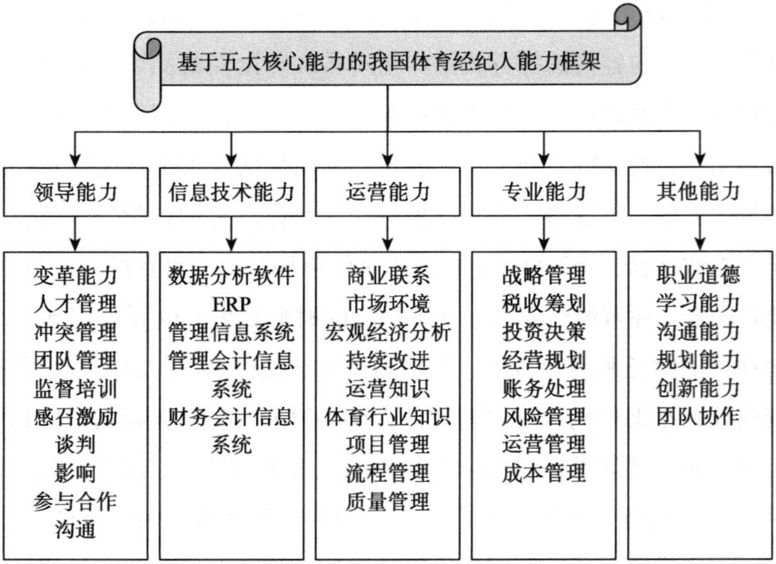

图 8－3　我国体育经纪人五大核心能力框架

8.4.3　基于 ERP 思路下体育经纪人行业实践能力培养路径设计

本部分依托河南财经政法大学体育经济管理系，参考了多个体育类院校的体育经济与管理专业人才培养方案，从基础层，应用层、能力形成层三方面形成实践能力培养路径，如图 8－4 所示。课程体系和人才培养场所两大模块是基础层的主要内容，是体育经纪人人才培养框架的前提。应用层是以“ERP 企业沙盘推演”课程为样板，根据体育经纪人实验课程特点与培养目标，将该课程的各个训练维度与 SECI 理论中知识的转化阶段相对接，以实现体育经纪人课程内容的落地，从而创造出适合该门课程的知识转化模式，继而实现能力形成层的体育经纪人五大能力群培养的最终目标。

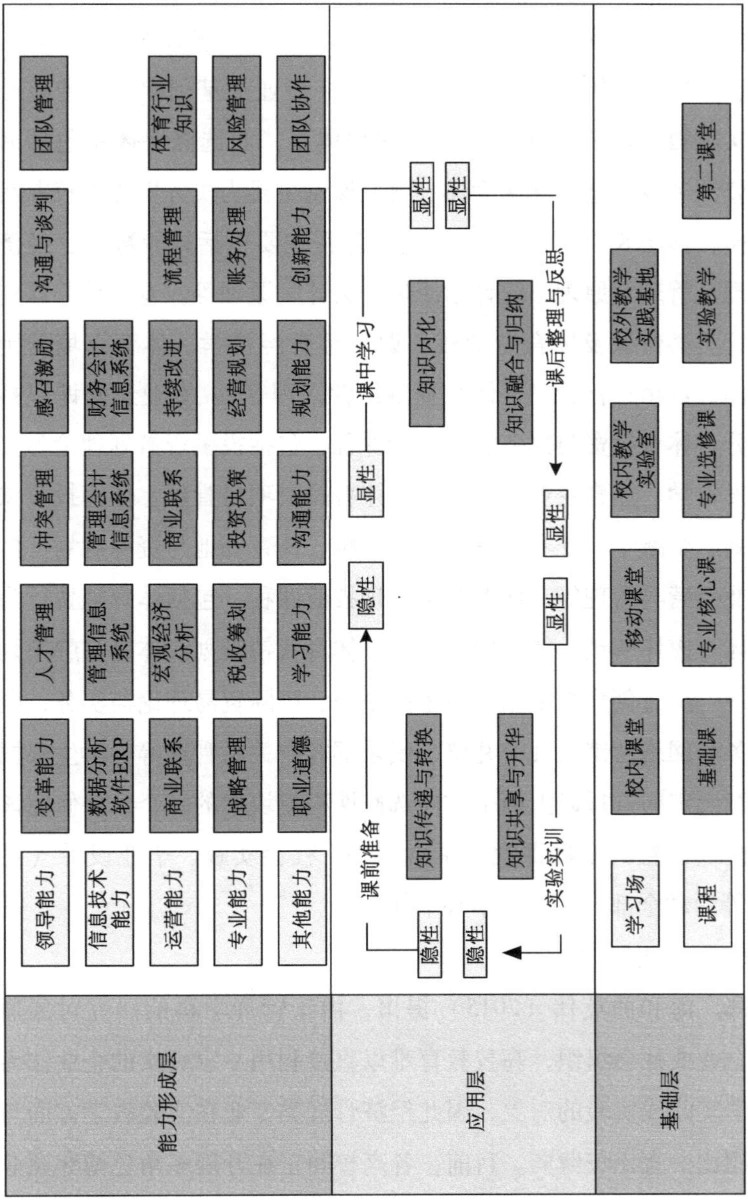

图8－4　体育经纪人实践能力培养路径

（1）基础层设计

体育经纪人课程体系主要包括必修课程和选修课程，涵盖课内教学和实验教学等活动。“通识必修课＋专业类基础课＋专业核心课＋实践教学环节”构成了必修课程体系，而选修课体系包括通识选修课和专业选修课两大类。第二课堂主要为实务界优秀校友案例讲座，如图8－5所示。专业基础课程主要包括高等数学、经济学原理、管理学原理、统计学原理、会计学原理等。专业核心课包括经管类必修课及体育专业核心课（体育经济学、体育市场营销学、体育场馆运营管理、体育赛事经营管理等）。专业选修课包括两部分：体育投资与财务管理技能课程，包括投融资策划理论与实务、投资学、体育企业税务管理、体育投资项目管理、体育投资项目策划、金融学、证券投资、财务分析、体育场地与资源规划、体育产业经营与管理等；体育营销管理技能课程，包括体育消费行为学、体育媒体营销、体育赞助营销、体育营销策划、体育品牌策划与管理、广告创意与策划、商务高尔夫、国际贸易理论与实务、电子商务与网络营销、社交礼仪、俱乐部客户关系管理等。学生根据职业意愿定向选择以上两个方向选修课程模块中的一个，并修完该方向模块设置的全部课程，军事训练、社会实践、毕业设计（论文）等活动全部在实践教学环节体现。

（2）应用层设计

郑广海和曲英伟（2015）提出，由于管理学科的研究对象通常是企业或社会组织，高校教育难以直接利用一家真实的企业作为管理学实践或实验的对象，因此经济管理类专业在实验教学方面与工科相比一直比较薄弱。目前，各高校间正在开展多角色博弈商业模拟实训，这是一种有效的实践教学方法，河南省高校经管类专业

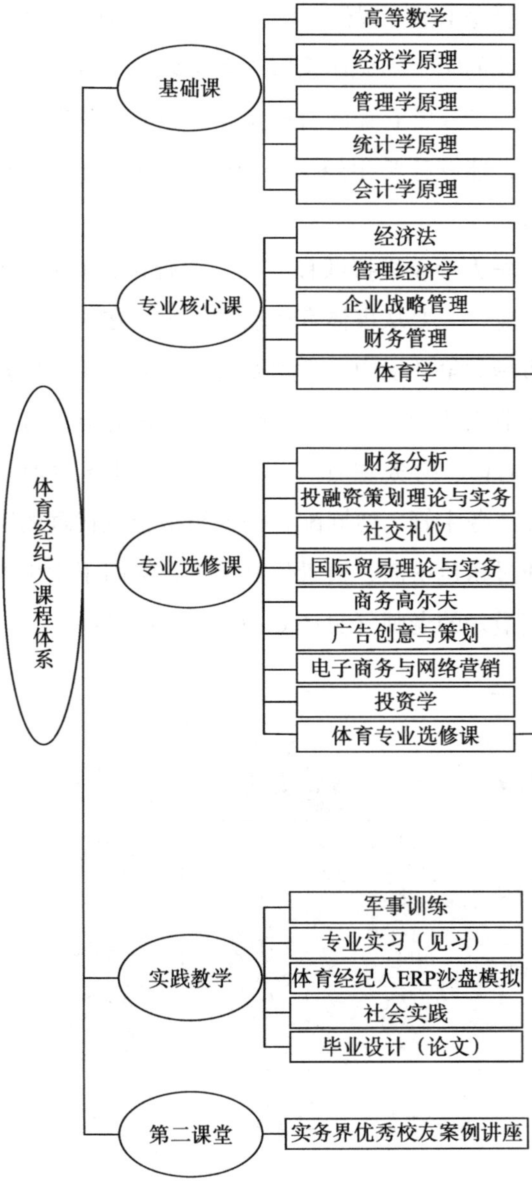

图8－5　体育经纪人课程体系

采用较多的沙盘实验主要是ERP经营沙盘模拟实验。李莉（2017）提出，体育产业管理专业的学生知识体系属于多学科知识融合，通过模拟的方式让学生参与了非常有趣的对抗竞争，该方式具有参与性、对抗性、实战性强，能够让学生经历企业管理全过程的优点，可以提升学生综合能力。

第一，ERP体育经纪人沙盘模拟课程简介。课程设计有6—10家模拟初创体育经纪企业，主要从事体育运动员经纪。在统一设定的沙盘对抗规则下和市场竞争环境中，学生要进行为期6年的仿真模拟实训，每个模拟企业由5—6名学生组成，学生分别担任首席执行官（CEO）、赛事主管、财务主管（可配有一名财务助理）、信息主管、销售主管和法务主管，协同配合完成模拟企业代理的明星运动员经纪活动。通过角色扮演、情景仿真模拟，提高了学生的参与度，兴趣成了他们最好的老师（见图8-6和图8-7）。

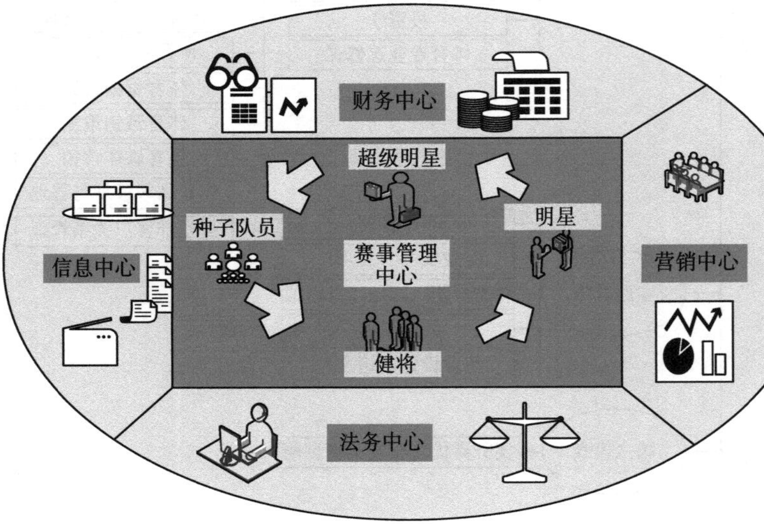

图8-6　ERP体育经纪人沙盘盘面

准备工作	六年主题	运营模拟
①沙盘结构介绍	①感性认识时代	①年度会议
②组织准备工作	②理性思考时代	②订单争取
③基本情况描述	③科学管理时代	③企业运营
④企业运营规则	④全面预算时代	④财务关账
⑤初始状态设定	⑤平衡计分时代	⑤业绩分析
⑥企业运营练习	⑥信息管理时代	⑥知识点评

图 8－7　ERP 体育经纪人沙盘课程内容安排

第二，课程内容设计体现两个维度。能力方面将围绕体育经纪人五个基本能力培养，纵向维度是团队成员扮演的五种角色：首席执行官、信息官、法务主管、赛事主管、销售主管、财务主管（见图 8－8）。横向维度分为种子运动员、健将、明星、超级明星，即运动员的不同阶段，如图 8－9 所示。

第三，ERP 体育经纪人沙盘模拟课程的教育亮点。这个模拟经纪公司的 6 年经营对抗赛课程设计具有以下显著的教育亮点，能够有效地提升学生的专业技能和综合素养：

①实践导向的学习模式。通过模拟真实的经纪公司运营环境，学生可以在实际操作中学习和应用理论知识，这种“做中学”的模式能够大幅提高学习的针对性和效果。

②全面的业务覆盖。课程设计覆盖了体育经纪行业的各个关键环节，如选手挖掘、合同谈判、训练和赛事规划、品牌管理等，为学生提供了一个宽广的学习平台，帮助他们全面理解并掌握行业运作逻辑，如图 8－10 所示。

图 8-8　人员分组与职能定位

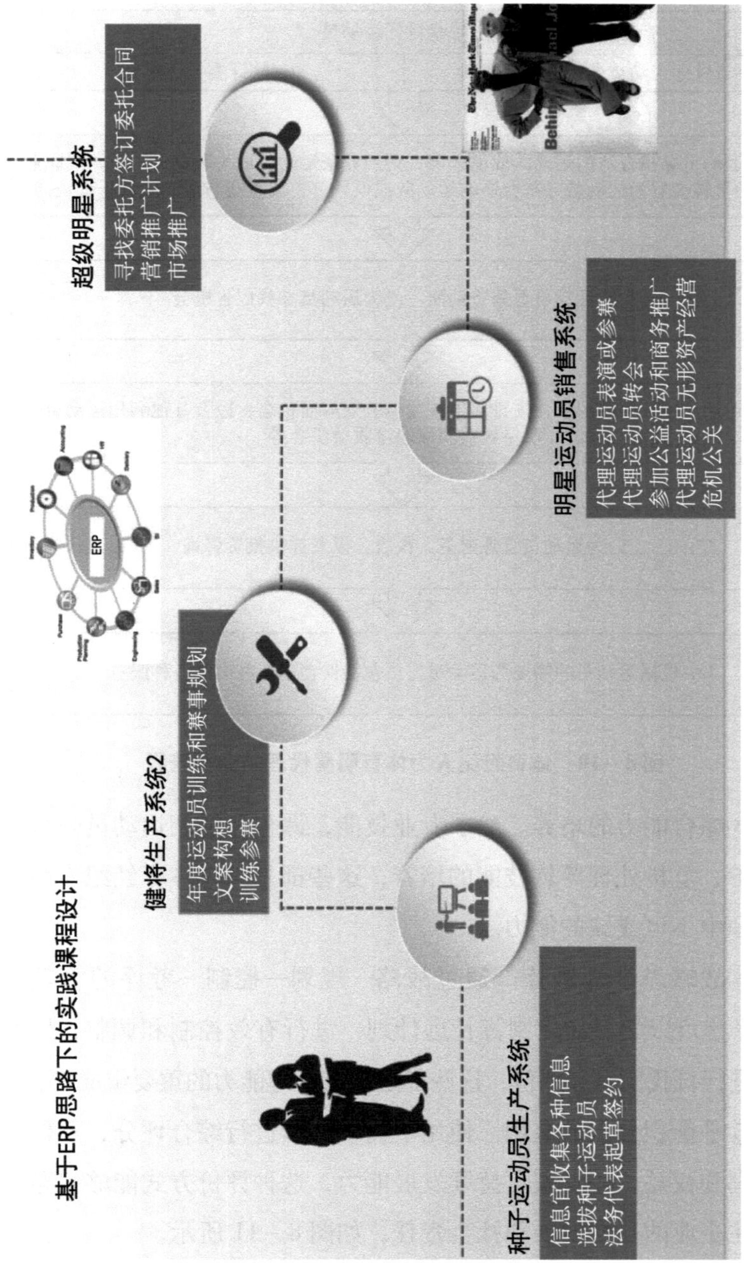
基于ERP思路下的实践课程设计
ERP
种子运动员生产系统
信息官收集各种信息
选拔种子运动员
法务代表起草签约
健将生产系统2
年度运动员训练和赛事规划
文案构想
训练参赛
明星运动员销售系统
代理运动员表演或参赛
代理运动员转会
参加公益活动和商务推广
代理运动员无形资产经营
危机公关
超级明星系统
寻找委托方签订委托合同
营销推广计划
市场推广

图 8－9　横向维度

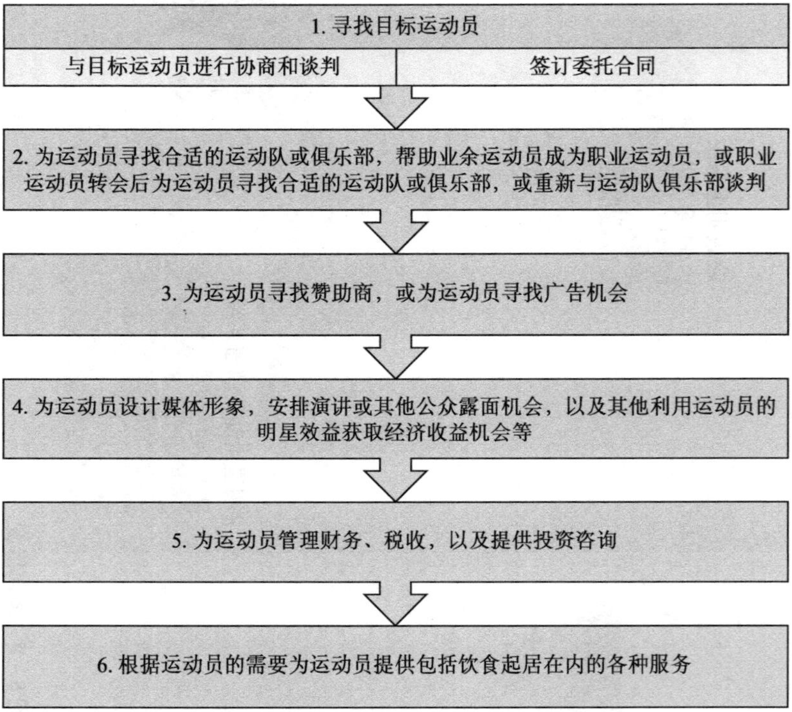

图 8－10　体育经纪人为体育明星代理的业务流程

③综合能力的培养。除了专业技能，课程还强调运动员公众形象维护、危机处理等软技能的培养，这些都是未来体育经纪人在职业生涯中不可或缺的能力。

④战略思维的锻炼。通过战略—规划—控制—考评的管理循环，学生可以学习如何制订长远计划，进行有效控制和调整，以及如何进行自我反思和评价，这些都是高级管理能力的重要组成部分。

⑤平衡积分卡的应用。使用平衡积分卡进行综合评分，不仅考察利润和权益，还考察可持续发展能力，这种评价方式能够引导学生关注企业的长期发展和社会责任，如图 8－11 所示。

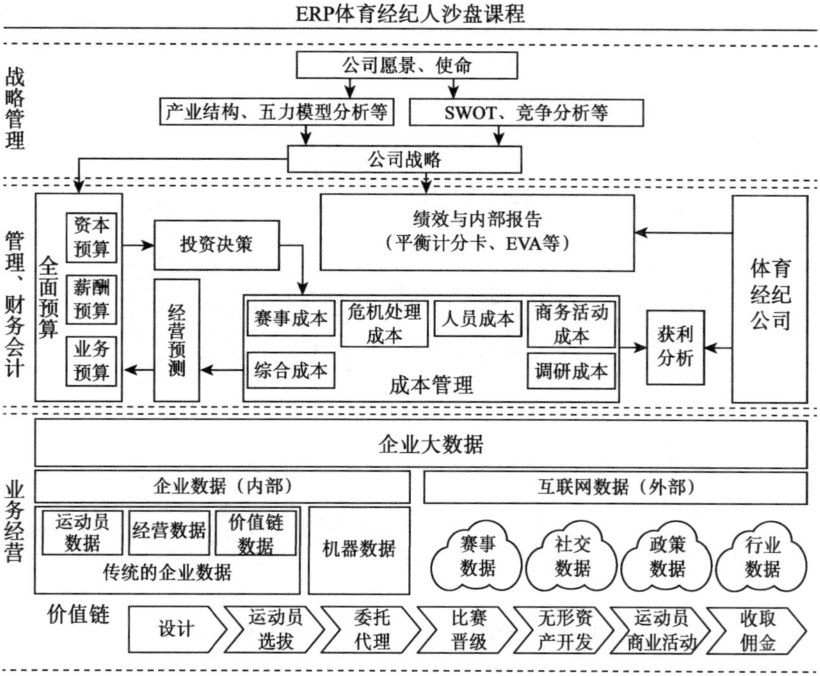

图8－11　ERP体育经纪人沙盘课程核心环节

作为战略保障体系，全面预算将在本课程中充分体现，如图8－12所示。

⑥个人职业规划的指导。课程通过评价每位成员的职业胜任能力，为学生的个人发展和职业规划提供指导，帮助他们更好地定位自己的职业方向和发展目标。

⑦团队协作与竞争。通过模拟对抗赛的形式鼓励学生在团队内部进行合作并与其他团队竞争，这种环境能够锻炼学生的团队协作能力和竞争意识。

起始年由指导教师带领学生完成业务操作，其余6年由各模拟经纪企业的CEO带领小组成员完成。课程把体育经纪企业所处的

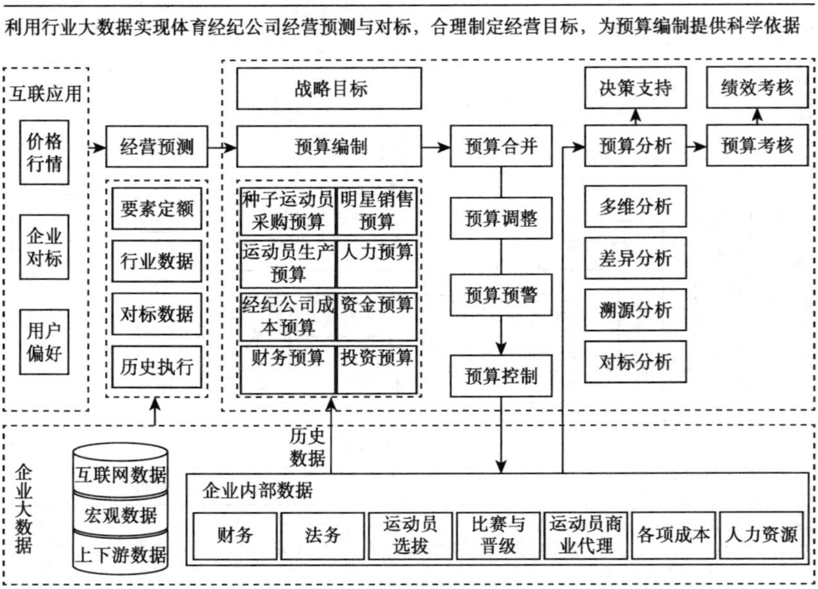

图 8－12　全面预算在体育经纪公司的运用

内外部环境抽象为一系列规则并构建高度仿真的经营管理实训环境，让学生在仿真 ERP 供应链环境下开展体育经纪业务的训练，如图 8－13 所示。

第四，市场规则与企业运营规则。市场规则是维护课程公平竞争、保证虚拟市场正常运行的约定的总合。综合考虑各方面因素简化为以下 7 个方面的约定：运动员调研成本明细；项目谈判成本明细；商务活动综合费用明细；各等级运动员推广成本明细；赛事经费成本明细；危机处理成本明细；客户关系维护费等，以上的明细内容与课程的学生端用户手册、教师端用户手册以及教学年运营等都被放入课题附件。

第五，ERP 体育经纪人沙盘模拟课程实施方案与考核评价标

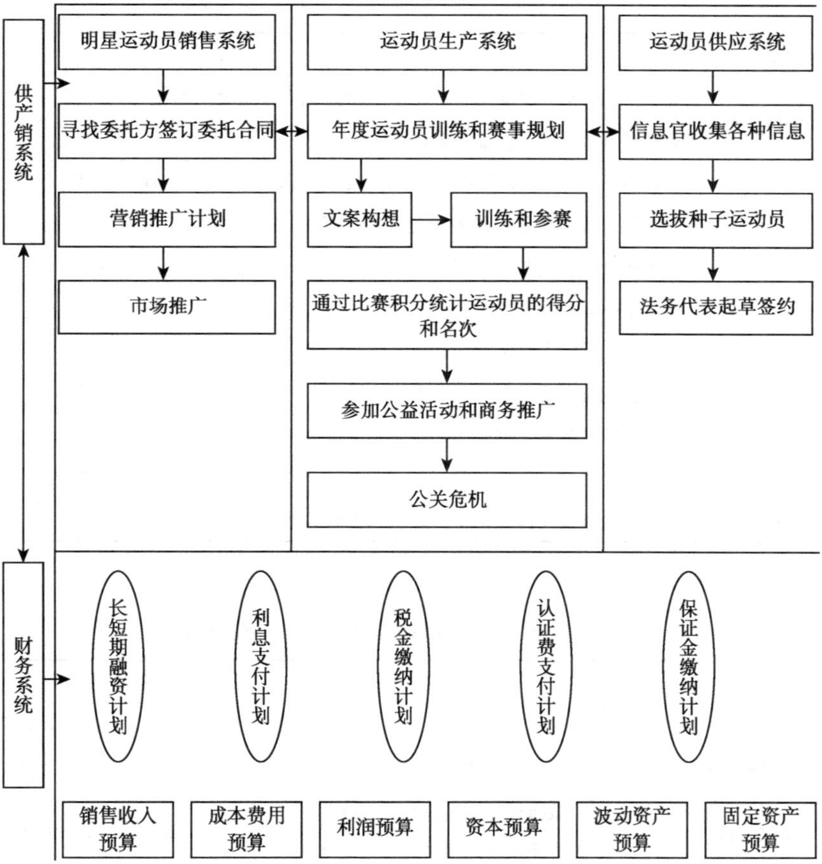

图 8－13　ERP 供应链在体育经纪人沙盘中的体现

准如表 8－12 和表 8－13 所示。

表 8－12　　ERP 体育经纪人沙盘模拟课程实施方案

教学环节	主要教学内容	学时
理论铺垫	老师对所涉及重要相关知识，并对实验课程涉及的经营知识作铺垫。导师详略得当地讲解模拟经营的体育经纪企业情况、运营规则、市场规则、课程最终的考核规则等	4

续表

教学环节	主要教学内容	学时
模拟演练	带领学生尝试运营企业1年，使学生掌握规则，了解初始年的约定，企业经营过程，以及企业业务流程	4
实战对抗	展开5—6年的企业经营对抗。对抗过程采用电子沙盘与物理沙盘结合的方式，每个角色都代表经纪人能力的一方面。团队所依赖的不仅是集体讨论和决策，同时也强调成员的共同贡献，成员的合作能力决定了企业的业绩	9
分享与点评	教师在每一年结束后进行小点评，各小组每一年要进行总结和反思，即“编筐编篓重在收口”，在比赛结束后课程结束前各组代表分享感悟，老师针对各组在经营中的特点和表现进行综合点评	1
知识裂变与提升	课程结束之后，老师要求学生认真撰写个人实验总结，聚焦感兴趣的一个知识点撰写课程论文，以达到提升的效果	2

资料来源：教学经验总结得到。

表8－13　ERP体育经纪人沙盘模拟课程考核评价标准

考核内容	考核指标	权重	考核方式
学生参与程度和课堂过程表现	态度、工作量及发挥作用、协调能力、全局概念和团队共情力	20%	组内学生互评
绩效考核	考核指标加权汇总排出名次。 破产小组成绩参考独立经营年限	20%	教师评分
实验表格完整性与准确性	表格填制的完整性、表格填制的准确性	20%	教师评分
实验报告（财报＋个人感悟）	相关财务指标的分析是否准确、全面；报告语言是否流畅，条理是否清晰，逻辑是否合理；感悟是否深刻	20%	教师评分
聚焦体育经纪人感兴趣的一个知识点撰写课程论文	论文选题与综述； 理论分析、实践环节及工作量； 论文写作及科学作风	20%	教师评分

资料来源：教学经验总结得到。

（3）能力层设计

王滢（2013）提出，要提高学生的综合能力，包括学习能力、规划能力、表达能力、沟通协调能力、决策能力和领导能力等。该课程在实施过程中由讲授式教学转变为探索式学习；进行沙盘模拟教学；小组研讨学习；沉浸式、角色扮演式学习。学生在此过程中可以提升体育经纪人实践能力。

第一，激发学生多元思维模式。ERP 体育经纪人课程使学生仿佛置身于企业的实际环境，学生在这个浓缩的体育管理过程中利用经济学、管理学、法学和体育学等多种学科，发挥学生的主动性，鼓励解决问题方法的多样化，极大地激发了学生学习体育经纪人相关知识的兴趣与潜能，激发形成多元思维模式。

第二，拓展知识体系，提升管理技能。企业的生产经营过程就是对企业资源的管理过程。尤其是在大数据时代，对信息数据进行充分整理、有效传递，使人、财、物等资源要素合理配置，从而实现企业经营效率的提高。本课程把企业运营的关键环节：战略规划、资金筹集、市场营销、运动员苗子的选拔、签约运动员、签订代理合同、赛事组织、比赛与晋级、财务核算与管理、企业信息化建设等部分内容设计为可视的实体模型，使学生在项目策划、关系协调、体育公关、财务能力、体育管理、市场营销推广、法律知识、形象包装技能、税务等方面都能得到有效的锻炼。

第三，培养学生的团队精神和共赢的观念。在激烈的市场竞争中，树立共赢理念，深谙“大家好才是真的好”的道理。ERP 沙盘课上，各个企业在既定游戏规则和不确定的因素干扰下会出现很多意料之外的状况，同学们要不断分析问题，解决问题，在这个过程中既锻炼了学生的意志力、凝聚力，又培养了稳定的情绪及实践能力，能够认识到："没有完美的个人，只有完美的团队，学会融入团队是多么重要！"

第四，有助于激发学生个性与职业定位。在模拟教学对抗中，学生的各种各样的性格特征都展现得淋漓尽致，有的小组热情张扬，颇有"风风火火闯九州"的状态，有的小组谨慎小心，步步为营，有的小组则闷声发大财，关键时候出奇制胜。有保守型的，有激进型的，更有冒险型的，学生的个性在企业的运营管理过程中不断被激发。在此过程中学生也重新审视自我，认识自己的优势与不足。课后有不少人生感悟，其中包括：与经营相比，学习是一件多么简单的事情；客户的感知价值是企业价值的真正来源；失败发生在彻底地放弃之后等。

第五，提升了大学生诚实信用的精神。在 ERP 沙盘的模拟操作中，每一个学生首先都要学习职业道德，秉持诚实信用并按规则办事的原则，如果违规被发现，企业和经纪人本人要受到极大的处罚，所以 ERP 模拟学生也学到了只有依法经营、合规从业，才是企业发展的正确之道，这是立足之本。

8.4.4 SECI 视域下体育经纪人培养路径的有效性分析

（1）SECI 模型的知识转化与体育经纪人培养路径高度契合

我们急需的体育经纪人才是具有国际视野，熟悉体育经纪运作规律，能够对体育商业环境精准分析、判断，精通市场运作与开发，通晓相关法律和财务管理知识的复合型人才。体育人才综合能力与实践能力的提升是整个培养过程的核心关键，这与 SECI 模型中的知识转化流程契合度是很高的。

野中郁次郎的SECI模型展现了知识转化的程序。首先，野中郁次郎（2006）提到SECI模型时清晰地辨识了显性知识和隐性知识的不同，并提出二者在交互作用下推进了知识的“社会化”“外显化”“组合化”“内隐化”四个连续过程，形成知识创生的螺旋模型（SECI模型）。在洞察知识演化和产生的过程中整理出了清楚的脉络；尤其是“场”的引入，联结时间和空间，为探索知识的创生提供了可靠依据。

原始场，是知识转化的起点，属于社会化阶段。原始场内的个体之间没有障碍，彼此共享经验技巧，使得隐性知识更加顺畅地在个体间传递。因此，在该“场”内，开放式设计最有益于隐性知识的转移与交换。

互动场，是可以实现自由对话的空间，属于外显化阶段。组织内成员之间充分交流，就彼此之间的想法进行深层次思考和分析，将隐性知识转化为显性知识，以实现知识价值的创新化。

系统场（虚拟场），促进显性知识系统化，并与新的知识结合产生新的显性知识，属于组合化阶段。ERP体育经纪人沙盘实验课程就属于“系统场”。在这个“场”内，通过整理收集显性知识，并完善系统的知识体系，从而促进知识的更新与应用。

实践场，个体利用获得的知识反复实践、练习与运用，并在这个过程中收获新的隐性知识，属于内隐化阶段。学校的第二课堂和社会实践就属于实践场。

本课程就是将实验室作为“场”将“隐性知识”与“显性知识”相互转化，构建ERP体育经纪人沙盘实验课程设计。

（2）SECI视域下体育经纪人实践能力培养路径的有效性分析

本部分将SECI模型（见图8－14）的核心框架引入体育经纪

人人才培养路径中，在培养路径基础层，体育经纪人相关课程知识对应知识资产，多种形式的课堂对应知识场，能力的形成过程与SECI知识转换的四个阶段高度契合，从而验证了体育经纪人才培养模型对提升体育经纪人综合能力是有效的。

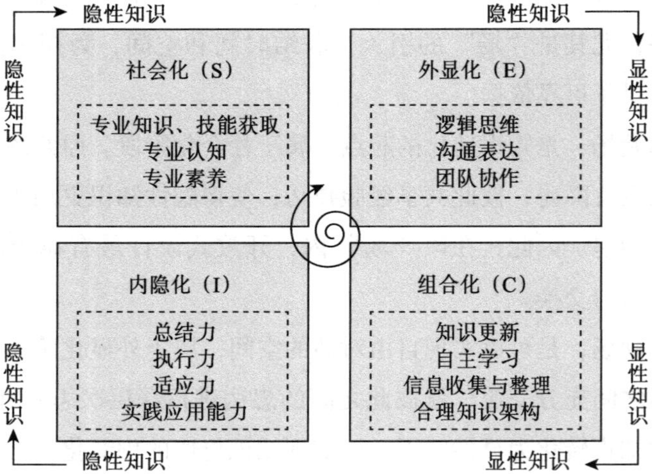

图8－14　SECI模型（知识螺旋理论）

第一，社会化。社会化在初始场中起到将隐性知识进行传递的作用。要求学生在现实中进行观察、体悟、模仿和练习，在原有隐性知识的基础上实现转化。影响该转化模式的因素包括学生对专业知识的领悟力、专业知识体系与经验等。

朱希婷（2021）研究发现，社会化阶段与另外三个阶段的关系属于中高度相关水平，且显著正相关。这表明在体育经纪人实践能力养成过程中，社会化阶段对专业知识的掌握程度越好，组合化阶段知识架构效果越好，最终在内隐化阶段实践能力越强。

积累扎实的基础知识，是每个学生在大学时期的必修课，在各行各业，所有的实践都是建立在理论基础上，高校课程体系应注重专业的基础知识。学生的专业知识结构和知识体系都依托于课程体系的科学设计，直接关系到学生知识体系和能力形成。课程体系和教学内容及教学方式是专业人才培养目标得以实现的重要保证和必要载体。所以本书不断优化课程体系，建立了科学、合理且适应学生全面发展需要的课程体系。

第二，外在化。通过对话场实现隐性知识外显化。在这个共享域，将上一个阶段形成的个人感悟（隐性知识）转化为显性知识，这里是指学员们在沟通、交流、分享中经过演绎推理、归纳总结形成的可以通过文字或语言表达的外化知识（如手势、图像、模型或文档），最后形成集体经验。

ERP 体育经纪人沙盘实验课程中学生要考虑方方面面的事情，学生不得不主动沟通交流、协调各项事务，教师只承担课程的设计者、组织者、动员者、协助者的角色，学生是主角。每位学生们都要承担一个角色，每个角色都是责、权、利的统一，为了完成任务分工，就要通过收集整理信息，检索所需的文献知识，形成完成任务的策略计划，不断提高自主学习能力。同时，课程中离不开小组学习和小组讨论，沟通交流能力、团队协作能力在课程中得到锻炼，必要时还要对组织原有的架构体系进行补充、修正，大家集思广益，群策群力，靠集体的智慧击败竞争对手。因此，体育经纪公司模拟经营必然促使学生个人的隐性知识转化为集体经验。

第三，组合化。在系统化场中显性知识向显性知识转化，这一阶段侧重于对知识体系的构建。要求学生将前两个阶段所掌握的知识归纳整合，通过观察问题，运用所学知识和技能，使知识结构更加系统化，以增强个体的学习能力。

学生通过6年模拟经营活动，扮演各自角色来完成商业环境分析、策略制定、业务处理等实训任务，每位学生都有自己的责任担当，他们都要面对各自工作压力、体会个人知识有限性和工作要求的复杂性之间的矛盾，产生危机感。课程中设计的工作任务中有的需要形成文字方案，比如运动员的训练及赛事规划，运动员即将面临的危机管理等。在日常事务处理中得到认知体验，在经验对抗和科学有效决策过程中，通过运用隐性知识来促进团队成员形成新的个人感悟。

第四，内隐化。这一阶段中，显性知识在实践场中向隐性知识转化，通过“干中学”学生能够参与到具体实践中并形成新的隐性知识。学生利用前三个阶段整合形成的知识将可视性实践能力投入具体实践，积累实践经验，结合实际问题的情境，提出新观点、新认知，提升实践应用能力的同时也锻炼个人的执行力、适应力和总结反思能力。在知识运用的过程中，学生将再次得到的新经验、新体会加入个人知识结构体系中，以实现实践能力更高层次的升华，并进入新一轮隐性知识的生成，从而达到螺旋上升的效果。

ERP体育经纪人沙盘实验课程围绕经营进行反思总结，在实验教学的关键环节要求学生做规划和预算，并要求聚焦体育经纪人感兴趣的一个知识点撰写课程论文，通过反思感悟来促进学生进行知识转化和提升实践能力。针对每一年的报表结果，各组都要进行纠偏，从中发现经营的漏洞或者败笔，及时发现问题、分析问题、解决问题。最后回答以下问题：你犯过哪些错误？如果你要提升你的竞争力，你必须从哪几个地方着手彻底改变你的企业？如果从头来过，一定能避开你犯的错误吗？

ERP体育经纪人课程设计也十分注重课外协作学习，鼓励学生组织开展课外团建活动，提供实务界校外导师或者从业校友电话信息，鼓励他们主动救助校外导师进行团队辅导和个别化指导；此外，推荐观看以汤姆·克鲁斯以李·斯坦伯格为原型的体育经纪人电影《甜心先生》。

本部分参考了朱希婷（2021）的研究结论：在 SECI 模型中，社会化阶段是模型的起点，是体育经纪人实践能力培养的第一步，即获取专业知识和素养，它与内隐化阶段之间的联系不是直接的，而是通过外显化、组合化两个中介变量来产生效果，如图 5－15 所示。因此，基于 SECI 模型，可以分别从社会化、外显化、组合化、内隐化四个阶段来诠释 ERP 体育经纪人实践能力的生成，以更全面地论证体育经纪人人才培养模型的影响因素和有效性。

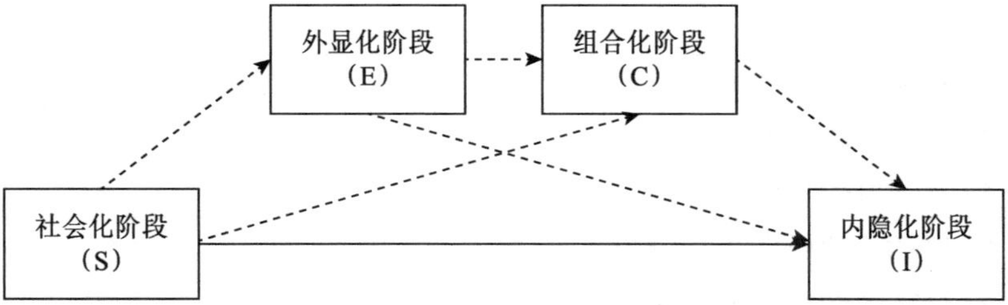

图 8－15　SECI 视角下实践能力培养链式多重中介模型

（3）《ERP 体育经纪人沙盘课程》问卷评价结果分析

本次调查问卷对象为参与 ERP 模拟实验的学生，共回收问卷 103 份，有效问卷 103 份。其中：男性 67 名，女性 36 名；65 名体育经济管理专业学生，38 名非体育经济管理专业学生。性别分布与往常情况相似，这是由于体育行业性质所决定的，这也符合男性在体育方面的关注度要高于女性这一现实情况。

第一，问卷的信度检验。本书通过 SPSS26 对问卷进行信度分析，从表 8－14 可以看出，无论是单选题还是多选题，每个问题的 Cronbach's alpha 系数均处于 0.8—0.9，且问卷 39 项问题总体的 Cronbach's alpha 系数值为 0.888。一般来说，Cronbach's alpha 系数大于 0.7 是可以接受的，因此本书问卷数据的可靠性较高，足以支撑本书研究需求。

表 8－14　　103 名学生调查问卷信度调查分析

问卷问题	Cronbach's alpha
1 您的性别	0.890
2 您是体育经济管理专业的学生吗	0.891
3 您认为当前国内体育经纪人市场的需求情况	0.895
4－1 体育经纪人的专业水平将影响体育产业的整体走向	0.882
4－2 在举国体制和市场体制相结合的国情中助力竞技体育发展的新模式	0.887
4－3 优化竞技体育发展布局	0.886
4－4 助力打造现代体育产业体系	0.882
4－5 构建具有中国特色的充满活力的竞赛体系	0.882
5－1 体育管理体制没有充分市场化	0.887
5－2 体育经济市场体系尚未健全，秩序混乱	0.885
5－3 体育经纪人法律法规建设滞后	0.885
5－4 体育经纪人的专业素质偏低	0.886
5－5 体育经纪人培养制度不完善	0.882
6 采用 ERP 教学沙盘系统模拟 6 家体育经纪人公司进行经营竞赛，您感兴趣吗	0.891
7－1 总经理	0.891
7－2 法务总监	0.888
7－3 赛事总监	0.889
7－4 销售总监	0.888

续表

问卷问题	Cronbach's alpha
7－5 财务总监	0.887
8－1 战略规划能力	0.887
8－2 市场策划能力	0.886
8－3 市场营销公关能力	0.884
8－4 体育人才选拔能力	0.884
8－5 法务方面能力	0.880
8－6 公司及个人理财能力	0.884
8－7 无形资产开发能力	0.882
8－8 项目策划能力	0.881
8－9 关系协调能力	0.882
8－10 恪尽职守，诚实守信	0.882
9－1 体育管理学	0.887
9－2 体育人力资源管理	0.885
9－3 体育市场营	0.885
9－4 体育法规	0.884
9－5 体育赛事经营管理	0.884
9－6 体育产业与媒体关系	0.883
9－7 财务管理	0.884
9－8 体育产业运营	0.884
9－9 其他	0.886
9－10 体育信息技术	0.882
总体评价	0.888

资料来源：自行整理得到。

根据问卷第6题答题数据可知，有65%（67名）的学生对本次ERP沙盘模拟系统感兴趣，有19.4%（20名）的学生对本次模拟不感兴趣，有 15.5%（16 名）的学生抱着无所谓的态度，可见本次 ERP 模拟系统可以调动大部分学生学习的积极性。

根据问卷第 8 题答题数据可知，75 人认为可以提升战略规划能力；62 人认为可以提升市场策划能力；57 人认为可以提升市场营销公关能力；65 人认为可以提升体育人才选拔能力；32 人认为可以提升法务方面能力；48 人认为可以提升公司及个人理财能力；34 人认为可以提升无形资产开发能力；50 人认为可以提升项目策划能力；53 人认为可以提升关系协调能力；42 人认为可以使自己更加恪尽职守，诚实守信。综上所述，共计 518 人次认为可以提升自己，可见本次所开发的 ERP 系统有助于学生在实践能力方面提升自我综合素质。

第二，调查问卷的效度检验。由于正式的开课时间在学期末，当时 ERP 体育经纪人沙盘实验还未正式上课，所以本次调查问卷的效度检验是通过专家评判法来完成。评判专家的构成：教授 5 名，副教授 5 名。问卷效度评判内容包括问卷结构设计、问卷内容设计和问卷的整体效果。问卷的整体评价、问卷的内容评价、问卷的结构评价分别如图 8－16、图 8－17 和图 8－18 所示。

第3题：问卷整体评价 [单选题]

选项	小计	比例
非常合理	5	50%
合理	5	50%
不合理	0	0
本题有效填写人次	10	

图 8－16　问卷的整体评价

第4题：问卷的内容评价 [单选题]

选项	小计	比例
非常合理	4	40%
合理	6	60%
不合理	0	0
本题有效填写人次	10	

图 8－17　问卷的内容评价

第5题：问卷的结构评价 [单选题]

选项	小计	比例
非常合理	3	30%
合理	7	70%
不合理	0	0
本题有效填写人次	10	

图 8－18　问卷的结构评价

因此，问卷效度较高，可以用于本书的调查。

8.5　结论与展望

8.5.1　研究结论

本书采用规范研究法通过对政策和文献的梳理分别得出如下结论。

第一，我国体育经纪产业显示出巨大的市场潜力和强大的发展动力。

第二，我国体育竞赛日趋国际化、社会化、产业化；亟待体育经纪人在中国体育市场中发挥其积极作用。

第三，我国目前尚未形成比较系统且完善的体育经纪人培养体系。

第四，借鉴欧美发达国家的成熟经验，完善体育经纪人相关教育、考核与培训、治理、认证与后续教育……尤其发挥高等体育院校在培养体育经纪人专业人才方面的优势。以高校为依托，建立一套符合中国国情的体育经纪人人才培养模式。

第五，依托河南财经政法大学体育经济管理专业开发构建了基于 ERP 思路下我国体育经纪人培养路径。

（1）人才培养体系构建方面

在体育经纪人实践能力框架下构建了基于 ERP 思路下河南省体育经纪人培养路径，从基础层、应用层、能力层分别进行设计，其中核心部分是应用层的 ERP 体育经纪人沙盘实验课程设计。这个模拟经纪公司的 6 年经营对抗赛课程设计具有以下显著的教育亮点，能够有效地提升学生的专业技能和综合素养：

①实践导向的学习模式。通过模拟真实的经纪公司运营环境，学生可以在实际操作中学习和应用理论知识，这种“做中学”的模式能够大幅提高学习的针对性和效果。

②全面的业务覆盖。课程设计覆盖了体育经纪行业的各个关键环节，如选手挖掘、合同谈判、训练和赛事规划、品牌管理等，为学生提供了一个宽广的学习平台，以帮助他们全面理解并掌握行业运作逻辑。

③综合能力的培养。除了专业技能，课程还强调运动员公众形象维护、危机处理等软技能的培养，这些都是未来体育经纪人在职

业生涯中不可或缺的能力。

④战略思维的锻炼。通过战略—规划—控制—考评的管理循环，学生可以学习如何制订长远计划，进行有效控制和调整，以及如何进行自我反思和评价，这些都是高级管理能力的重要组成部分。

⑤平衡计分卡的应用。使用平衡计分卡进行综合评分，不仅考察利润和权益，还考察可持续发展能力，这种评价方式能够引导学生关注企业的长期发展和社会责任。

⑥个人职业规划的指导。课程通过评价每位成员的职业胜任能力，为学生的个人发展和职业规划提供指导，帮助他们更好地定位自己的职业方向和发展目标。

⑦团队协作与竞争。通过模拟对抗赛的形式鼓励学生在团队内部进行合作并与其他团队竞争，这种环境能够锻炼学生的团队协作能力和竞争意识。

（2）评价过程方面

通过SECI模型论证、分析体育经纪人才培养路径的有效性。通过问卷对ERP体育经纪人沙盘课程进行效果分析。

（3）评价结果方面

基于SECI模型四个阶段诠释了ERP体育经纪人实践能力的生成与应用，更全面地论证体育经纪人人才培养路径的影响因素和有效性。问卷调查结果显示ERP体育经纪人沙盘课程有助于提升学生的实践能力和综合素质。

8.5.2 展望

在当前全球体育产业迅速发展的背景下，我国体育经纪产业也展现出巨大的市场潜力和强大的发展动力。然而，随着体育竞赛日趋国际化、社会化和产业化，体育经纪人在中国体育市场中的作用越发重要。尽管如此，我国目前尚未形成系统且完善的体育经纪人培养体系。本书通过规范研究法，梳理政策和文献，提出了基于ERP模式的体育经纪人培养路径，并取得了一定的研究成果。未来的研究应在以下几个方面进行深入探讨和拓展：

（1）ERP模式在体育经纪人培养中的深化应用

未来研究可以进一步探讨ERP模式在体育经纪人培养中的具体应用细节，尤其是如何在不同教育阶段和不同类型的体育院校中推广和实施这一模式。通过对ERP模式的不断优化和调整，确保其能够适应不同学生群体的需求，提高培养效果。

（2）跨学科融合与创新

随着体育产业的不断发展，体育经纪人需要具备多学科的知识和技能。未来的研究应探索如何将体育管理、经济学、法学、市场营销等学科知识有机融合，通过跨学科的课程设计和教学方法创新，提升学生的综合素养和实践能力。

（3）国际经验的本土化应用

借鉴欧美发达国家在体育经纪人培养方面的成熟经验，结合我国国情进行本土化应用，是未来研究的重要方向。具体而言，可以探讨如何在我国的教育体系和文化背景下，优化体育经纪人教育、考核与培训、治理、认证与后续教育等方面的制度和实践。

（4）高等体育院校的示范作用

高等体育院校在培养体育经纪人专业人才方面具有独特的优势。未来研究应进一步探讨如何发挥这些院校的示范作用，通过建立校企合作机制、开发特色课程、开展实践教学等方式，形成一套符合中国国情的体育经纪人人才培养模式。

（5）实践教学与职业规划的有效结合

ERP 体育经纪人沙盘课程的成功实践表明，实践导向的学习模式对提升学生的专业技能和综合素养具有显著效果。未来研究应继续探索如何将实践教学与学生的职业规划有效结合，通过个性化的职业指导和发展规划，帮助学生更好地定位职业方向和发展目标。

（6）评价体系的优化与完善

基于 SECI 模型的评价体系在 ERP 体育经纪人沙盘课程中取得了良好的效果。未来研究应进一步优化和完善这一评价体系，通过引入更多元化的评价指标和方法，全面评估学生的实践能力和综合素质，以确保培养体系的科学性和有效性。

（7）政策支持与行业规范

体育经纪人的培养离不开政策支持和行业规范的保障。未来研究应关注国家政策和行业规范的动态变化，探讨如何通过政策引导和规范建设，推动体育经纪人培养体系的完善和发展。

综上所述，基于 ERP 模式的教育与体育融合，为我国体育经纪人实践能力培养体系的构建提供了新的思路和路径。未来的研究应在深化应用、跨学科融合、国际经验本土化、高校示范作用、实践教学与职业规划相结合、评价体系优化以及政策支持与行业规范等方面进行深入探讨，不断推动我国体育经纪人培养体系的创新和发展，为体育产业的繁荣和可持续发展提供有力的人才支撑。

参考文献

[1] 白福萍，梁博涵，刘东慧，2023. 数字化转型对企业利益相关者价值共创的影响机理与对策[J]. 财会月刊（12）：131－136.

[2] 白莉莉，冯晓露，乔凤杰. 2017. 中美体育经纪行业比较——兼论中国体育经纪行业制度优化[J]. 体育学刊（5）：57－62.

[3] 白宇飞，杨松，2021. 我国体育产业数字化转型：时代要求价值体现及实现路径[J]. 北京体育大学学报（5）：70.

[4] 鲍明晓，2020. "十四五"时期我国体育发展内外部环境分析与应对[J]. 体育科学（6）：3－8.

[5] 鲍明晓，2021. 数字体育：体育高质量发展的关键引擎[J]. 体育科研（5）：1－5.

[6] 陈凯华，2020. 加快推进创新发展数字化转型[J]. 瞭望（52）：24－26.

[7] 曹兴，许羿，李小娟，等，2022. 新兴技术跨界融合的知识演变研究[J]. 湖南大学学报（社会科学版）（5）：56－65.

[8] 柴琳琳，2022. 平台型治理视域下地方政府跨界整合能力提升路径研究[J]. 领导科学（7）：109－112.

[9] 邓朝华，邓子豪，樊国睿，等，2024. 在线健康平台能否减少健康不公平？——基于价值共创视角[J]. 管理世界（1）：119－140.

[10] 戴建平，骆温平，2023. 制造企业供应链数字化转型的机理与路径——基于工业互联网平台多边价值共创视角[J]. 财会月刊（17）：137－144.

[11] 戴勇，王诗卉，2017. 从研发能力到创新绩效：技术整合与组织整合的不同角色[J]. 科技进步与对策（24）：7－12.

[12] 丁志刚，黄依青，徐薇洁，等，2023. 贸易金融生态系统价值共创演化博弈研究[J]. 会计之友（10）：55－62.

[13] 杜勇，曹磊，谭畅，2022. 平台化如何助力制造企业跨越转型升级的数字鸿沟？——基于宗申集团的探索性案例研究[J]. 管理世界（6）：117－139.

[14] 冯文娜，2019. 互联网经济条件下的企业跨界：本质与微观基础[J]. 山东大学学报（哲学社会科学版）（1）：107－117.

[15] 方敏，杨虎涛，2024. 政治经济学视域下的新质生产力及其形成发展[J]. 经济研究（3）：20－28.

[16] 付东，杨雪梅，徐光斌，2021. 我国体育产业研究的动态演进与知识基础——基于 CSSCI 源文献的计量分析[J]. 体育学研究（5）：48－52.

[17] 傅钢强，刘东锋，2021. 我国体育场馆智慧化转型升级：基本内涵，逻辑演进，关键要素和模式探究[J]. 体育学刊，28（1），6.

[18] 高志辉，黄荟婕，张心灵，2023. 龙头企业主导的农业产业生态系统价值共创演化机理研究——以蒙清农业为例[J]. 会计之友（14）：135－141.

[19] 高里程，2021. 我国体育产业高质量发展研究——评《多元视角下体育产业的融合发展研究》[J]. 广东财经大学学报

(3)：3－4.

［20］葛宝山，生帆，李军，2016. 跨界创业的知识共享模型及运行机制研究[J]. 图书情报工作，60（14）：24－31.

［21］郭艳婷，郑刚，钱仲文，2019. 开放式创新视角下企业基于跨边界协同的新型追赶路径与模式初探[J]. 科研管理，40(10)：169－183.

［22］管智超，付敏杰，杨巨声，2024. 新质生产力研究进展与进路展望[J]. 北京工业大学学报（社会科学版）(3)，125－138.

［23］国家税务总局深圳市税务局课题组，郭晓林，李伟，等，2023. 新质生产力与税制变迁：元宇宙的视角[J]. 税务研究(12)：5－11.

［24］顾建平，江育恒，2019. 中美大学体育联盟组织特征与运行机制的比较和借鉴[J]. 江西师范大学学报（哲学社会科学版）(6)：181－188.

［25］黄细嘉，惠荣，2023. 红色旅游与共同富裕：耦合关系、价值共创与实现路径[J]. 社会科学家（10)：47－53.

［26］黄嫚丽，董少军，2021. 跨国并购整合过程“黑箱”如何被打开：文献述评与展望[J]. 管理现代化（5)：112－115.

［27］黄海燕，2018. 新时代体育产业助推经济强国建设的作用与策略[J]. 上海体育学院学报（1)：20－26.

［28］黄海燕，2020. 推动体育产业成为国民经济支柱性产业的战略思考[J]. 体育科学（12)：3－16.

［29］黄海燕，徐开娟，廉涛，等，2018. 我国体育产业发展的成就、走向与举措[J]. 上海体育学院学报（5)：15－21，37.

［30］黄海燕，朱启莹，2019. 中国体育消费发展：现状特征

与未来展望[J]. 体育科学 (10): 11 - 20.

[31] 胡海波，卢海涛，2018. 企业商业生态系统演化中价值共创研究——数字化赋能视角[J]. 经济管理，40 (8): 55 - 71.

[32] 胡有林，韩庆兰，2021. 产品服务系统价值共创演化博弈分析[J]. 管理评论，33 (6): 242 - 254.

[33] 胡海波，卢海涛，王节祥，等，2020. 众创空间价值共创的实现机制：平台视角的案例研究[J]. 管理评论，32 (9): 323 - 336.

[34] 胡保亮，赵田亚，闫帅，2018. 高管团队行为整合、跨界搜索与商业模式创新[J]. 科研管理，39 (12): 37 - 44.

[35] 胡畔，于渤，2017. 跨界搜索、能力重构与企业创新绩效——战略柔性的调节作用[J]. 研究与发展管理，29 (4): 138 - 147.

[36] 胡洪彬，2023. 习近平总书记关于新质生产力重要论述的理论逻辑与实践进路[J]. 经济学家 (12): 16 - 25.

[37] 侯光辉，陈岚，李明德，2009. 略论体育产业在国民经济中的重要地位[J]. 成都大学学报 (社会科学版) (5): 6 - 7，10.

[38] 何大安，2018. 互联网应用扩张与微观经济学基础——基于未来“数据与数据对话”的理论解说[J]. 经济研究 (8): 177 - 192.

[39] 荆树伟，杨艳茹，阎俊爱，2023. 数字赋能下联合办公商业服务生态系统构建——基于冗余资源价值共享的案例分析[J]. 管理案例研究与评论，16 (3): 259 - 274.

[40] 简兆权，曾经莲，2018. 基于价值共创的“互联网 + 制造”商业模式及其创新[J]. 企业经济，37 (8): 70 - 77.

[41] 简兆权，谭艳霞，刘念，2022. 数字化驱动下智慧医疗服务平台价值共创的演化过程——基于服务生态系统和知识整合视角的案例研究[J]. 管理评论 34 (12): 322 - 339.

[42] 姜尚荣，乔晗，张思，等，2020. 价值共创研究前沿：生态系统和商业模式创新[J]. 管理评论，32（2）：3－17.

[43] 姜晴云，2017. 中国体育经纪人职能演变历程研究[D]. 北京：北京体育大学.

[44] 姜娟，赵艳，2015. 提升国内体育明星商业价值的思考[J]. 当代体育科技，5（19）：163－164.

[45] 金碚，2024. 论“新质生产力”的国家方略政策取向[J]. 北京工业大学学报（社会科学版）（2）：1－8.

[46] 靳勇，2005. 我国竞技体育职业化进程中的经纪人管理与培养体系研究[D]. 苏州：苏州大学.

[47] 康晓磊，展恩燕，2019. 体育专业理论课翻转课堂教学模式的运用效果研究——以南京体育学院《体育经纪人》课程为例[J]. 青少年体育（12）：123－125.

[48] 孔莹，2021. 体育强国建设背景下我国体育经纪人发展现状及对策研究[J]. 哈尔滨：哈尔滨体育学院.

[49] 李树文，罗瑾琏，张志菲，2023. 从定位双星到布局寰宇：专精特新企业如何借助关键核心技术突破实现价值共创?[J/OL]. 南开管理评论.

[50] 李树文，罗瑾琏，张志菲，2023. AI 能力如何助推企业实现价值共创——基于企业与客户间互动的探索性案例研究[J]. 中国工业经济，41（5）：174－192.

[51] 李树文，罗瑾琏，胡文安，2022. 从价值交易走向价值共创：创新型企业的价值转型过程研究[J]. 管理世界，38（3）：125－145.

[52] 李燕琴，赵壮英，姚舟，等，2024. “物有所值”还是

"心有所怡"：乡村民宿主客价值共创平衡机理研究 [J/OL]. 经济管理：1–16.

[53] 李树文，罗瑾琏，张志菲，2024. 从定位双星到布局寰宇：专精特新企业如何借助关键核心技术突破实现价值共创？[J/OL]. 南开管理评论：1–19.

[54] 李宇，陈宇曦，王征远，2023. 制造企业服务化转型下的价值共创机制：基于产业链循环依赖的视角[J]. 中国软科学 (8)：186–198.

[55] 李树文，罗瑾琏，胡文安，2022. 从价值交易走向价值共创：创新型企业的价值转型过程研究[J]. 管理世界 38 (3)：125–145.

[56] 李莉，2017. ERP 沙盘模拟实验教学大纲的设计与解析[J]. 赤峰学院学报（自然科学版），33 (4)：210–213.

[57] 李冲，陈书睿，2016. 中美体育经纪人法律制度的比较研究[J]. 山东体育科技，38 (2)：12–18.

[58] 李楠，陈哲，潘媛媛，2019. 陕西省体育经纪业发展现状研究[J]. 体育世界（学术版）(7)：7+9.

[59] 李民桂，2016. 我国体育经纪人从业现状调查分析[J]. 福建师大福清分校学报 (5)：81–85.

[60] 李佳颖，2015. 我国体育经纪人的发展现状与发展对策研究[J]. 当代体育科技，5 (22)：166–168，170.

[61] 李耀，2014. 顾客主导逻辑下顾客单独创造价值——基于认知互动视角的实证研究[J]. 中国工业经济 (1)：101–113.

[62] 李元旭，胡亚飞，2021. 新兴市场企业的跨界整合战略：研究述评与展望[J]. 外国经济与管理，43 (10)：85–102.

[63] 李从容，贾梦飞，韩青，2021. 财政政策对军民融合企业创新绩效的影响——创新投入的中介效应分析[J]. 科技进步与对策，38 (6)：113-121.

[64] 黎涌明，韩甲，刘阳，等，2021. 2021年中国健身趋势——针对国内健身从业人员的网络问卷调查 [J]. 体育科研，(3)：1-9，18.

[65] 罗珉，李亮宇，2015. 互联网时代的商业模式创新：价值创造视角[J]. 中国工业经济，(1)：95-107.

[66] 雷善玉，曹耀升，强红钰，等，2023. 产业互联网平台生态系统价值共创演化机制——基于壹点壹滴的案例研究[J]. 管理案例研究与评论，16 (6)：747-760.

[67] 令狐克睿，涂媛媛，2023. 数智赋能新闻生产智能化的内在逻辑：流程再造、场景重塑与价值共创[J]. 中国编辑，(9)：51-56.

[68] 刘昌亚，2020. 我国体育经纪人发展现状与对策研究[J]. 内江科技，41 (10)：34-35.

[69] 刘嘉慧，高山行，2021. 数字经济环境下企业跨界内涵：价值主张视角[J]. 科技进步与对策，38 (1)：63-70.

[70] 刘伟，2024. 科学认识与切实发展新质生产力[J]. 经济研究，(3)：4-11.

[71] 刘晴，罗亮，黄晶，2021. "双循环"新发展格局下我国体育用品制造业高质量发展的现实困境与路径选择[J]. 体育学研究 (2)：29-38.

[72] 梁圣蓉，罗良文，2024. 新时代加快形成新质生产力的焦点难点与关键路径 [J/OL]. 当代经济管理：1-10.

[73] 鲁志琴，陈林祥，任波，2021. 人工智能对我国体育产业发展的推动作用[J]. 体育学研究，(1)：52 –59，67.

[74] 吕康强，杜熙茹，杨明，2021. “十四五”时期我国体育用品制造产业高质量发展的必要性及可行性[J]. 体育学刊，(5)：36 –42.

[75] 孟炯，田雪，郭春霞，2024. 实现价值共创的 C2B 数智定制协同治理路径研究 [J/OL]. 南开管理评论，1 –14.

[76] 孟捷，韩文龙，2024. 新质生产力论：一个历史唯物主义的阐释[J]. 经济研究，(3)：29 –33.

[77] 马永开，李仕明，潘景铭，2020. 工业互联网之价值共创模式[J]. 管理世界，36 (8)：211 –222.

[78] 毛燕平，王志文，2019. 供给侧改革背景下体育产业跨界融合研究[J]. 体育文化导刊，(5)：74 –80.

[79] 倪震，刘连发，2018. 乡村振兴与地域空间重构：运动休闲特色小镇建设的经验与未来[J]. 体育与科学，(5)：56 –62.

[80] 潘玮，沈克印，2022. 数字经济助推体育产业高质量发展的理论基础、动力机制与实施路径[J]. 体育学刊，(3)：59 –66.

[81] 齐飞，夏杰长，2019. 多元化战略视角下体育上市公司的跨界融合发展路径[J]. 首都经济贸易大学学报，21 (3)：84 –94.

[82] 谯栖，刘飞平，2022. 数字时代我国互联网 + 体育产业高质量发展的逻辑及路径 [G]. 第十二届全国体育科学大会论文摘要汇编——专题报告 (体育产业分会)，武汉：武汉工程大学：36 –38.

[83] 荣帅，李庆满，赵宏霞，2018. 平台型企业跨界经营中

的跨市场网络效应与颠覆性创新[J]. 科技进步与对策, 35 (14): 81 - 87.

[84] 任保平, 2024. 生产力现代化转型形成新质生产力的逻辑[J]. 经济研究, (3): 12 - 19.

[85] 任保平, 2024. 以新质生产力赋能中国式现代化的重点与任务[J]. 经济问题, (5): 1 - 6.

[86] 任保平, 豆渊博, 2024. 新质生产力: 文献综述与研究展望[J]. 经济与管理评论, (3): 5 - 16.

[87] [日] 野中郁次郎, 2006. 创造知识的企业一日美企业持续创新的动力 [M]. 李萌, 高飞, 译. 北京: 知识产权出版社: 45.

[88] 任波, 黄海燕, 2021. 数字经济驱动体育产业高质量发展的理论逻辑、现实困境与实施路径[J]. 上海体育学院学报, (7): 22 - 34, 66.

[89] 任波, 黄海燕, 2021. 体育产业供给侧改革的内在逻辑与实施路径——基于高质量发展的视角[J]. 上海体育学院学报, (2): 65 - 77.

[90] 盛妍艺, 晋琳琳, 季六祥, 等, 2023. 创新迭代、价值共创与产学研用数字化协同创新[J]. 自然辩证法研究, (11): 87 - 94.

[91] 孙元, 吴梅丽, 苏芳, 2024. 基于技术资源的创新生态系统演化及价值共创过程研究——以科大讯飞为例 [J/OL]. 南开管理评论, 1 - 18.

[92] 孙春晓, 李春艳, 吴佳, 2019. 跨产业合作模式对创新绩效影响的实证检验[J]. 统计与决策, 35 (21): 178 - 182.

[93] 孙丽伟, 郭俊华, 2024. 新质生产力评价指标体系构建

与实证测度[J]. 统计与决策，(9)：5－11.

[94] 孙金凤，安贵鑫，苏辉，等，2021. ERP沙盘模拟教学质量提升的关键点控制研究[J]. 实验技术与管理，(3)：230－235.

[95] 宋超，2022. 创新资源共享与关系韧度视角下价值共创对电商平台创新绩效的影响机制[J]. 商业经济研究，(21)：90－93.

[96] 宋佳，张金昌，潘艺，2024. ESG发展对企业新质生产力影响的研究——来自中国A股上市企业的经验证据[J]. 当代经济管理，(6)：1－11.

[97] 宋昱，李海，杨倩，等，2021. 我国体育经理人新职业的制度设计与实施构想[J]. 上海体育学院学报，45（2)：90－98.

[98] 宋岷源，2006. 中美体育经纪人经纪行为的比较研究[D]. 济南：山东师范大学.

[99] 邵云飞，党雁，王思梦，2018. 跨界创新在突破性技术创新模糊前端的作用机制[J]. 科技进步与对策，35（22)：8－16.

[100] 赛迪研究院，2021. 虚拟现实产业发展白皮书[J]. 传感器世界，(10)：36－37.

[101] 沈克印，董芹芹，2018. 体育特色小镇建设的地方探索与培育路径——以浙江省柯桥酷玩小镇为例[J]. 武汉体育学院学报，(9)：25－31.

[102] 沈克印，林舒婷，董芹芹，等，2022. 数字经济驱动体育产业高质量发展的变革机制与推进策略[J]. 体育学研究，(3)：46－59，90.

[103] 田高良，张晓涛，2022. 基于价值共创的智能财务生态管理[J]. 财会月刊，(23)：13－18.

[104] 涂科，杨学成，苏欣，等，2020. 共享经济中供应用户

角色压力对持续价值共创行为的影响[J]. 南开管理评论，23 (6)：88 –98.

[105] 陶小龙，甘同卉，张建民，等，2018. 创业型企业跨界创新模式建构与实现路径——基于两家典型企业的探索性案例研究[J]. 科技进步与对策，35 (14)：73 –80.

[106] 唐纳德·A. 舍恩，2008. 培养反映的实践者 [M]. 郝彩虹，张玉荣，等译. 北京：教育科学出版社：4，135.

[107] 万文海，刘龙均，2021. 员工与用户内外协同对平台企业创新绩效的影响：基于价值共创视角[J]. 南开管理评论，24 (2)：72 –84.

[108] 王琳，刘锡禄，陈志军，2023. 基于组织印记触发的集团子公司价值共创决策逻辑：海信聚好看的纵向案例研究[J]. 管理世界，39 (11)：173 –191.

[109] 王伦，张诗含，宦锦瑶，等，2023. 区域公用品牌与价值共创视角下茶企品牌高端化研究——以杭州狮峰茶业有限公司为例[J]. 管理案例研究与评论，16 (5)：538 –549.

[110] 王敏，2022. 数字化转型背景下价值共创与老字号品牌经营绩效——基于线上虚拟社群的微观数据检验[J]. 商业经济研究，(22)：82 –85.

[111] 王琴，2011. 基于价值网络重构的企业商业模式创新[J]. 中国工业经济，(1)：79 –88.

[112] 王琳，陈志军，2020. 价值共创如何影响创新型企业的即兴能力？——基于资源依赖理论的案例研究[J]. 管理世界，36 (11)：96 –110,111，131.

[113] 王水莲，李志刚，杜莹莹，2019. 共享经济平台价值创

造过程模型研究——以滴滴、爱彼迎和抖音为例[J]. 管理评论，31 (7)：45－55.

[114] 王德胜，李婷婷，赵丽，2022. 渐进式还是突破式——老字号企业的跨界创新[J]. 科研管理，43 (6)：63－73.

[115] 王涛，2021. 跨界融合情境下组织间合作如何实现价值共创——基于界面管理的视角[J]. 经济与管理研究，42 (8)：111－123.

[116] 王晓军，王浩，赵红美，等，2018. "互联网＋体育" 关联产业融合发展生态系统构建研究[J]. 山东体育学院学报，34 (2)：27－33.

[117] 王节祥，蔡宁，盛亚，2018. 龙头企业跨界创业、双平台架构与产业集群生态升级——基于江苏宜兴"环境医院"模式的案例研究[J]. 中国工业经济，(2)：157－175.

[118] 王丽平，陈晴晴，2016. 跨界合作行为、外部创新搜寻对创新绩效的影响——战略柔性的调节作用[J]. 科技进步与对策，33 (19)：21－26.

[119] 王桢，宋俊潼，2021. 美国体育经纪人制度的经验启示与比较借鉴[J]. 北京体育大学学报，44 (7)：93－103.

[120] 王滢，徐凤，周喆，2013. ERP 沙盘实践课程的定位、目标和教学设计解析[J]. 实验技术与管理，30 (4)：120－123.

[121] 王海峰，吴小圆，李乐虎，等，2021. 美国搏击赛事制度治理特征与启示[J]. 成都体育学院学报，47 (6)：32－38.

[122] 王南兰，李建奇，王文虎，等，2019. 创新创业背景下嵌入式系统课程群一体化教学体系的探索[J]. 电子世界，(2)：65－66.

[123] 王曦，2016. 我国体育经纪人发展现状及问题 [D].

北京：北京体育大学.

[124] 吴剑峰，丁沂昕，雷震，等，2022. 存续企业如何实现组织身份变革？——基于海油发展的纵向案例研究[J]. 管理世界，38（7）：212－236.

[125] 吴安妮，胡华夏，2023. 企业多主体价值共创的差异化路径研究——以传统零售与电商零售企业为例[J]. 财会通讯，（14）：87－93.

[126] 王孟，刘东锋，2022. 数字技术赋能体育产业低碳发展的理论逻辑、现实困境与实施路径[J]. 体育学研究，（1）：71－80.

[127] 王晓辉，张明睿，2021. 在线负面评论对体育用品品牌信任的影响研究[J]. 沈阳体育学院学报，（4）：101－108，126.

[128] 王一鸣，2020. 百年大变局、高质量发展与构建新发展格局[J]. 管理世界，（12）：1－13.

[129] 汪旭晖，张其林，2017. 平台型电商声誉的构建：平台企业和平台卖家价值共创视角[J]. 中国工业经济，（11）：174－192.

[130] 魏鹏娟，2019. 我国体育经纪人培养现状与发展建议[J]. 体育世界（学术版），（11）：34－35.

[131] 魏官红，2022. 酷鹿体育董事长许绍连：体育经纪人业务不是简单的流量营销［N］. 每日经济新闻（002）.

[132] 尉伟，胡大海，2022. 跨界融合背景下出版文创的创新路径[J]. 编辑学刊，（6）：21－26.

[133] 卫禹帆，黄晓春，2016. 体育产业市场环境下我国体育经纪人发展分析[J]. 广州体育学院学报，36（5）：14－17.

[134] 吴瑶，肖静华，谢康，等，2017. 从价值提供到价值共创的营销转型——企业与消费者协同演化视角的双案例研究[J].

管理世界，(4)：138－157.

［135］伍诗雨，陈菡，陈少华，2023. 公司治理重构、商业模式迭代与价值共创——基于瑞幸咖啡退市后自救的案例启示[J]. 财务与会计，(7)：35－39.

［136］许民利，倪永坚，简惠云，2023. 考虑价值共创和企业社会责任的逆向供应链决策[J]. 管理评论，35（6）：301－310.

［137］徐升华，王曲舒，刘冬，2019. 企业跨行业创新获取竞争优势的模式研究[J]. 中国工业经济，(3)：175－192.

［138］徐永波，2019. 企业跨界联盟资源整合机制框架研究——基于共享经济视角[J]. 商业经济研究，(1)：115－118.

［139］项国鹏，高挺，万时宜，2022. 数字时代下创业企业与用户如何开发机会实现价值共创？[J]. 管理评论，34（2）：89－101，141.

［140］肖淑红，彭铿，董烨，等，2013. 体育经纪人相关问题的研究现状综述及分析[J]. 北京体育大学学报，36（3）：9－15.

［141］依绍华，梁威，2023. 传统商业企业如何创新转型——服务主导逻辑的价值共创平台网络构建[J]. 中国工业经济，(1)：171－188.

［142］应益华，2024. 公共价值分析框架下的政府和社会资本合作新机制价值共创[J]. 财会月刊，45（3）：107－113.

［143］杨学成，涂科，2017. 出行共享中的用户价值共创机理——基于优步的案例研究[J]. 管理世界，(8)：154－169.

［144］杨皎平，孙珊，张珺，2021. 数字化时代跨界合作战略导向对供应链高适应性的影响[J]. 商业经济研究，(22)：129－132.

[145] 杨林，陆亮亮，刘娟，2021. “互联网+”情境下商业模式创新与企业跨界成长：模型构建及跨案例分析[J]. 科研管理，42（8）：43-58.

[146] 杨广越，2024. 新质生产力的研究现状与展望[J]. 经济问题，(5)：7-17.

[147] 杨兵，刘柳，朱晓钢，2019. 虚拟仿真实训系统学习行为意向影响因素研究——以企业运营虚拟仿真实训系统为例[J]. 中国远程教育，(5)：26-36.

[148] 杨旭辉，2020. 美国公立社区学院联邦治理[J]. 高教发展与评估，36（4）：63-68，110.

[149] 余丽琼，罗永华，吴肖林，等，2018. 应用型本科市场营销学生职业能力塑造的思考——基于校企合作的视角[J]. 经济研究导刊，(3)：130-131，134.

[150] 袁利平，高惊生，2017. 美国高等教育内部治理的三种类型[J]. 高教探索，(11)：75-82.

[151] 叶海波，2021. 新发展阶段数字经济驱动体育产业高质量发展研究[J]. 体育学研究，(5)：9-18.

[152] 曾宪聚，曾凯，2024. 新质生产力：复合概念、发展基础与系统创新路径 [R]. 深圳大学学报（人文社会科学版），(2)：5-15.

[153] 左文明，黄枫璇，毕凌燕，2020. 分享经济背景下价值共创行为的影响因素——以网约车为例[J]. 南开管理评论，23（5）：183-193.

[154] 翟云，潘云龙，2024. 数字化转型视角下的新质生产力发展——基于“动力—要素—结构”框架的理论阐释[J]. 电子政务，

(4): 2-16.

[155] 赵艳，孙芳，2022. 基于碧桂园 ESG 管理实践的价值共创影响机制研究[J]. 会计之友，(24): 49-57.

[156] 赵振，彭毫，2018. “互联网+”跨界经营——基于价值创造的理论构建[J]. 科研管理，39 (9): 121-133.

[157] 赵蓉英，刘卓著，王君领，2020. 知识转化模型 SECI 的再思考及改进[J]. 情报杂志，39 (11): 173-180.

[158] 赵明霏，2018. 经济学沙盘模拟实验教学探究[J]. 实验室研究与探索，37 (11): 281-285.

[159] 张力，李欣，2018. 体育产业跨界融合的路径与模式研究[J]. 体育科学，38 (1): 3-12.

[160] 张敬怡，李煜华，2024. 价值共创视角下制造业企业资源整合与流程整合动态耦合研究 [J/OL]. 软科学，1-14.

[161] 张新民，陈德球，2020. 移动互联网时代企业商业模式、价值共创与治理风险——基于瑞幸咖啡财务造假的案例分析[J]. 管理世界，36 (5): 74-86，11.

[162] 张影，2019. 跨界创新联盟资源整合机制研究 [D]. 哈尔滨：哈尔滨理工大学.

[163] 张骁，吴琴，余欣，2019. 互联网时代企业跨界颠覆式创新的逻辑[J]. 中国工业经济，(3): 156-174.

[164] 张庆普，周洋，王晨筱，等，2018. 跨界整合式颠覆性创新内在机理与机会识别研究[J]. 研究与发展管理，30 (6): 93-105.

[165] 张旭梅，邓振华，陈旭，等，2019. “互联网+”生鲜电商跨界合作商业模式创新——基于易果生鲜和海尔合作的案例研究[J]. 重庆大学学报（社会科学版），25 (6): 50-60.

［166］张开，高鹤鹏，2024. 新质生产力的三重逻辑[J]. 山东大学学报（哲学社会科学版），1－10.

［167］张林，2024. 新质生产力与中国式现代化的动力[J]. 经济学家，(3)：15－24.

［168］张林，蒲清平，2023. 新质生产力的内涵特征、理论创新与价值意蕴[J]. 重庆大学学报（社会科学版），(6)：137－148.

［169］张森，温军，2024. 数字经济赋能新质生产力：一个分析框架[J]. 当代经济管理，1－12.

［170］Conrad，M.，2017. The business of sports：Off the field，in the office，on the news［M］. Routledge.

［171］Baker，T.，Miner，A. S.，& Eesley，D. T.，2003. Improvising firms：Bricolage，account giving and improvisational competencies in the founding process［J］. Research policy，32（2），255－276.

［172］Bukht，R.，Heeks，R，2017. Defining，Conceptualising and Measuring the Digital Economy［J］. Development Informatics Working Paper，68.

［173］Cain L. P. Kenneth L. Shropshire，Timothy Davis，2003. The Business of Sports Agents［J］. Philadelphia：University of Pennsylvania Press，. Enterprise & Society，4（2）：374－376.

［174］Lusch，R. F.，S. Nambisan，2015. Service Innovation：A Service－Dominant Logic Perspective［J］. Management Information Systems Quarterly（1）：155－175.

［175］Mele，C.，Spena，T. R.，Kaartemo，V.，Marzullo，M. L.，2021. Smart nudging：How cognitive technologies enable choice architectures for value co – creation [J]. Journal of Business Research, 129, 949 –960.

[176] Melissa A. A., StephenL V., Robert F. L., 2013. The Complexity of context: A service ecosystems ap – proach for international marketing [J]. Journal of International Marketing (2): 1 –20.

[177] Miao, Y., Song, J., Lee, K., et al., 2018. Technological Catch – up by East Asian Firms: Trends, Issues, and Future Research Agenda [J]. Asian Pacific Journal of Management, 35: 639 – 669.

[178] Goldfarb, A., Tucker, C., 2019. Digital Economics. Journal of Economic Literature, 57 (1), 3 –43.

[179] Huang, H. M., Rauch, U., Liaw, S. S., 2010. Investigating learners' attitudes toward virtual reality learning environments: Based on a constructivist approach [J]. Computers & Education, 55 (3), 1171 –1182.

[180] Brown, J. S., Collins, A., Duguid, P., 1989. Situated cognition and the culture of learning [J]. 1989, 18 (1), 32 –42.

[181] Lipscomb, C. B., Titlebaum, P. J., 2001. Selecting a sports agent: The inside for athletes & (and) parents [J]. Vand. J. Ent. L. & Prac., 3, 95.

[182] Moore, J. F., 1993. Predators and prey: a new ecology of competition [J]. Harvard business review, 71 (3), 75 –86.

[183] Mansell, R., Steinmueller, W. E., 2020. Advanced introduction to platform economics [M]. Edward Elgar Publishing.

[184] Panico, C., Cennamo, C., 2022. User preferences and

strategic interactions in platform ecosystems [J]. Strategic management journal, 43 (3), 507 – 529.

[185] Mele, C., Spena, T. R., Kaartemo, V., Marzullo, M. L., 2021. Smart nudging: How cognitive technologies enable choice architectures for value co – creation [J]. Journal of Business Research, 129, 949 – 960.

[186] Prahalad, C. K., 2004. Co – creation Experience: The Next Practice in Value Creation [J]. Journal of Interactive Marketing (1): 5 – 14.

[187] Sage, G. H., 1998. Power and ideology in American sport: a critical perspective [J]. xiii – 334.

[188] Schwab, K., 2017. The fourth industrial revolution [M]. Crown Currency.

[189] Sussan, F., Acs, Z. J., 2017. The digital entrepreneurial ecosystem [J]. Small Business Economics, 49, 55 – 73.

[190] Sirmon, D. G., Hitt, M. A., Ireland, R. D., 2007, "Managing Firm Resources in Dynamic Environments to Create Value: Looking inside the Black Box", Academy of Management Review, 32 (1): 273 – 292.

[191] Vargo, S. L., R. F. Lusch, 2015. Institutions and Axioms: An Extension and Update of Service – dominant Logic [J]. Journal of the Academy of Marketing Science, 44 (1): 5 – 23.

[192] Zhang, T., Lu, C., Torres, E., Cobanoglu, C., 2020. Value co – creation and technological progression: a critical review [J]. European Business Review, 32 (4), 687 – 707.